우리는 어떻게 화학물질에 중독되는가

의식주와 일상을 뒤덮은 독성물질의 모든 것

우리는 어떻게 화학물질에 중독되는가

로랑 슈발리에 지음 | 이주영 옮김

흐름출판

두 아들, 아드리앵과 스타니슬라에게

너희 자신을 위해, 주변 사람들을 위해 각자 할 수 있는 일이 있다. 일상에서 사용하는 제품을 잘 선택하기를. 그리고 사회를 위해 달라이 라마가 한 말을 새겨두기를.

"여러분의 존재가 세상을 바꾸기에 너무 보잘것없다고 생각합니까? 그렇다면 모기 한 마리와 한방에서 같이 자 보시죠. 여러분과 모기 중에서 누가 상대방의 잠을 설치게 할지 알게 될 겁니다."

연구하는 사람의 입장에서 특별히 관심을 갖는 말은 '창의'다. 연구가들은 모험을 즐기고 '선구자'의 이미지에 집착하는 것이 일상이다 보니 그들 대부분이 '신중함'이라는 개념을 불편하게 생각한다고 해서 놀랄 일은 아니다. 당연히 연구 분야에서 '신중함'의 첫인상은 몸을 사리고 보수적이며 기회주의적인 느낌을 주기 때문에 그리 긍정적이지 않다.

그러나 '신중함'을 다른 각도로 볼 수도 있다. 과감하게 실험을 하되 신중할 수도 있다. 자연의 법칙을 이해하면서 새로운 것을 만들어내거나 인간의 건강과 환경을 신경 쓰면서 혁신적인 발명이 탄생하기도 한다. 단순히 속도만 빨라진 자동차보다는 안전하고 친환경적인 자동차를 만들 때 더 큰 창의력이 요구된다. 과학적인 부분에만 관심을 갖지 말고 윤리와 인간도 생각해야 하는 것이다. 이처럼 '창의'와 '신중함'은 따로 떨어진 별개의 개념이 아니다.

이 책이 다루는 유독 화학 물질도 과학적으로 도전해볼 만한 미지의 영역이 여전히 많다. 화학의 세계는 이미 복잡하지만 나날이 더욱 복잡해져간다. 우리 주변에 있는 화학 물질은 10만 개가 넘지만 이것이 전부가 아니다. 산업혁명 이후, 특히 20세기 중반부터 화학의 세계는 풍부하고 복잡해졌다. 우리 인간이 추구하는 방향에 따라 화학의 세계가 변화한 것이다. 정보 기술이나 치료법이 혁신을 이룬 것도 화학의 발전 덕분이다. 하지만 발전에 따른 대가도 있다. 약이 대표적인 예다.

약이 발전을 거듭하면 두 가지 측면(효과와 독성)이 생긴다. 약의 최종 결과는 효과와 위험이 어느 정도 비율인지에 따라 달라진다. 이러한 원칙은 기술 발전, 우리가 소비하는 제품에 들어가는 신소재(여전히 연구해야 할 부분이지만 장점만 있는 것은 아니다)에 모두 적용된다. 이 모든 것들의 장단점을 밝히는 것은 간단한 일이 아니다. 무해하다고 밝혀진 화학 물질이 주변 환경에 있는 수천 가지 화학 물질과 만났을 때 어떤 상호작용을 하는지 어떻게 측정할 수 있을까? 디젤, 담배 연기, 옷, 피복 등에도 수백 가지 물질이 있다. 이 같은 궁금증에 대한 답을 찾으려면 고도의 혁신적인 연구가 필요하다.

여느 분야와 마찬가지로 특정 화학 물질의 유해성에 대해서도 늘 의견이 분분하다. 예를 들어 실험을 통해 유독하다고 밝혀진 화학 물질도 인간이 어느 정도 노출되어야 정말 위험한지 밝힌 자료가 부족한 경우가 많다. 실험 결과를 다룬 이론이 제각각인 경우도 있다. 이처럼 의심스러운 부분이 너무나 많지만 인간에게 미치는 유독성을 포함해 화학 물질에 관한 정확한 이론이 나올 때까지 마냥 기다리고 있을 수만은 없다. 행동이 필요하다. 그저 수동적으로 기다리고 있다가 어느 순간 건강과 환경이 위협받았을 때 이르러서야 행동하면 너무 늦기 때문이다.

그렇다면 도대체 언제 나서야 할까? 아직 확실한 이론이 부족한데 도대체 어느 순간에 결정을 내려야 할까? 그 답의 일부는 과학 실험을 통해 얻을 수 있다. 자본이 충분하다면 과학 실험으로 객관적인 기준을 제시할 수 있다. 나머지 답은 우리가 꿈꾸는 사회 분위기가 만들어질 때 찾을 수 있다.

흔히 결정은 시민을 대표하는 공공 기관이 내린다. 과학적으로 풀어야 할 과제가 많기에 과학과 신중함은 떼려야 뗄 수가 없다. 신중한 과학 연구를 위해서는 실험하는 물질이 어느 정도 위험한지 객관적인 숫자로 표시해 분류하면 된다. 이는 로랑 슈발리에 박사가 임상 치료를 하면서 제안한 방법이기도 하다.

특정 물질이 인간에게 유독하다는 것이 객관적으로 증명되면 불안감이 줄어들고 예방 대책이 마련된다. 석면이나 일부 살충제가 그랬다. 문제는 그 물질이 위험하다는 사실이 어느 정도 밝혀졌으나 인간에게 미치는 영향이 어느 정도인지 확실하지 않은 경우다. 비스페놀 A, 태아와 유아 때 노출되면 내분비를 교란하는 많은 환경 호르몬 물질이 그렇다. 그래서 예방 조치를 내리기까지 신중하게 된다. 인간에게 얼마나 위험한지 확실히 밝혀질 때까지는 섣불리 엄격한 보호 대책을 마련할 수 없다. 의견이 분분한 물질이라면 더욱 그렇다.

일반 사람들은 공식적인 결정이 나올 때까지 스스로 알아서 소비 방식을 바꿀지 말지 정한다. 때문에 사람들에게 필요한 것은 어떤 물질이 잠재적으로 어떻게 위험한지 객관적으로 알려주는 정보와

그런 물질을 피할 수 있는 실용적인 조언이다. 이를 위해 출간된 책이 바로 《우리는 어떻게 화학물질에 중독되는가》다. 이 책은 독자가 유독 물질에 대해 배우고 이런 물질을 현실적으로 피할 수 있는 똑똑한 소비 방식과 행동을 선택할 수 있도록 도움을 준다. 물론 지금도 과학은 계속 발전하고 있고 전문가마다 조언이 다르다. 적절한 듯한 조언도 있고 과민 반응처럼 들리는 조언도 있다. 아직 확실하게 밝혀진 사실이 없기 때문에 갈팡질팡하는 것이다. 하지만 지식과 상식을 조금이라도 갖추면 당신은 신중하고 안전하게 소비할 수 있다.

로베르 바루키
(파리데카르트대학 의학과 생물화학 교수, 파리데카르트대학·
프랑스국립보건의학연구소 공동 연구소 '독물학, 약학, 세포 전달' 소장)

| 머리말 |

  우리 몸은 각종 합성 화학 물질에 아주 조금이라도 노출되면 불편해진다. 당뇨, 알레르기, 과체중, 암 등 일부 만성 질병은 주변 환경에 존재하는 다양한 합성 화학 물질 때문에 생긴다. 땅이나 물과 마찬가지로 우리 몸도 서서히 화학 물질에 오염되고 있지만 이를 제대로 알지 못하는 사람이 여전히 많다. 이런 상황을 인식하는 사람들조차도 어쩔 수 없다고 체념하니 희한한 일이다. 과학과 기술의 발전으로 혜택을 누렸으니 당연히 치러야 할 대가도 있다고 생각하는 것 같다. 하지만 프랑스에서 매일 1,000명의 암 환자가 발생하고 수십 년 전부터 소아암이 꾸준히 늘어나고 있는데 더 이상 두고 볼 수만은 없는 일이다. 환경 변화 때문이 아니라면 왜 갑자기 암 환자가 늘어나는 것일까? 고삐 풀린 개발과 업계의 마케팅이 초래한 폐해가 주요 원인으로 지목된다. 그런데도 규제는 미미하다. 이런 현실을 어떻게 받아들일 수 있을까?

  화학 그 자체가 문제가 아니다. 집과 직장에서 각종 화학 물질(폼알데하이드, 벤젠, 방화 물질 등)에 노출되지만 어떤 결과가 나타날지에 관한 연구가 충분하지 못하다는 것이 문제다. 인간의 건강을 위협하는 유독 물질의 등장은 역사적으로 늘 있었던 일이다. 미생물

(박테리아, 바이러스) 등은 이미 위협적인 존재로 밝혀져 미생물로부터 인간을 보호하는 방법이 나와 있다. 해로운 미생물을 없애준 일등 공신은 화학 물질이다. 그러나 현재 사용되는 많은 화학 물질은 인간의 건강을 방해하고 생식·신경·면역 체계를 교란해 여러 가지 병을 일으키는 부작용도 있다. 적은 양의 화학 물질은 괜찮다고 알려져 있지만 잘못된 상식이다. 화학 물질이 서로 만나 반응하고(칵테일 효과) 오랜 기간 화학 물질에 노출되면 심각한 부작용이 나타난다.

"새로운 질병이 나타나는 것은 환경 변화 때문이다."

유엔환경계획(UNEP)의 대변인이 했던 말이다. 세계보건기구(WHO)의 보고서에 따르면 2011년에 화학 물질로 사망한 사람은 490만 명이다.

"이는 빙산의 일각에 불과하다. 좀 더 주의 깊은 관리가 이루어졌다면 사망을 예방할 수 있었을지도 모른다."

세계보건기구 공공 건강과 환경 부장 마리아 나이라의 설명이다. 유엔환경계획 사무총장인 아힘 슈테이너는 비료부터 플라스틱 및 전자 제품에 이르기까지 화학제품에 의존하는 나라가 나날이 늘어난다고 발표하면서 심각성을 강조했다. 그는 화학제품 생산부터 폐기까지의 관리가 소홀하게 이루어져 불임, 과체중, 당뇨, 암과 같은 여러 질환이 생긴다며 우려하고 있다.

어쩌다가 이 지경까지 왔을까? 인류학자인 클로드 레비스트로스는 우리가 사는 세상을 이렇게 진단했다.

"약 12세기 전부터 서구 문명은 발전의 문명이라 불리고 있습니다. 다른 문명도 같은 이상에 사로잡혀 서구 문명을 모델로 삼아야 한다고 생각했습니다. 전 세계의 문명은 과학과 기술의 끝없는 발전이 인간에게 더 큰 힘과 행복을 안겨줄 것이라 굳게 믿었습니다. … 과학과 기술로 인간은 물리와 생물에 대해 더 많이 알게 되었습니다. 그리고 인간은 과학과 기술에 힘입어 자연을 지배하게 되었는데 100년 전만 해도 상상하지 못했던 일입니다. 그러나 얻은 것이 있으면 치러야 할 대가도 있는데 그 대가가 서서히 나타나고 있습니다. 과학과 기술로 자연을 정복하기는 했지만 과연 부작용은 없는지 생각해볼 점이 많습니다."[1]

레비스트로스의 비판은 많은 철학가, 정계 인사, 협회 인사에게도 공감을 얻고 있다. 맹목적이고 비윤리적인 개발이 결국 과소비 사회를 불러왔다는 것이 레비스트로스가 내놓는 비판의 핵심 내용이다. 이 같은 발전은 경제력을 안겨줬으나 과학이 상업적인 목적으로 악용되었다는 것은 비판할 만한 일이다. 군사 혹은 화학 산업 분야에서 특히 발전이 가져온 부작용의 예를 많이 발견할 수 있다. 하지만 이 책에서 유독 관심을 갖는 주제는 우리의 일상, 즉 집, 먹거리, 옷, 화장품 등의 합성 화학 물질이다.

전 세계에서 매년 생산되는 합성 화학 물질의 양은 20세기 초에는 수십 톤이었고 지금은 수백 톤이다. 유럽에 유통되는 합성 화학

---

1   Claude Lévi-Strauss, *L'Anthropologie face aux problémes du monde moderne*, Seuil, 2011.

물질의 종류만 해도 10만 개가 넘는데 이 중 3만 개만이 REACH[2] 평가 프로그램에서 연구되고 있을 뿐이다. 더구나 이러한 3만 개 물질의 유해성 여부를 알려주는 정보도 여전히 단편적이다. 그 물질 가운데 21%는 데이터가 전혀 없으며 65%는 데이터가 매우 적다. 또 11%는 아주 기본적인 데이터만 있고 3%만 완전한 테스트를 거쳤다.[3]

합성 화학 물질은 1리터당 몇 마이크로그램(100만분의 1그램), 아니 그보다 더 적은 양(10억분의 1그램)만 있어도 충분히 위험한 부작용을 일으킨다. 비유하자면 올림픽 경기 수영장 속 소금 알갱이 하나 정도의 양인데, 문제는 이 정도 양도 위험할 수 있다는 것이다. 그러니 합성 화학 물질을 다량으로 섭취하는 것은 매우 걱정스러운 일이다.

지구상에 있는 합성 화학 물질은 대부분 눈에 보이지도 않는다. 합성 화학 물질로부터 안전한 곳은 그 어디에도 없다. 태평양, 오스트레일리아 남쪽 태즈메이니아의 가장 외딴 곳에 위치한, 산업화가 거의 되지 않은 섬의 서식 동물도 꽤 심각한 수준으로 화학 물질에 오염되었다는 조사 결과가 나왔을 정도다. 면역 교란으로 인해 안면 종양 질환을 앓는 태즈메이니아데빌(주머니곰)이 실제로 발견되었는데, 채혈 결과 유독한 내화성 물질인 내화제에서 나온 헥사데카브로모비페닐에 오염된 것으로 밝혀졌다.

---

2 Registration, Evaluation, and Authorization of Chemicals.

3 프랑스 과학기술선택평가국(OPECST)의 의회 보고서 652호, Roland Courteau.

각 나라의 정부는 무엇을 하고 있는가? 세계보건기구의 보고서는 빠르게 발전하는 화학 물질에 비해 기술 발전이 그 속도를 따라가지 못해 화학 물질을 제대로 통제하지 못하고 있으며 성과도 신통치 않을 때가 많다고 밝혔다. 실제로 건강과 환경에 어떤 영향을 끼치는지 밝혀진 화학 물질의 수는 매우 적다. 화학 물질이 일상을 지배하기 시작한 1960년대부터 이미 경고의 목소리가 있었으나 주목을 받지 못했다. 경고의 목소리를 낸 사람들은 히피족도 아니고 자연으로 돌아가자고 주장하는 이도 아니었다. 이들 중에는 미국 보건복지부 장관인 A. W. 윌콕스도 있었다. 윌콕스는 1963년 6월 이렇게 선언했다.

"식품과 의약품을 규제하는 것은 정부가 할 일인데 가끔은 불안하다. 전쟁과 평화 중 무엇을 가져올 것이냐의 결정도 어렵지만 그보다 더 어려운 일은 앞으로 장기적으로 생명체에 커다란 영향을 끼칠 수 있는 존재가 무엇인지 생각하는 것이다."[4]

윌콕스 장관은 당시 논란을 일으킨 레이철 카슨의 저서 《침묵의 봄(Silent Spring)》을 읽고 깊은 인상을 받았다. 이 책은 살충제가 건강과 환경에 미칠 수 있는 부작용과 위험을 경고했다.

존 F. 케네디 대통령도 모범적인 예를 보여줬다. 케네디 대통령은 1962년 3월 15일의 그 유명한 연설에서 소비자의 권리를 최초로 분명하게 다루었다. 그는 소비자를 잘못된 선택으로 이끄는 광고의 영향력을 비판하고 소비자의 권리에 다음과 같은 항목이 포함되어

---

4 Robert Courtine, *L'assassin est à votre table*, La Table Ronde, 1969.

야 한다고 생각했다.

- 건강을 해치는 제품으로부터 보호받을 수 있는 안전의 권리
- 허위 광고 및 라벨로부터 보호받을 수 있는 알 권리, 현명한 선택을 할 수 있도록 제대로 된 정보를 받을 수 있는 권리
- 합리적인 가격으로 만족스러운 품질과 서비스를 받을 권리
- 의견을 낼 수 있는 권리, 즉 소비자의 이익이 제대로 반영되고 법정을 통해 공정하고 신속하게 처리받을 수 있는 권리

그런데 이후로 상황이 이상하게 뒤바뀌어 전 세계 공공 기관은 건강에 유해하거나 유해할지도 모르는 것을 경계하기는커녕 오히려 그 유해성을 비판하는 사람들을 통제했다. 한심하게도 정부가 기업계의 로비에 넘어간 것이다. 상황이 이렇다 보니 국민을 보호하는 일은 뒷전이 되어버린 것 같다. 공공의 의무보다는 기업을 위해 일하는 고위층 지도자들에 대해 뭐라고 해야 할까? 말로는 소비자를 가장 중요하게 생각한다고 하면서 뒤로는 브뤼셀의 세계 기구들을 대상으로 로비를 펼치며 규제를 줄여달라고 하는 기업들에 대해서는 뭐라고 해야 할까? 우리의 식품과 환경 문제를 결정하는 사람들이 실제로 하는 행동과 추구하는 목표를 자세히 들여다보면 소름이 끼친다.

이런 상황의 해결책은 우리 각자의 손에 달려 있다. 소비자는 가장 신뢰할 수 있고 객관적인 정보로 무장해 힘을 행사해야 한다. 현명한 소비를 해야 한다는 것이다. 보이콧은 강력한 무기다. 이 책은 객관적인 정보를 제시해 독자가 현명하게 보이콧을 할 수 있도록

돕고자 한다. 과학은 인간을 보호하는 방향으로 나아가야 한다. 기업들이 유독 물질의 유해성을 은닉하고 부정하면서 이익만 챙기고 있는 판국에 정치 지도자들은 우유부단하기 짝이 없다. 프랑스인의 52%가 건강과 환경 사이의 관계를 최고 관심사로 꼽고 있는데 유독 화학 물질에의 노출을 줄여줄 수 있는 결정이 늦어진다는 것은 말도 안 되는 일이다. 그나마 다행히 과학 분야의 데이터가 차곡차곡 쌓이고 개인별, 단체별로 행동할 수 있다. 하지만 여러 정보가 뒤죽박죽 섞여 있다 보니 객관적인 정보를 찾는 것이 쉽지만은 않은 일이다.

이 책에서는 안심하고 먹고 마시고 숨 쉴 수 있도록 스스로 보호할 수 있는 방법을 제시하며, 오늘날 병을 예방하는 데 무엇이 문제인지 제대로 밝히려 한다. 즉 보호막 역할을 하는 양심 있는 과학을 대변하려는 것이다. 이제 여러분이 도전할 때다. 아무 생각 없이 하던 잘못된 습관 몇 가지만 바꾼다면 더 큰 행복을 얻을 수 있다!

| 차례 |

1장

유독 화학물질이란 무엇인가

화학 물질은 자연 속에 존재하기도 하고 합성되어 새로 만들어지기도 한다. 화학 물질은 다른 화학 물질과 파트너처럼 만나 성질이 변한다. 자연상에서 별로 관계가 없는 화학 물질이 서로 합해져서 합성 물질이 만들어진다. 이 책에서 자주 보게 될 용어 가운데 하나는 '유독 물질'이다. 사람이 노출될 수 있는, 유기체가 아닌 그 외의 모든 물질을 가리켜 유독 물질이라고 한다. 특히 유독 물질은 합성 화학 물질을 통해 노출된다.

오염 물질과 유독 화학 물질에 노출되었을 때 어떤 일이 일어나는지 제대로 알려면 우선 몇 가지 용어의 정의를 이해해야 한다. 관련 용어를 잘 이해하면 상황을 이해하는 데 필요한 개념을 알 수 있고, 언제 어떻게 보호책을 마련할지도 알 수 있다.

화학 물질, 왜 위험한가

화학 물질은 자연 속에 존재하기도 하고 합성되어 새로 만들어지기도 한다. 화학 물질이란 질량이 있고 하나 혹은 여러 개의 구성 요소에 친화력을 가진 특별한 개체를 말한다.[1] 화학 물질은 서로 결합하려는 성질이 있다. 화학자들은 이런 성질을 '친화성'이라 일

---

1   가장 단순한 화학 물질의 형태는 바로 원소다. 가장 가벼운 원소는 수소로, 수소의 원자 질량은 하나의 단위로 정해져 있다. 반대로 가장 무거운 원소는 우라늄으로, 방사능을 방출하는 성질을 지녔다. 수소와 우라늄 사이에는 100가지 이상의 원소가 있다. 19세기 러시아의 유명한 학자 멘델레예프는 100가지가 넘는 원소를 도표로 만들었는데 이는 현재 사용되는 주기율표의 기초로, 새로운 원소가 발견될 때마다 추가되고 있다.

컬으며 온도와 압력 변화, 심지어 빛 발산에 의해 변할 수 있는 화학 반응으로 설명하고 있다. 흔히 친화성은 파트너와의 관계에 빗대어 쉽게 설명할 수 있다. 화학 물질은 다른 화학 물질과 파트너처럼 만나 성질이 변한다. 자연상에서 별로 관계가 없는 화학 물질이 서로 합해져서 합성 물질이 만들어진다.

앞으로 이 책에서 자주 보게 될 용어 가운데 하나는 '유독 물질'이다. 사람이 노출될 수 있는, 유기체가 아닌 그 외의 모든 물질을 가리켜 유독 물질이라고 한다. 특히 유독 물질은 합성 화학 물질을 통해 노출된다.

우리가 살고 있는 세상은 복잡하지만 독성이 이론적으로 무엇인지 지금 바로 대답해야 한다면 이렇게 설명할 수 있겠다.

"생물의 장기에 침범해 생체 기능을 망가뜨리는 독극물 같은 것. 심하게 중독되면 사망에 이를 수도 있는 치명적인 성질."

16세기부터 독물학이 내세운 기본적인 이론은, 한두 번 체내에 들어온 유독 물질이 오랜 시간에 걸쳐 점점 쌓이면 몸에 해로울 수 있다는 것이다. 의사이자 약사, 연금술사였던 파라켈수스는 "섭취량이 독을 만든다"라고 말했다. 즉 모든 화학 물질은 어느 정도 몸에 쌓이고 노출되면 해로울 수 있다는 것이다. 모든 물질이 잠재적으로는 유독하다는 말은 처음 들었을 때 역설적으로 여겨질 수 있다. 하지만 살아가는 데 꼭 필요한 물질도 잠재적으로는 유독성이 있다.

수소를 예로 살펴보자. 생물의 몸에서 가장 많은 비중을 차지하는 물질은 바로 수소다(인체는 75%가 수분으로 이루어져 있다). 사람이 살아가려면 매일 평균 2.4리터의 수분을 섭취해야 하지만(1.5리터는 물로, 나머지는 과일과 채소로 수분을 섭취한다) 성인 한 명이 하루에 약 15리터의 물을 마시면 죽을 수도 있다. 왜 그럴까?

세포의 주변에는 나트륨과 칼륨 이온이 있는데, 물을 너무 많이 마시면 그 밀도가 변해 체내 균형이 깨진다. 심장 박동은 칼륨의 변화에 상당히 민감하기 때문에 체내 균형이 조금만 깨져도 심장이 멈출 수 있다. 이는 생태계를 관찰해 얻은 정보다. 자연 생태계 자체가 얼마나 복잡한지 잘 보여주는 대목이다.

20세기부터 인간이 석유 같은 원료로 만든 합성 화학 물질은 당연히 오랜 시간에 걸쳐 쌓이면서 여러 가지 복잡한 문제를 일으키고 있다. 합성 화학 물질은 자연상에 존재한 것이 아니라 산업용으로 합성해 인위적으로 만들어진 것이기 때문에 알레르기, 암, 불임, 물질대사 장애 등을 일으켜 건강을 해칠 수 있다. 그래서 합성 화학 물질은 유독 물질이라고 할 수 있다.

합성 화학 물질은 호흡, 음식물 섭취, 피부 접촉을 통해 체내로 들어간다. 합성 화학 물질이 음식물을 통해 체내에 들어오는 경로는 직접적인 방법과 간접적인 방법이 있다. 식품에 첨가된 합성 화학 물질을 사람이 직접 섭취하는 경우가 직접적인 방법이고, 합성 화학 물질을 섭취한 식물과 동물을 사람이 섭취하는 경우를 간접적인 방법이라고 한다. 처음에는 얼마 안 되는 양의 합성 화학 물질이라도 먹이 사슬의 맨 위에 있는 포식자일수록 체내에 축적된 합성 화학 물질의 함량이 많다. 이를 가리켜 '생물 농축'이라고 한다.

폴리염화바이페닐, 일명 PCB는 과거에는 불이 퍼지는 것을 막는 절연체로 사용되었다. PCB는 바닷물에 아주 적은 양이 함유되어 있는데, 이를 플랑크톤이 섭취하고 이 플랑크톤을 물고기가 잡아먹으면서 PCB가 쌓이다가 이 물고기를 잡아먹은 더 큰 물고기의 몸에 PCB의 양이 최대로 쌓이게 된다. 원래 바닷물 속 PCB의 양은 0.0000005ppm에 불과하나 최종 섭취 생물의 몸속에는 124ppm[3]이 쌓이는 셈이다.[2] 이 같은 생물 농축은 병을 일으키는 원인이 된다.

PCB, 다이옥신, 농약 잔류물, 폼알데하이드, 벤젠 등은 인간이 무의식적으로 체내에 들이는 화학 물질이다. 한편 각종 식품 첨가물(색소, 방부제 등)처럼 인간이 알고도 체내에 들이는 화학 물질이 있다. 이 같은 첨가물은 일일 섭취 허용량이 정해져 있기 때문에 어느 정도 조절이 가능하기는 하지만 법적 기준은 동시다발 결과(칵테일 효과)를 고려하지 않기 때문에 무조건 맹신해서는 안 된다.

끝으로 우리가 관심을 가져야 할 또 다른 대상은 최근 유해하다고 증명된 내분비 교란 물질, 즉 환경 호르몬이다. 환경 호르몬은 우리의 물질대사를 서서히 변화시킨다. 이 책에서는 특히 환경 호르몬을 비중 있게 다루려고 한다. 환경 호르몬은 노출량이 아니라 노출 시기가 문제다. 아무리 소량이라도 어느 순간에 노출되느냐에

---

2 북미에서 진행된 연구: B. Quémarais, C. Lemieux, L. R. Lum, 〈Temporal variation of PCB concentrations in the St Lawrence river (Canada) and four of is tributaries〉, *Chemosphere*, vol. 28, no. 5, p. 947-959, 1994.

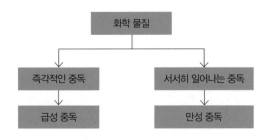

그림 1 급성 중독과 만성 중독

따라 치명적인 결과를 낳을 수 있기 때문이다. 때에 따라서는 적은 양이 많은 양보다 해로운 결과를 초래할 수 있다는 의미다.

유독 물질이 일으키는 부작용을 객관적으로 살펴야 한다. 예를 들어 비스페놀 A, 프탈레이트는 불임, 과체중, 당뇨를 일으킨다. 이 단계에서는 두 가지 유독성을 구분할 필요가 있다. 하나는 즉각적인 중독(급성 중독)이고, 또 하나는 시간에 따라 천천히 이루어지는 만성 중독으로 여러 기관(간, 콩팥)뿐만 아니라 여러 조직(신경 조직, 내분비샘, 면역 조직, 골수)에도 다양한 결과가 나타난다. 따라서 화학 물질의 노출량과 노출 기간에 따라 나타나는 증상이 다양하다.

과학 연구의 혜택

유독성, 즉 물질의 유해성이 무엇을 뜻하는지 알려면 기본적으로 실험을 해야 한다. 실험이 늘 확실한 증거를 보여주는 것은 아니지만 나름 의미 있는 정보를 제공할 수는 있다. 보건 당국은 실험 결과를 바탕으로 해당 물질이 무해하니 안심하고 사용해도 된다고 승인할 수도 있고, 노출을 주의하라고 경고할 수도 있다.

권고 사항은 변할 수 있다. 처음에는 건강과 환경에 별 영향이 없어 보였던 물질이라도 부차적으로 여러 문제를 일으킬 수 있기 때문이다. 일단 시중에 나와 있는 물질은 보건 당국이 권고 사항을 변경하거나 사용 금지 결정을 내리기까지 시간이 오래 걸리는 경우가 많다. 석면, 클로르데콘 같은 살충제, 드라이클리닝에 사용되는 테트라클로로에틸렌이 유해하다는 것이 좀 더 빨리 알려졌다면 얼마나 많은 생명을 보호하고 경제적 피해를 막을 수 있었을까? 파킨슨병이 살충제와 관련 있다는 발표가 공식적으로 나온 것은 2012년이다. 2000년대 초반부터 파킨슨병과 살충제가 관계가 있을지 모른다는 의혹이 제기되었으나 마침내 그 의혹이 증명된 셈이다.

지금은 프랑스 환경부 장관이 된 니콜라 윌로는 이렇게 말했다.

"환경 문제를 대수롭지 않게 여긴 프랑스과학아카데미는 대대적으로 물갈이를 해야 한다. 프랑스과학아카데미는 인문학, 사회학, 생물 다양성을 도입해야 한다. 객관적인 과학적 사실을 제공하는 존재가 되어야 입법부와 사법부의 신뢰를 받을 수 있다."[3]

그러나 과학자와 정치인 모두 밥그릇 싸움을 벌이느라 정신이 없다. 과학계와 기업이 서로 독립되어 있다고 생각한다면 큰 오산이다. 오히려 그 반대다. 과학계와 기업은 커넥션과 돈으로 끈끈하게 연결되어 있다. 기업은 과학계를 도구로 이용하고 싶어 한다. 만일

---

3 *Le Monde*, 2012년 9월 12일.

자사 제품에 함유된 합성 화학 물질 중 일부가 유해하다는 주장이 제기되면 그 기업은 영향력 있는 광고 에이전시의 도움을 받아 교묘히 사실을 왜곡한다. 그래서 소위 '돈에 따라 의견을 바꾸는' 사이비 연구원이 늘어나고 있는 것이다. 이들은 물주인 기업을 보호하기 위해 그 기업에 불리한 연구 결과를 반박하는 주장을 미디어를 통해 내놓는다. 기업에 매수된 연구원은 교묘히 진실을 왜곡한다. 실제로 과학계가 거짓말을 하는 일이 빠르게 증가하고 있다. 이런 현상을 분석한 어느 기사[4]에 따르면 발표되고 나서 반박 주장을 펼친 기사 중 43%가 사기로 드러났고 14%는 이중 발표, 10%는 표절이었다.

　사정이 이렇다 보니 소비자가 믿을 수 있는 객관적인 정보를 찾기가 쉽지 않다. 다행히 프랑스 국립보건의학연구소(INSERM), 국립농업연구소(INRA), 국립과학센터(CNRS) 같은 양심적인 과학 기관, 위험성을 경고하는 목소리를 내는 양심 세력, NGO, 일부 학자들 덕분에 사법부가 사전 예방 원칙을 헌법에 도입하게 되었다. 기존 시스템을 마비시키거나 위험성 제로를 추구하자는 것이 아니라 잠재적인 위험성에 대비하고 건강을 지키는 행동을 할 수 있도록 잠재적인 위험이 어느 정도인지 효과적으로 측정하자는 것이다. 신중함은 체념과 거리가 멀다.

4　Ferric C. Fanga, R. Grant Steenc, Arturo Casadevalld, 〈Misconduct accounts for the majority of retracted scientific publications〉, Thomas Shenk 편집, Princeton University, Princeton NJ, 2012년 9월 6일.

화학 물질에 대한 연구

연구는 크게 두 종류로 나눠진다. 하나는 역학 연구로, 화학 물질에의 노출 같은 다양한 요인에 따라 인간의 건강이 어떻게 되는지를 분석한다. 역학은 전염병 연구(특정 순간에 나타나는 병의 발병)와 전혀 관계가 없다. 또 하나는 동물실험을 통한 연구다. 인간을 실험 대상으로 삼는 것은 윤리적으로 용납되지 않기 때문에 인간에게 직접 할 수 없는 실험이 많다. 예를 들어 화학 물질에 노출되면 건강에 어떤 영향을 미치는지 실험할 때는 쥐와 같은 설치류를 이용한다. 동물이 영향을 받는다고 해서 인간도 영향을 받을 것이라고 100% 단정 지을 수는 없지만, 동물에게 해로운 물질이라면 인간에게도 해로울 것이라는 의견이 지배적이다.

물론 반론도 있다. 하지만 생물종마다 특징이 달라도 생물로서 공유하는 부분이 있다. 동물실험 결과 어느 정도 양일 때 유해하다는 것이 밝혀진 물질이라면 인간이 견딜 수 있는 최대 노출량을 어느 정도로 제한해야 할지 정하거나, 심각할 만큼 유해하다면 해당 물질을 사용하지 못하게 금지한다. 하지만 유독 물질의 문제점을 파악할 때 나이, 물리적 상태, 노출 순간 같은 복잡한 요소를 충분히 고려하지 않기 때문에 한계가 있다. 한편 이런 분석을 통해 얻는 것도 있다. 위험 요소, 즉 건강을 해치거나 발병률을 높이는 요소가 무엇인지 알 수 있다. 위험도를 측정하면 어떤 위험이 있는지, 위험을 불러오는 요인이 무엇인지에 관한 지식이 쌓이게 된다.

동물실험을 줄이기 위한 유럽의 권고안에 따라 앞으로 과학계는 동물실험 대신 세포 배양을 이용해야 할 것이다. 다양한 유독 물질을 실험할 때 세포 배양(세포 독성 실험)을 사용하는 정교한 분석 방법이 이미 있다. 그러나 세포 배양은 즉각적인 결과, 즉 급성 독성을 알아볼 때는 유용하지만 만성 독성을 알아보는 데에는 여전히 동물실험이 이용되고 있다.

물론 연구마다 한계가 있다. 미국의 과학 역사학자 나오미 오레스케스, 에릭 M. 콘웨이가 쓴 《의혹을 파는 사람들(Merchants of Doubt)》에서도 이를 다루었다.

"완벽한 연구는 없지만 연구마다 유용한 정보는 하나씩 나올 수 있다. 예를 들어 어떤 물질로 인해 인간에게 나타난 현상에 특별한 원인이 있는 것인지, 우연히 나타난 것인지 알려면 비슷한 환경을 조성해 동물실험을 할 수밖에 없다. 만일 동물에게서도 같은 현상이 발견되고 해당 물질의 양과 유독성이 원인이라면 인간에게 나타난 현상이 우연이 아니라는 결론을 얻게 된다."[5]

프랑스와 유럽의 공공 기관은 전면적인 검토를 통해 소비자 보호 대책을 시급히 마련해야 할 것이다.

화학 물질의 분류와 측정

'CMR'은 발암성(carcinogenicity), 돌연변이성(mutagenesis), 생

---

5 *Les Marchands de doute*, Le Pommier Essais, 2012.

식독성(reprotoxic)을 총칭하는 전문 용어다.[6] 일명 발암 물질(암을 일으키는 물질)은 어느 정도 해로운지에 따라 분류되는데 국제암연구소(International Agency for Research on Cancer, IARC)가 발암 물질의 정도를 의심에서 확신 단계로 정한다.[7] 염색체의 유전자를 변형하는 물질은 돌연변이성 물질이라 하고, 불임 가능성을 높이는 물질은 생식 장애 유발 물질이라 한다. 해당 물질이 어떤 상황을 일으키느냐에 따라 3단계로 나뉘는데 1단계는 확실한 단계, 2단계는 강한 추정 단계, 3단계는 우려 단계다.

우리는 매일 상당수의 화학 물질에 노출되기 때문에 물질마다 최대 노출량, 즉 기준치가 정해져 있다. 예를 들어 식품 첨가물은 일일 섭취 허용량이 정해져 있는데, 이는 사람이 계속 섭취하는 식품에 허용되는 화학 물질 최대 함유량이다.

일일 섭취 허용량의 기준에 대해서는 과학계 내에서도 의견이 분분하다. 사람의 몸 상태가 나이에 따라 다르기 때문이다. 특정 물질

---

6   유럽연합의 발암 물질 분류는 프랑스에서도 적용된다. 노동법 R4411-6조에 따라 다음과 같은 물질이나 가공품은 발암 인자로 분류된다.
    발암 물질: 호흡, 소화나 피부 흡수를 통해 암을 일으킬 수 있는 발암성 물질과 가공품
    돌연변이성 물질: 호흡, 소화나 피부 흡수를 통해 유전자 이상을 일으키거나 유전자 이상 발생을 높일 수 있는 물질과 가공품
    생식 교란 물질: 호흡, 소화나 피부 흡수를 통해 자녀 생식 기능이나 능력을 해칠 수 있는 물질과 가공품
7   1군: 인간에게 암을 유발하는 인자
    2A군: 인간에게 암을 유발할 확률이 있는 인자
    2B군: 인간에게 암을 유발할 확률이 조금이나마 있을 수 있는 인자
    3군: 인간에게 암을 유발하는지 여부를 분류할 수 없는 인자
    4군: 인간에게 암을 유발할 확률이 없는 인자

의 영향은 배아 형성 시기, 한창 성장하는 아동기, 노년기에 따라 달라지지만 이는 현재의 일일 섭취 허용량에 반영되지 않았다. 뿐만 아니라 특별한 이상이나 병이 있을 때(약을 복용할 때)의 일일 섭취 허용량을 따로 정해야 하는데 현실은 그렇지 못하다. 게다가 분석 대상 물질이 다른 화학 물질(약 이외의 화학 물질)과 결합해 독성이 더 강해질 수도 있는데 이 또한 반영되지 않는다. 그러나 분명히 알아야 한다. 적은 양도 유독할 수 있다!

농약 같은 살충제(벌레, 독버섯, 잡초를 제거하는 물질)는 당국이 최대 잔류물 허용치를 정해놓는다. 하지만 최대 잔류물 허용치 역시 여러 가지 살충제가 복합적으로 사용될 때 나타날 수 있는 결과를 고려하지 않는다. 더구나 최대 잔류물 허용치는 정기적으로 새로이 측정하지 않고 있다.

2012년 12월 유럽(건강과 소비자 총국)은 변수가 나타날 수 있다는 것을 받아들여 분석 내용이 불확실할 수 있고 실험실마다 결과가 차이가 날 수도 있다는 점을 고려하자고 제안했다. 그 결과 최대 잔류물 허용치를 초과하는 부분은 제대로 집계되지 않는다. 측정값이 정확하지 않은 데다 측정값보다 실제 허용치를 두 배로 상향 조정해야 한다는 주장이 나와서다. 이제 최대 잔류물 허용치는 합법적으로 상향 조절할 수 있게 되었다. 따라서 검사를 받고 광고되는 과일과 채소 속 농약 잔류량이 발표된 수치보다 실제는 더 높다고 보면 된다. 농약 잔류물도 이 책에서 다룰 것이다.

끝으로 물질 자체의 유독성과 그 물질에 대한 인간의 노출 사이에 어떤 관계가 있는지 알아보자. 생물학적 가용성은 혈액 순환과 체내 활동에 영향을 끼치며 0~100%로 등급이 나뉜다. 물질의 유독성은 생물학적 가용성과 관계가 있기 때문이다. 여기서는 현재의 위험성과 향후의 위험성을 구분해야 한다. 고위험 물질(예를 들어 독버섯)이 존재하더라도 거리를 두고 떨어져 있으면 위험할 일이 없다. 마찬가지로 위험한 유독성 합성 화학 물질이라 해도 노출될 가능성이 거의 없다면 건강에 위협이 되지 않는 것도 있다.

화학 물질에 관한 법규

입법부는 화학 물질의 불확실성과 잠재적 위험을 인식하고 예방 원칙을 법에 도입하게 되었다. 예방 원칙은 책임감 있는 행동을 하겠다는 원칙인데, 안타깝게도 여러 로비 단체가 지속적으로 의문을 제기하면서 방해하려 한다. 건강을 위협할 가능성이 있다는 의견이 많아질 때 사용하는 방법이 예방 원칙이다. 물질마다 인간이 노출될 때 얼마나 괜찮고 위험한지를 비교한다. 하지만 이런 방법도 해석에 따라 달라질 수 있어 한계가 있다. 나노 입자 같은 새로운 화학 물질과 유전자 조작은 위험할 수 있다는 의견이 있으나 실제로 유독한지 증명하는 엄격한 과학 기준이 없다. 일부 전문가들은 이런 물질을 미량으로 섭취하면 큰 영향이 없기에 심각한 문제가 나타나지 않는다고 말한다. 그러나 이는 앞서 언급한 "섭취량이 독을 만든다"는 파라켈수스의 학설을 간과한 것이다.

mL	········	밀리리터	········	0.001리터
cL	········	센티리터	········	0.01리터
dL	········	데시리터	········	0.1리터
pg	········	피코그램	········	0.000000000001그램
ng	········	나노그램	········	0.000000001그램
μg	········	마이크로그램	········	0.000001그램
mg	········	밀리그램	········	0.001그램

사실 화학 물질마다 어느 정도 노출되어야 몸에 해로운지를 정하는 기준에는 허점이 있다. 우리가 사용하는 화학 물질은 대부분 완전한 독물학 실험을 거치지 않았기 때문이다. 완전한 독물학 실험은 칵테일 효과, 노출 순간, 건강 상태, 약의 복용 여부까지 고려한 것을 말한다. 예를 들어 살충제에서 가장 많은 문제를 일으키는 것은 대사 물질이고, 대사 물질을 세포에 더욱 빨리 침투시키는 것은 첨가 물질이다. 또한 많은 업체는 영업 비밀이라는 이유로 제조 방법, 즉 제품의 물질이 어떻게 구성되고 함유량이 어느 정도인지 시원하게 밝히지 않기도 한다.

살충제의 유독성을 알아보기 위해 생물종을 선택해서 실험해보는 것은 어떨까? 실제로 지렁이를 대상으로 한 실험이 이루어지고 있으나 이것도 한계가 있다. 지렁이는 경작지가 아닌 퇴비에 살며, 땅에서 사는 다른 벌레에 비해 3~4배 둔감하다. 이에 대해 프랑스 국립농업연구소의 토양 생태 동물학 전문가인 셀린 플로시는 검은

색 지렁이를 실험에 이용하는 편이 더 나을 것이라 했고,[8] 살충제 사용 허용을 위해 실시되는 승인 실험을 포함한 모든 화학 물질의 승인 실험은 시대에 뒤떨어진 부분이 있다고 주장했다. 승인 실험은 수십 년 전의 오래된 기준을 바탕으로 하며 막연히 안전할 것이라는 생각을 심어줄 뿐이다. 승인 실험을 통과했다고 해서 무조건 건강을 위협하지 않는다고 확신할 수는 없다.

책임 원칙

기술이 나날이 발전하고 기술 발전이 인간의 건강에 영향을 끼치면서 책임 원칙이라는 개념이 만들어졌다. 이는 건강을 해칠 수 있는 기술을 개발하지 말라고 권하는 원칙이다. 자가 진단이라는 윤리적인 개념이기도 하다. 그러나 기업계가 제대로 실천하지 않는 데다 눈속임으로 규제 기준을 따르는 척해 책임 원칙은 실패로 돌아갔다. 그 후 나온 것이 사전 예방 원칙이다. 다행히 2005년 프랑스 헌법에 사전 예방 원칙이 도입되었다. 이에 따라 인간, 동물, 식물의 건강에 위험이 되는 것이 나타나면 재빨리 대응하거나 환경 보호를 위한 신속한 대책을 세울 수 있다. 실제로 과학적 데이터로 위험성을 완벽하게 측정할 수 없을 때 사전 예방 원칙을 활용하면 된다. 이렇게 해서 유독성이 의심되는 제품이 시중에 유통되는 것을 막고 최악의 상황에는 해당 제품을 철수시킬 수 있다.

출처: www.europa.eu, 유럽연합 법률 종합 정리

---

8 *Le Figaro*, 2012년 12월 27일.

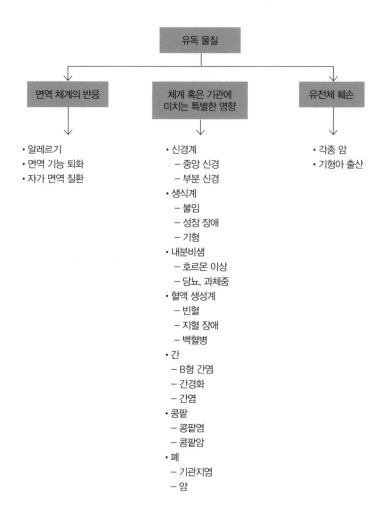

그림 2 독성 물질이 생체에 일으키는 주요 질환

우리는 어떻게 화학물질에 중독되는가

2장

우리가 먹는 유독 화학물질:
식품 첨가물과 포장재

요즘은 식품을 많이 팔기 위한 마케팅 목적으로 첨가물이 사용되고 있다. 식품을 보기 좋게 하거나 생산 비용을 줄이거나 식품을 쉽게 만들기 위해 첨가물을 사용하는 것이다. 결국 이러한 식품 화학 첨가물은 우리 몸을 교란해 소화불량 같은 각종 질병과 부작용을 일으킨다. 오늘날 사용되는 첨가물은 대다수가 합성 첨가물이다. 식품 기업들은 괜찮다고 하지만, 첨가물이 건강에 미치는 영향이 제대로 연구되지 않은 것이 지금의 현실이다.

특별한 목적을 위해 식품에 첨가하는 물질을 식품 첨가물이라고 한다. 색소, 방부제, 유화제, 감미료 등이 이에 속한다. 역사적으로 인간은 다양한 물질을 첨가물로 사용해왔다. 식품 첨가물은 합성 첨가물과 천연 첨가물로 나뉜다. 예를 들어 색깔을 내기 위해 강황, 무 등을 넣고 식품을 보관하는 데에는 소금을 이용했는데 이런 것들은 천연 첨가물이다.

그러나 요즘은 식품을 많이 팔기 위한 마케팅 목적으로 첨가물이 사용되고 있다. 식품을 보기 좋게 하거나 생산 비용을 줄이거나 식품을 쉽게 만들기 위해 첨가물을 사용하는 것이다. 결국 이러한 식품 화학 첨가물은 우리 몸을 교란해 소화불량 같은 각종 질병과 부작용을 일으킨다. 이처럼 첨가물로 인한 부작용은 뒤에서 자세히 살펴보겠다.

오늘날 사용되는 첨가물은 대다수가 합성 첨가물이다. 식품 기업들은 괜찮다고 하지만, 첨가물이 건강에 미치는 영향이 제대로 연구되지 않은 것이 지금의 현실이다. 서로 다른 첨가물이 만나 어떻게 상호작용을 하는지, 첨가물이 약이나 농약 잔류물 등의 또 다른 화학 물질과 만나면 어떤 반응이 일어나는지에 관한 보고서나 자료가 거의 없다고 봐야 한다.

물론 첨가물의 유독성 여부를 판단하는 테스트가 이루어지고 있지만 과연 테스트 방법이 믿을 만할까? 동물실험의 경우 첨가물이 일으키는 단기간(몇 주 정도)의 영향만 관찰할 수 있다. 실제로 인간이 첨가물을 오랫동안 섭취했을 때 장기적으로 어떤 영향이 있는지 제대로 알려주지 못한다. 더구나 나이가 들어 건강이 안 좋아지거나 몸이 약해졌을 때 첨가물 만성 중독이 어떤 영향을 일으킬지 현재로선 알 수가 없다. 특히 화학 첨가물은 장기가 형성되는 태아 시기나 유년기, 성장기에 악영향을 미칠 수 있다.

허용치나 일일 섭취 허용량이 정해지기는 했으나 과학적으로 객관적이고 타당한 기준인지에 대한 세밀한 분석은 여전히 아쉬울 때가 있다. 예를 들어 감미료인 아스파탐에 관한 공식 보고서에 따르면 일일 섭취 허용량은 기업이 지원하는 실험실이 내놓은 결과에 따라 정해지고, 한 번 정해진 기준이 30년 이상 간다(실험을 통한 적절한 실행 매뉴얼이 만들어지기 전). 특히 일일 섭취 허용량은 과학 잡지에 실린 적이 없는데, 이는 과학해독위원회의 승인이나 금지의 대상이 된 적이 없다는 뜻이다.

미국 식품의약국(FDA)의 독물학자 재클린 베럿 등은 이 같은 연구를 고려해서는 안 된다는 생각을 재빨리 내놓았다. 베럿은 이렇게 말했다.

"연구가 진행되기 전에는 그 어떤 매뉴얼도 작성된 적이 없었다. 동물실험은 체계적이지 않았다. 동물에 붙은 실험 결과 라벨은 자주 바뀌었다. 예를 들어 동물에 종양이 생기면 종양을 제거한 후 그 동물로 다시 실험하는 방식이었다. 처음에는 죽었다고 기록된 동물이 최종 실험 기록에서는 산 것으로 분류되기도 했다. … 오류가 하나만 발견되어도 식품 첨가물을 평가하는 연구가 중단되었다. … 이렇게 체계성 없이 이루어진 연구에서 나온 데이터를 평가한 후 아무 독물학자나 나와서 결론을 낸다는 건 말이 안 된다. 실험 자체가 아무런 가치도 없고 이해가 되지 않으니 말이다. 반드시 전면적인 재시험이 이루어져야 한다."[1]

아스파탐을 둘러싼 논란과 마찬가지로 요즘도 말이 많은 첨가물에 관한 논의 자체는 일일 섭취 허용량을 기준으로 하지만 일일 섭취 허용량은 과학적으로도 완전히 객관적이라고 할 수 없다. 환경건강네트워크(Réseau Environnement Santé)의 압력을 받자 유럽은 그제야 일일 섭취 허용량을 재평가하겠다고 밝혔으나 독립적인 연구와 기업의 지원을 받는 연구를 구분하지 않고 있다. 유럽 보건 당국이 여러 물질에 대해 현재 알려진 과학적인 정보에 한계가 있음을 인정했고 그에 따라 식품 첨가물 재분석 계획을 시사했으나 진행이 더디다. 심지어 식품 첨가물 재평가가 2020년에야 이루어질 것이라고 보는 이들도 있다.

---

1 재클린 베럿은 1989년 미국 국회에서 제출된 연구의 질에 관해 선언하는 증언을 했다. Devra Davis, *The Secret History of the War on Cancer*, New York, Basic Books, 2007, p. 421.

안타깝게도 재평가 연구는 주로 기업이 제공하는 데이터를 바탕으로 한다. 그런데 기업이 보건 당국에 자사의 데이터를 전부 양심적으로 제공할까? 또한 겨우 어렵게 마련된 규제가 풀리도록 애쓰는 여러 로비 단체의 영향력도 무시해서는 안 된다. 이런 상황에서는 소비자 개개인이 행동해야지 마냥 기다리고 있으면 안 된다. 유기농 제품에 허용되는 첨가물도 있으니 식품 첨가물을 무조건 거부하라는 것이 아니다. 식품 첨가물의 섭취를 가능한 한 줄이라는 것이다. 공공 기관은 여러 가지 식품 첨가물이 과연 꼭 필요한지 따져봐야 한다. 각 식품 첨가물의 효과와 부작용이 어느 정도 비율인지 좀 더 객관적이고 엄격하게 평가해 굳이 필요하지 않은 식품 첨가물은 사용을 제한하도록 해야 한다.

나노 입자

나노 혁명

식품 첨가물에 관해 중요한 새로운 사실이 하나 있다. 바로 나노 입자가 과도하게 사용되고 있다는 것인데, 이는 아무런 협의 없이 이루어지는 일이기도 하다. 나노 입자는 10억분의 1미터에 해당하는 작은 입자다. 나노 입자는 원료에 새로운 성질을 부여하는데, 이 새로운 성질이 건강에 특별한 영향을 끼치는지는 제대로 증명되지 않았다.

공식 보고서에는 다음과 같은 내용이 실려 있다.

"기존의 첨가물 혹은 가공 보조제로 사용이 허용된 물질들이 지금까지 계속 발명되고 상업화되어 나노 입자 형태로 식품에 사용되고 있을 수 있다. 그러나 이에 관한 새로운 공지, 평가 혹은 사전 허락이 없었다."[2]

다시 말해 식품 기업들은 식품의 구성을 변형시킬 수 있는 새로운 성분을 사용하면서도 해당 성분의 유해성 연구는 하지 않았다는 것이다. 게다가 문제의 성분이 포함되어 있다는 것을 라벨에 제대로 표기하지 않는다. 나노 입자 첨가물에 관한 표기도 라벨에 없으며 공식 기록도 없다. 상황이 이렇다 보니 나노 입자가 식품 첨가물로 사용되는지 확인하기가 어렵다. 분명히 2012년 2월 17일 법령에는 2013년을 기준으로 식품 제조사와 판매사는 나노 입자 첨가물이 식품에 들어 있다는 사실을 당국에 신고하고 일정 기준치만 사용하도록 명시되어 있다. 그렇지만 기업은 식품을 모두 검사할 수나 있었을까?

또한 영업 비밀이라는 이유로 일부 정보는 '기밀'로 분류된다. 나노 입자 발명에 대한 투자는 엄청나며, 2011년 3월 자 〈푸드 폴리시(Food Policy)〉에 따르면 그 투자 규모가 수십 억 달러에 이른다고 한다. 모든 분야를 포함해 2020년까지 나노 입자에 대한 투자 비용이 1조 달러를 넘을 것이라는 예상이 있다.

나노 기술도 기밀로 분류되어 치밀한 마케팅과 과학자들의 입에

---

2 Afssa, 〈Nanotechnologies et nanoparticules dans l'alimentation humaine et animale〉, 2009년 3월.

발린 말에 힘입어 자연스럽게 받아들여질 것이다. 즉 과학자들은 나노 입자가 위험성이 없다고 자신 있게 소개하지 못할 경우 대중을 안심시키거나 대충 얼버무리며 기업의 편에 설 것이다. 이 모든 것에 이어 기업이 원하는 방향을 반영한 연구 결과와 무수한 허위 광고가 손을 잡을 것이다. 또다시 소비자는 세뇌되는 것이다.

나노 입자 형태로 된 두 가지 물질, 이산화타이타늄(TiO_2)과 무수규산으로 알려진 이산화규소(SiO_2)를 예로 살펴보자. 이산화타이타늄은 시중에 판매되는 프렌치드레싱, 레토르트 식품, 디저트 등 다양한 식품에 사용되는 백색 색소다. 화장품의 광채를 높이는 데에도 쓰이는 이산화타이타늄은 광물 형태일 때는 화학작용이 일어나지 않는 중성 입자지만 나노 입자처럼 형태가 변형되면 화학작용을 하게 된다. 이산화타이타늄이 인간의 세포에 들어가면 자칫 심각한 염증(산화 촉매 작용)을 일으킬 수도 있다. 뿐만 아니라 몇 가지 실험에 의하면 나노 입자는 간, 콩팥, 뇌를 손상할 수도 있다니 하루빨리 보충 연구가 이루어져야 한다.

나노 입자 형태로 된 이산화규소 역시 광물 형태일 때와는 다른 영향을 미친다. 다른 나노 물질과 마찬가지로 나노 입자 형태의 이산화규소도 실제로 어떤 입자 형태인지는 아직 라벨에 제대로 명시되지 않는다. 그런데 나노 입자 형태의 이산화규소는 어디서 발견할 수 있을까? 나노 입자로 된 이산화규소는 식품이 굳어서 서로 달라붙는 것을 막아주는 응고 방지 효과가 있어서 다양한 양념 소스와 파우더에 첨가된다.

나노 입자를 함유한 매우 위험한 제품

E171*	이산화타이타늄: 백색 색소
E155	이산화규소: 응고 방지제

* 유럽연합과 스위스 내에서 식품 첨가물로 사용하도록 허용된 물질에 대한 코드다. 'E'는 '유럽(Europe)'을 의미한다.

아직 정보가 부족한 상태이니 될 수 있으면 응고 방지제는 경계하자.

E535	페로사이안화나트륨
E536	페로사이안화칼륨
E538	페로사이안화칼슘
E552	규산칼슘
E553	규산마그네슘
E553b	활석

아쉽지만 나노 입자 함유 가능성이 있는 첨가물 목록은 일부만 정리되어 있다. 브리앙과 피코에 따르면 토마토소스에는 색소로 사용되는 리코펜 나노 입자, 소스가 잘 발릴 수 있게 해주는 이산화규소 나노 입자가 함유되었을 수 있다고 한다. 나노 입자 첨가물은 우리의 허점을 틈타 은밀하게 사용되고 있는데 방금 언급한 것들만이라도 일단 피하는 것이 좋다. 여러 첨가물은 나노 기술로 만들어지며* 유기농 제품은 이 같은 첨가물을 사용하지 않았다.

* Marcel Lahmani, Catherine Bréchignac, Philippe Houdy, *Les Nanosciences, t.2: Nanomatériaux et nanochimie*, Belin, 2006.

식품 안전 스캔들

유럽연합은 다양한 응고 방지제의 사용을 현재 허용치보다 늘리기로 했다(EU 규정 no. 1129/2011, 2011년 11월 11일). 사실 이 규정은 나노 입자가 아닌 첨가물에만 해당되는 것으로 보인다. 그런데 왜 나노 입자 첨가물이 마음대로 사용되고 있는 것일까? 임신부를 대상으로 나노 입자 첨가물을 주의하라는 조치가 아직 내려지지 않은 상태라 임신부의 건강이 걱정된다. 동물실험 결과 나노 입자는 십중팔구 태반을 뚫고 태아에게 갈 수 있다는 우려가 나왔다. 하지만 나노 입자 첨가물이 태어날 아기와 아동, 성인의 건강에 미치는 영향을 객관적으로 증명한 공식 자료가 아직 나오지 않은 상태다.

문제점을 파악하기 위한 역학 조사가 진지하게 이루어지고 있는 동안 기업들은 나노 입자를 은밀하게 사용하고 있다. 이와 관련된 에피소드를 하나 소개하려 한다. 유럽연합 집행위원회 건강과 소비자보호청은 2007년 기업들과의 회의에서 자사의 제품에 나노 기술을 사용하지 않는 기업이 있으면 일어나보라고 했는데 모두 가만히 앉아 있었다고 한다. 기업들은 자사 식품에 무엇이 들어가는지 잘 알고 있다. 양심에 찔리는 것이 없다면 왜 기업들은 제품에 나노 입자가 함유되었다는 사실 혹은 나노 기술이 사용되었다는 사실을 라벨에 표기하지 않는 것일까?

나노 입자를 사용하면 도움이 되는 분야가 분명히 있기는 하다. 예를 들어 나노 입자는 자동차 페인트칠을 매끄럽게 해주고 교량의 강철을 더 단단하게 해주며 일부 제품의 탄성을 높이는 역할을 한다. 나노 입자 형태로 된 은은 박테리아를 막아준다. 그러나 나노 입자가 수질, 토질, 공기 질을 변화시키고 생태계에도 영향을 끼칠 수 있는데도 건강에 어떤 영향을 주는지, 제품에 대량 사용된 나노 입자가 자연 속에 어느 정도 확산되는지 아직도 제대로 밝혀지지 않은 것이 문제다. 나노 입자가 함유된 폐기물(식품 포장지, 탈취제, 습기 센서, 방수제 등에 나노 물질이 점점 많이 사용되고 있다)을 소각할 때 어떤 일이 일어날까? 안정성에 대한 점검 없이 이렇게 무분별하게 사용되고 있다니 놀라운 일이다.

공장에서 일하며 나노 입자를 직접적으로 취급하는 사람들에 대한 보호 조치 마련도 시급하다. 이것이야말로 근무 현장을 보호하는 방법이다. 규제가 있기는 하지만 규제의 존재만으로 충분할까?

2012년 5월, 깜짝 놀랄 만한 소식이 유럽연합에 전해졌다. 독일 정부가 화학 대기업인 BASF에 나노 입자가 건강에 미치는 영향에 대한 연구를 맡긴다고 발표한 것이다. 이 프로젝트에는 총 5억 유로가 투입될 것으로 보인다. 이 연구 프로젝트로 독일은 나노 입자의 안정성 연구에서 주도적인 역할을 하게 될 것이다.

이 같은 프로젝트를 공공 기금으로 신속히 진행해야 하는 것은 유럽 차원의 공공 기관인데 왜 가만히 있는 것일까? 나중에 나노 입자가 피해의 주범으로 법정에 서게 된다면 뭐라고 할 것인가? 만약 산업용으로 사용되는 일부 나노 입자가 인체에 들어가 면역 체계를 변형시키고 호흡기 질환이나 암까지 일으킨다는 것이 밝혀진다면 법원은 그때서야 소비자 보호 대책이 제대로 마련되지 않았다고 할 것이다. 팔짱을 끼고 있는 정부는 심지어 경제적으로 이익이 있다는 명목으로 일부 나노 입자 함유 제품에 대한 유통을 허용하고 있고, 규제를 담당하는 법원조차 이를 방기하고 있다.

첨가물의 역할과 부작용

발암 물질

가공 식품이 얼마나 첨가물로 범벅되어 있는지 알고 나면 놀랄 것이다. 그러니 첨가물이 많이 들어간 가공 식품은 가능한 한 피하는 수밖에 없다. 첨가물 함량은 라벨에 표기되어 있다. 여기서는 특히 문제가 되는 몇 가지 첨가물을 중심으로 살펴보겠다. 첨가물 목록은 이 책 뒷부분에 첨부한 '유독 물질 가이드'에 실려 있다.

BHA, 일명 산화 방지제 E320(이것의 영향에 관한 독물학 분야의 실험 결과는 제각각이다)은 인간의 암을 유발하는 물질로 분류된다. 국제암연구소의 기준에 따르면 2B군에 포함되는 물질이다. 산화 방지용으로 가공품에 사용되는 BHA는 에스트로겐 호르몬의 작용을 방해하고 내분비계를 교란할 수 있다. 또한 아이를 과도하게 흥분시키는 부작용도 있을 수 있다. 그렇다면 BHA는 어디에 들어 있을까? 껌, 퓌레[3], 인스턴트 스프, 그 외 가공 식품, 특히 아이들이 즐겨 먹는 가공 식품에 들어 있다. 라벨을 잘 읽어보고 BHA가 들어 있는 식품을 사지 않으면 된다.

---

3 채소나 고기를 갈아서 체로 걸러 걸쭉하게 만든 것으로, 주로 요리의 재료로 쓰인다.

비슷한 첨가물인 BHT E321도 마찬가지다(하지만 이 첨가물은 3군에 속한다). 지방질로 된 여러 가공 식품에 들어 있는 BHT E321은 고온에서 불안해지는 특성이 있다. BHT E321은 BHA보다 덜 사용된다.

그 밖의 첨가물도 문제다. 앞에서 설명했지만 효과와 부작용의 비율을 생각해야 한다. 예를 들어 방부제로 사용되는 E249~E252 코드의 아질산염은 적은 양일 때는 건강에 큰 영향을 끼치지 않지만 보툴리누스균 중독을 막아주는 기능이 있어 햄과 같은 가공육에 많이 사용된다. 따라서 햄, 소시지, 고기 통조림을 자주 먹는 사람은 아질산염이 국제암연구소의 분류상 인간에게 암을 유발할 수 있는 물질인 2A군에 속한다는 사실을 알아야 한다. 이런 첨가물은 자주 섭취하면 위험할 수 있다. E249~E252의 아질산염이 E200(소르빈산)~E203(소르빈산칼슘)과 만나면 부작용이 더욱 커진다! 뿐만 아니라 햄과 같은 가공육 자체는 건강에 안 좋은 포화 지방산을 많이 함유하고 있다. 몸속에 포화 지방산이 쌓여봐야 좋을 게 없다.

첨가물과 행동 장애

행동 장애를 일으켜 아이를 과도한 흥분 상태로 몰아가는 첨가물도 있다. 특히 다양한 색소는 벤조산(E211) 유형의 방부제 및 유사 물질과 만나면 위험하므로 아이가 되도록 노출되지 않도록 해야 한다고 권고하는 자료도 있다. 앞서 설명한 BHA(E320)도 행동 장애와 같은 부작용을 일으킨다.

주의가 산만한 아이를 과도하게 흥분시킬 수 있는 첨가물

E102 E104 E110 E122 E124 E129	타르트라진(황색 4호) 퀴놀린 옐로 옐로오렌지 S 카르모이신(적색 2호) 아마란스(적색 2호) 레드알루아(적색 40호)	색소
E210~E213	벤조산과 부산물(벤조산염)	방부제
E320	BHA	산화 방지제

연구는 좀 더 확인하고 깊이 살펴봐야 하겠지만 어쨌든 유해성이 의심되는 것을 아이들에게 자주 먹이지 않는 것이 좋다.

파라벤

여러 가지 해석이 분분한 파라벤에 대해 자세히 살펴보자. 방부제 성분인 파라벤은 합성 파라벤(라벨에는 E214~E219로 표기)과 천연 파라벤이 있다. 식품의 산화 작용을 막아주는 파라벤은 라즈베리 같은 과일에도 들어 있다.

이처럼 신선한 과일에 소량 함유된 천연 파라벤은 부식을 어느 정도 막아준다. 하지만 문제는 합성 파라벤이다. 식품, 화장품, 여러 케어 제품에 합성 파라벤이 폭넓게 사용되면서 인간이 섭취하고 흡수하는 경우가 많아지고 있다. 가공 식품, 화장품, 약품에 첨가된 파라벤은 방부제 역할을 한다.

파라벤과 접촉하는 경로는 두 가지로, 구강(식품과 약)과 피부(화장품)를 통해서다. 구강으로 섭취되는 파라벤은 대부분 소화액에 의해 파괴되어[4] 물질대사 작용을 하고, 피부로 흡수된 파라벤은 혈액 속으로 직접 들어간다. 파라벤은 내분비를 교란하는데, 에스트로겐 행세를 하며 내분비를 교란하는 정도는 에스트라디올보다 수천 배 낮다.[5] 그렇다 해도 되도록 파라벤이 함유된 화장품은 피하고 파라벤이 첨가된 식품의 섭취도 줄이는 것이 좋다. 약도 마찬가지다. 라벨과 설명서를 잘 살펴보면 파라벤 함유 여부를 쉽게 알 수 있으니 충분히 피할 수 있다.

E214	에틸파라벤, 히드록시벤조산에틸
E215	에틸파라벤나트륨, 히드록시벤조산에틸나트륨
E216	프로필파라벤, 히드록시벤조산프로필
E217	프로필파라벤나트륨, 히드록시벤조산프로필나트륨
E218	메틸파라벤, 히드록시벤조산메틸
E219	메틸파라벤나트륨, 히드록시벤조산메틸나트륨

논란이 되는 알루미늄

알루미늄은 서구 음식에서 가장 자주 발견되는 성분 중 하나다. 식용수에도 알루미늄이 함유되어 있으며 함유량이 제각각이다. 실제로 알루미늄은 탁한 수돗물을 맑게 소독하는 데 사용된다. 또한

---

4 위 효모에 의한 가수분해로 파라히드록시벤조산이 배출되어 대변을 통해 빠져나간다.
5 파라벤은 여러 가지 화학 형태가 존재한다. 실험 결과 메틸파라벤과 에틸파라벤은 일상에서 사용하는 양으로는 위험하지 않다. 프로필파라벤과 부틸파라벤에 대해서는 연구가 계속 이어지고 있으나 이 두 물질은 지방 속에 녹아 들어가면 내분비 교란을 일으키는 성질을 띠게 된다.

아주 적은 양이지만 알루미늄은 고형 식품에 함유되어 있다. 채소가 자라는 땅속에 알루미늄이 들어 있기 때문이다. 그 외에도 알루미늄은 다양한 물, 식품 첨가물, 일부 주방용품에도 들어 있다.

이처럼 수십 년 전부터 알루미늄에 비정상적으로 노출되는 일이 많아지고 있다. 알루미늄을 과다 섭취하면서 장애나 질병이 나타날 수 있다. 예를 들면 알루미늄은 내벽을 손상해 장에 염증을 일으킬 수 있다.[6] 또한 알루미늄은 소화 과정 중 장 속에 정상적으로 있는 박테리아의 구성을 변화시킬 수도 있다.

유럽 보건 당국은 알루미늄이 뇌에 다량 쌓이면 뉴런에 악영향을 끼칠 가능성이 있다면서 우려하고 있다. 동물실험 결과, 알루미늄은 기억 손상과 집중력 장애 증상을 보이는 퇴행성 신경 장애를 일으킬 확률이 높은 것으로 나타났다. 알루미늄의 독성은 탁상공론으로 다룰 문제가 아니다. 앙리 페제라 등 일부 독물학자들은 알루미늄에 대해 매우 비판적이다. 실제로 알루미늄은 물에 함유되어 있으나 형태와 노출 정도에 따라 그 영향이 달라진다는 것이다.

현재 유럽 당국은 알루미늄이 주로 식품을 통해 섭취되며 식용수에 함유된 알루미늄은 자연스럽게 섭취된다고 밝히고 있다. 안심시키는 말 같지만 이산화규소[7]처럼 물에 함유된 여러 가지 물질이 알

---

6 〈L'aluminium: implication d'un facteur environnemental dans la physiopathologie des maladies inflammatoires intestinales〉, G. Pineton de Chambrun, C. Vignal, M. Body-Malapel, M. Djouina, F. Altare, A. Cortot, J.-F. Colombel, C. Neut, P. Desreumaux, Congrès de la JFHOD, 2010. 이에 따르면 만성 장염, 일명 크론병을 악화시키는 요소 중 하나가 알루미늄일 수 있다.

7 다량 섭취하면 소화흡수가 거의 되지 않는 규산알루미늄이 형성된다.

루미늄의 농도에 큰 영향을 끼친다는 사실을 간과하고 있다. 알루미늄의 영향에 대해서도 의견이 분분하다. 따라서 물의 구성 성분 전체를 분석해야 한다.

식품에 함유된 알루미늄은 1킬로그램당 5밀리그램 미만의 매우 작은 형태로 되어 있다.[8] 찻잎, 카카오로 만든 식품, 향신료에도 알루미늄이 소량 포함되어 있다. 특수 지역의 땅에서도 알루미늄이 쉽게 검출된다.

그렇다면 알루미늄에의 노출을 어떻게 줄일 수 있을까? 물론 앞에서 예로 든 식품의 섭취를 줄이는 방법이 있다. 문제의 식품을 많이 먹지 않으면 되지만 사람들은 늘 그 식품을 섭취해왔다. 알루미늄을 사용해 처리되는 물도 걱정스럽다. 도시의 수돗물에서 알루미늄이 꽤 많이 검출되기 때문이다.

또한 알루미늄 첨가물이 들어간 가공 식품을 피해야 하며, 알루미늄이 전이될 수 있는 주방용품을 오래 사용하지 않는 것도 중요하다.

유럽 보건청에 따르면 음식을 알루미늄 포일에 싸서 오븐에 넣으면 아무리 짧은 시간이라 해도 알루미늄이 소량 전이될 수 있다고 한다. 대황(大黃), 토마토퓌레, 소금에 절인 청어 같은 식품을 알루미늄 용기에 담거나 알루미늄 포일로 싸서 오븐에 넣으면 산과 소

---

8 인간이 식품을 통해 섭취하는 알루미늄의 양이 매일 1.6~13밀리그램이라는 유럽 당국의 보고가 있다(Efasa, 2010). 주당 알루미늄 섭취는 몸무게 1킬로그램당 1밀리그램을 넘지 않는 것이 좋다. 즉 몸무게가 60킬로그램인 사람의 경우 매주 60밀리그램까지는 섭취해도 괜찮다.

금이 만나 음식 속의 알루미늄 함유량이 높아진다. 레토르트 식품과 패스트푸드에 알루미늄 그릇을 사용하면 토마토를 함유한 음식, 식초가 들어간 통조림 식품, 식초 그 자체의 알루미늄 농도가 높아질 수 있다. 산성 식품을 알루미늄 포일로 싸지 말아야 하는 이유다. 알루미늄이 식품에 특별히 많이 들어가는 일은 없으니 가능한 한 알루미늄 포일 대신 유산지를 사용하는 것이 좋다.

요컨대 식품을 통해 가능한 한 알루미늄을 섭취하지 않으려면 아래 표의 첨가물을 피해야 한다. 단, 체내 흡수율은 다를 수 있다.

E173	조린 과일과 가공 디저트류에 함유된 알루미늄	회색 색소
E520~E523	달걀, 조린 과일이 들어간 가공 식품에 황산알루미늄이 들어 있을 수 있다.	강화제
E541	인산알루미늄은 몇 가지 디저트류에 허용된다. 포장되지 않은 식품은 정확한 성분을 알 수 없다.	베이킹파우더
E554~E559	규산알루미늄*은 여러 가공품에 들어 있다.	응고 방지제
E1452	알루미늄스타치옥테닐석시네이트	유화제

* 나노 입자 형태가 아니라 원래의 형태라면 소량만 흡수된다. E558(벤토나이트)와 E559(카올린) 같은 물질은 유기농 식품에 허용된다. 유기농 제품은 알루미늄이 나노 입자 형태로 되어 있지 않기 때문에 유해하지는 않은 듯하다.

알루미늄은 식품 외에도 다음과 같은 경로를 통해 섭취 및 흡수된다.

• 알루미늄이 함유된 약, 예를 들면 위통과 위염에 처방되는 산성 방지 약(분말이나 액상 형태)을 복용함으로써 알루미늄이 장기적으로 쌓이면 인산 흡수를 낮추기 때문에 좋지 않다. 특히 어린이에게 좋지 않다. 알루미늄 함유 약을 대체하는 약

도 있으니 의사와 상담하는 것을 권한다.

- 화장품, 특히 탈취제(히드로클로라이드알루미늄)를 통해 알루미늄이 흡수될 수 있다. 제일 좋은 방법은 알루미늄이 함유되지 않은 화장품을 구입하는 것이다. 라벨만 잘 읽으면 된다.
- 치과 치료에 쓰이는 세라믹과 시멘트에도 산화알루미늄(Al_2O_3)이 함유되어 있다. 그러나 알루미늄이 어느 정도 흡수되는지에 대해서는 현재 완전히 밝혀진 것이 없다.
- 백신 접종 시 피부를 통해 알루미늄(수산화알루미늄이나 인산이 함유된 보조약)이 들어간다. 보건 당국은 피부로 흡수되는 알루미늄이 위험하지 않다고 밝혔으나 백신 주사를 맞은 자리에 염증, 대식세포 증후군, 육아종 염증(피부 아래 딱딱하게 굳은 소결절) 등이 나타나기도 한다.[9]

근육 주사를 맞는 게 낫다고 하는 사람들도 있지만 근육 주사는 혈액 내 알루미늄 함유량을 더욱 높여 최악의 경우 뇌 속으로 알루미늄 성분이 들어갈 수 있다. 또한 근육 주사는 피부밑 주사보다 면역력을 키워주지 못한다. 즉 백신의 절반은 다른 보조제와 마찬가지로 알루미늄만 들어 있는 것이 아니다. 다른 성분도 있으니 알루미늄이 없다고 해서 효과가 없어지는 것은 아니다. 그런데도 업체가 알루미늄을 사용하는 것은 생산비를 줄일 수 있기 때문이다. 예전에는 알루미늄 대신 인산칼슘을 사용했는데 주사를 맞은 곳에 종

---

9 주사 맞은 자리에 염증성 상처가 생기고 근육 및 관절 통증, 만성 피로를 동반한 부작용이 나타났다. 백신을 접종한 부위의 근육 생체조직을 검사한 결과 근육섬유 사이에서 알루미늄 성분이 발견되었다. 백신과의 관계는 더 깊이 살펴봐야 하지만, 프랑스 국립보건의학연구소의 로맹 게라디 박사가 1993년부터 경고한 사실이 있는데 관련 연구가 좀 더 일찍 이루어지지 않았다니 이해가 되지 않는다.

기가 나는 경우가 더 많았다. 따라서 알루미늄을 대신할 수 있는 것을 찾는 기술이 중요하다.

식탁 위의 유전자 변형 식품

우리의 식탁에는 생각보다 유전자 변형 식품(GMO) 식품이 많이 올라온다. 프랑스 법에 따르면 GMO 함유량이 완제품 성분의 0.9%를 넘으면 라벨에 표기하도록 되어 있다. 하지만 'GMO 없음'이라는 표시가 있어도 GMO가 함유된 사료를 먹고 자란 동물로 만들어진 것일 수 있다. 그래서 자사 제품에 'GMO가 없는 사료를 먹고 자란 동물로 만들어졌음'이라는 내용을 분명히 명시하는 업체도 있다.

명시되지 않은 첨가물

식품 성분의 라벨 표시 규정에서 예외 조항이 적용되는 대상은 특히 비포장 식품이다. 즉 우리가 구매하는 식품의 첨가물이 모두 표기되는 것은 아니라는 뜻이다. 포장하지 않고 파는 식품, 비포장 상태로 파는 식품(예를 들면 빵)에도 여러 가지 첨가물이 들어 있을 수 있다. 아황산염 처리 과정을 거치고 포장되지 않은 상태에서 판매되는 마른 과일, 피자처럼 다양한 처리 과정을 거치면서 GMO가 함유된 재료가 들어갈 수도 있는 가공 식품이 대표적이다.

가공 식품 보조제 처리가 된 식품은 또 어떨까? 이는 여러 가공 과정을 거치며 식품 보조제가 사용되는 방부제가 들어간 식품이다. 다양한 용매를 거쳐 거품 억제 물질이 함유된 표백제는 괜찮을까?

"의도적인 이유가 아니라 기술상 어쩔 수 없이 첨가물이 들어가는 제품, 이러한 완제품에는 첨가물이 들어간다."

프랑스 보건청의 설명이다.

간단히 말해 우리의 식탁에 오르는 먹거리에는 식품 가공 보조제, 농약, 첨가물(허용된 것이지만 어느 정도 양이 무해한지는 제대로 밝혀지지 않음)이 들어 있다. 뿐만 아니라 포장지의 입자는 식품, 플라스틱, 잉크 등으로 전이된다. 이루 말할 수 없이 심각한 상황이다! 특히 분명히 추가로 함유되었는데도 첨가물로 분류되지 않는 것도 있다. 젤라틴, 염화암모늄이 대표적이다. 부작용이 없는 물질이라서가 아니라 굳이 표기할 필요가 없어서다.

젤라틴을 살펴보자. 돼지, 소, 채소 중 어디서 추출한 젤라틴인지 어떻게 알 수 있을까? 젤라틴이 식품에 함유된 일부 비타민과 무기질의 흡수를 방해할지 어떨지 어떻게 알 수 있을까?

이 모든 첨가물은 충분한 연구를 거친 것일까? 도대체 첨가물이 어느 정도 들어 있는 것일까? 왜 식품 회사들은 식품이 어떻게 만들어졌는지 가공 과정을 속 시원히 알려주지 않는 것일까? 프랑스는 첨가물을 제대로 평가할 수 있는 조치를 마련했으나[10] 다른 나라의 첨가물 검사 수준은 아직 부족한 단계다.

---

10   2011년 5월 법령 no. 2011-509와 2011년 3월 7일의 명령.

가공을 거치면서 식품에는 많은 첨가물이 들어간다. 이 같은 첨가물 중 건강에 미치는 영향이 밝혀진 것은 일부에 지나지 않는다. 따라서 되도록 가공 과정을 거치지 않은 유기농 식품을 고르는 것이 제일 좋다. 만약 레토르트 식품을 구매하려면 첨가물이 세 가지 이상은 아닌지 살펴봐야 한다. 물론 첨가물이라 해도 각각 특징이 다르기 때문에 무조건 첨가물이 세 가지 이상은 아닌지 살펴보라는 권고가 애매하게 들릴 수도 있다. 그래도 일단 첨가물은 무엇이든지 많이 섭취하지 않는 것이 좋다.

피해야 할 첨가물 가이드

첨가물 중에 피할 수 있는 것이 있다면 피해야 한다. 이 책을 읽으며 뒷부분에 수록된 첨가물 목록을 참고하기 바란다. 첨가물이 건강에 미치는 영향은 계속 연구 대상이지만 문제는 지원이다. 식품 회사들은 혹여 자사 제품에서 건강에 해로운 것이 발견될까 봐 굳이 깊이 연구하려 하지 않는다. 정부도 제대로 된 연구를 시행하는 것이 역부족일 때가 있다.

첨가물은 다양한 매개변수를 바탕으로 평가한다. 이런 매개변수가 충분하지 않을 때도 있지만 말이다. 특히 여러 분자가 섞일 때 나타나는 효과를 분석한다. 그나마 다행인 점은 협회, 전문가, 언론, 대중의 압력으로 식품 회사들도 문제가 많은 첨가물의 사용은 줄여가는 추세라는 것이다.

가장 논란이 많은 첨가물
(전체 목록은 '유독 물질 가이드' 참조)

색소

코드	명칭	관련 식품	의심되는 결과
E102, E104*	타르트라진, 퀴놀린 옐로	사탕, 껌	• 아동의 흥분 과다 • 알레르기, 천식 • 암 발병 돌연변이*
E110*	옐로오렌지 S	조린 과일, 디저트, 비엔누아스리	• 알레르기 • 발암이 의심됨
E122, E124*	카르모이신, 아마란스, 코치닐 A	조린 과일, 과일 통조림, 아이스크림	• 아동의 흥분 과다 • 알레르기
E150d*	아황산암모늄이 함유된 캐러멜 색소	콜라, 탄산음료, 발사믹 식초	• 알레르기, 위장 장애 • 양에 따라 일부 설치류에서 암 발생

* 동물실험

감미료

코드	명칭	관련 식품	의심되는 결과
E950~E967	아세설팜칼륨(E950), 아스파탐(E951), 시클라메이트(E952), 사카린(E954), 스테비아(스테비올글리코시드 E960)	식품과 소프트드링크, 디저트, 잼 종류	• 양 조절을 증명한 연구가 없다. • E951: 일일 허용량은 논쟁이 되는 주제다. 일부 동물(설치류)에게 암을 유발할 가능성이 있다. • E952: 두통과 암을 유발하기도 한다(박테리아 활동 혹은 E954와의 반응). • E955(수크랄로스): 허용된 물질이라 해도 깊이 있는 연구가 필요하다.

방부제

코드	명칭	관련 식품	의심되는 결과
E221~E228	아황산나트륨	겨자, 와인	• 알레르기, 두통
E214~E219	P-히드록시벤조산 에틸(파라벤)	가공 육류, 햄, 파이, 사탕	• 내분비계 장애
E210~E213	벤조산과 벤조산염	유제품, 파이, 사탕, 껌, 무알코올 향 첨가 음료, 레토르트 식품	• 일부 사람에게 히스타민 배출과 유사 알레르기 발병(두드러기, 혈관부종, 기관지 수축) • 아동의 흥분 과다(E211)

산화 방지제

코드	명칭	관련 식품	의심되는 결과
E320, E321	부틸히드록시아니솔(BHA)과 BHT	일부 껌, 감자 가루, 봉지에 담긴 퓌레, 가공 식품	• E320: 국제암연구소에 따르면 암을 유발할 가능성이 있다. • E321: 일부 분류되지 않은 제3의 색소와 함께 섭취하면 아동이 과다하게 흥분할 수 있다.

합성 응고 방지제와 색소(일부는 나노 형태일 수 있음)

코드	명칭	관련 식품	의심되는 결과
E535~E538	페로시안	눌러 붙는 음식(소금, 쌀, 다양한 식품의 표면 처리)	건강에 미치는 영향이 완벽하게 연구되지 않은 상태
E554~E559	규산알루미늄		
E551~E553	이산화규소, 합성 규산칼슘, 합성 규산마그네슘		
E172	이산화타이타늄	백색 식용 색소(과자류, 프렌치드레싱)	

인산

코드	명칭	관련 식품	의심되는 결과
E541	산성인산알루미늄나트륨	팽창제, 색소, 산화제	소화불량, 콩팥 기능 부족 환자는 주의 필요
E1412	인산이전분		
E1414	아세틸인산이전분		
E1442	하이드록시프로필인산이전분		
E1413	인산화인산이전분		
E1410	인산일전분		
E101	리보플라빈인산-5		
E341	인산칼슘		
E343	인산마그네슘	팽창제, 색소, 산화제 등 다양한 제품	
E340	인산칼륨		
E339	인산나트륨		

알루미늄이 함유된 첨가물

코드	명칭	관련 식품	의심되는 결과
E173	은회색 색소	여러 식품	알루미늄이 함유된 성분은 알츠하이머와 파킨슨병을 일으킬 수 있다. 뼈와 콩팥에 이상이 있는 사람에게 위험하지만 체내 흡수량은 종류마다 다르다. 가장 적게 흡수되는 것은 나노 입자 형태가 아닌 규산알루미늄이다.
E520~E523	황산알루미늄	소금에 절인 식품, 조린 과일과 채소	
E541	인산알루미늄	합성 팽창제(베이킹파우더)	
E554~E559	규산알루미늄	여러 식품에 들어가는 응고 방지제	
E1452	알루미늄스타치옥테닐석시네이트	유화제	

조미료

코드	명칭	관련 식품	의심되는 결과
E621	글루탐산나트륨 (MSG)	부용 퀴브, 소스 베이스, 소스, 아시아 요리	알레르기나 비슷한 부작용, 간혹 심한 두통, 소화 불량

식품뿐 아니라 화장품과 약에도 이 같은 첨가물이 많이 함유되어 있다.

플라스틱 포장재와 주방용품

우리 주변 어디든 있기 때문에 피할 수 없는 플라스틱은 제대로 재활용되지 않고 바다에 버려져 환경을 오염시킨다. 플라스틱마다 건강에 미치는 영향이 다른데, 특히 식품 포장이 그렇다. 그에 대한 정보가 부분적이므로 플라스틱은 경계해야 한다. 대표적인 특징에 대해 알아본 다음 이 책 뒷부분의 '유독 물질 가이드'를 보면 훨씬 유용할 것이다.

• 식품 포장용 플라스틱

첫 번째 규칙: 플라스틱에 담긴 식품을 데우지 않는다. 열에 의해 플라스틱 성분이 음식으로 전이된다.

두 번째 규칙: 플라스틱 용기에 오랫동안 보관된 식품을 구입하지 않는다. 특히 통조림 식품은 피한다. 현재 플라스틱 성분의 식품

전이 허용치가 지켜지고 있는지는 검사가 이루어지고 있다. 문제는 에폭시로 된 플라스틱에는 비스페놀 A가 함유되었을 수 있는데 이에 대한 정보가 없다는 것이다. 현재 허용 전이 기준이 있다 해도 새로운 과학 연구에 따라 미래에는 달라질 수 있으니 정보를 주시해야 한다. 식품 회사들이 비스페놀 A의 유해성을 알게 된 것은 1994년부터이며, 비스페놀 A와 식품의 접촉 사용을 금지하는 법이 통과되기도 했다.

보관된 식품을 구입할 때는 유리병에 담긴 것을 선택하는 것이 좋다. 뚜껑 부분에 프탈레이트가 함유된 것도 있어서 아직 모든 문제가 해결된 것은 아니지만 그래도 유리병이 낫다. 냉동식품은 상관없다. 플라스틱은 아주 저온에서는 식품으로 전이되지 않기 때문이다(플라스틱 성분은 열에 의해 전이된다). 하지만 플라스틱에 담긴 냉동식품을 데워서는 안 된다!

플라스틱마다 자세히 보면 아래에 삼각형 마크에 숫자가 있는데 이는 재활용 가능 여부와 플라스틱 성분의 특성을 나타낸다. 피해야 할 표시는 다음과 같다.

- 7: 최악의 등급으로 폴리카보네이트를 의미한다. 비스페놀 A가 함유되었을 수 있으며 거의 모든 플라스틱이 이에 해당된다.
- 6: 폴리스티렌과 기타 스티렌을 의미한다. 스티렌 플라스틱은 폴리카보네이트(BPA의 출처)와 상호작용할 수 있다.
- 3: 폴리염화비닐(PVC)을 의미한다. 부드럽고 단단하다. 프랑스와 유럽산 PVC에는 10년 전부터 비스페놀 A가 함유되지 않았지만 특히 아시아에서 수입되는 많은 플라스틱에는 PVC가 함유되어 있다.

• 비닐 랩

음식을 비닐 랩에 싸서 보관하거나 오븐에 데우는 경우가 많다. 비닐 랩은 플라스틱형 PVC로 되어 있으며, 야들거리는 PVC를 만드는 데 사용되는 물질은 환경 호르몬인 프탈레이트다. 이 외에도 다양한 합성물이 사용될 수 있다. 열을 가하면 비닐 랩에 있는 성분이 음식 속으로 들어가게 된다. 지방질 음식이라면 더욱 좋지 않다. 비닐 랩 제조업체들은 단순히 "지방질과 열의 접촉을 피하시오"와 같은 성의 없는 문구를 기재할 뿐이다. 오븐에 넣고 데울 때는 음식을 접시에 담고 다른 접시로 덮는 것이 좋으며 유리나 도자기로 된 용기에 음식을 담는 것도 이상적인 방법이다.

• 실리콘

얼음을 얼리거나 각종 조형물을 만드는 데 사용되는 틀은 무엇으로 이루어졌을까? 모든 플라스틱 합성물은 200~250℃ 정도에서 형성된다. 제과제빵 조리실에서 흔히 적용되는 온도와 크게 다르지 않다. 화학자이자 플라스틱 가공 기술자인 베르나르 프티는 인터뷰에서 이렇게 밝혔다.

"플라스틱 제품이 어떤 성분으로 되어 있는지 알아내기가 어렵다. 플라스틱 가공제를 사용하지 않는다고 하는 업체는 일부다."

실리콘으로 된 틀을 만졌다가 손을 비벼보면 미끌거리는 느낌이 들 때가 많다. 실리콘 입자가 떨어져나온다는 증거다. 충분히 검사하고 있을까? 규제를 어겼을 때 엄격하게 처벌하고 있는 것일까?

• 주방 도구

그릇, 컵, 국자, 숟가락, 주걱, 압력솥 같은 주방 도구에는 폴리카
보네이트, 즉 비스페놀 A가 함유되었을 수 있다. 비스페놀 A는 열
을 받으면 음식으로 성분이 확산된다. 따라서 성분을 정확히 모르
는 주방 도구와 압력솥은 사용하지 않는 것이 좋다. 또한 주방 도구
에는 내분비를 교란하는 내화성 물질이 함유되었을 수 있다. 뿐만
아니라 많은 주방 도구(예를 들면 깨지지 않는 주걱)에는 멜라민과 폼
알데하이드 성분이 들어 있는데 이 두 합성 물질이 중합되어 단단
한 수지가 형성된다. 이 같은 성분이 포함된 주방 도구는 열을 받으
면 수지를 분해해 유독 물질을 내뿜기 때문에 룩셈부르크 등 유럽
연합 회원 국가들의 보건부 장관은 멜라민 수지로 된 주방 도구를
70℃ 이상의 고온에서 사용하지 말라고 권고한다.

합성 물질이 음식에 들어가지 않도록 함유량이 제한되어 있기는
하지만[11] 전부 제대로 지켜지는 것은 아니다. 예를 들면 2011년 7월
툴루즈의 세관원들은 아시아에서 건너온 수만 개의 주방 도구(거품
제거기, 주걱, 국자)를 잡아냈다. 유럽연합이 허용하는 최대 함유량보
다 66배나 높은 화학물이 대량 함유되었기 때문이다. 이미 유럽연
합 집행위원회는 회원국들에 중국과 홍콩에서 만들어진 멜라민 성
분의 플라스틱 제품을 엄중히 감시하라고 권고했다.

프라이팬, 냄비, 그 밖에 눌음 방지 폴리테트라플루오로에틸렌

---

11   멜라민 30mg/kg, 폼알데하이드 15mg/kg(UE 규칙 no. 10/2011).

(PTFE) 코팅이 된 주방 도구는 퍼플루오로옥타노익엑시드(PFOA)를 함유하고 있다. 이 같은 주방 도구에 대해 베르나르 프티는 다음과 같은 해석을 내놓았다.

"1950년대부터 냄비가 출시되자마자 논란의 대상이 되었다. 냄비에서 나오는 분해가스가 매우 유독하기 때문이었다. 1960년대에는 뜨거운 냄비에 대한 주의 조치가 사람들에게 전해졌다. 아무리 비판을 받아도 프랑스의 유명 주방 도구 제작업체들은 냄비에서 분해가스가 나올 정도의 온도는 300℃ 정도라면서 끓는 냄비 밑바닥의 온도보다 훨씬 높은 기준치라 괜찮다고만 했다. 하지만 만일 분해가스가 300℃부터 나오기 시작한다면 플라스틱 물질의 입자는 300℃에도 끄떡없기 때문에 이미 300℃ 이하에서 분해가스가 나오고 있다는 뜻이다. 뿐만 아니라 250℃ 정도의 온도에서 끓고 있는 중화 프라이팬을 보면 250℃는 PTFE를 분해하는 평균 온도와 비슷해 위험하다. 따라서 반복적으로 열을 받으면 어떤 물질이든 마모 현상(열 산화 현상)이 일어나므로 위험하다. 프라이팬, 냄비 등의 주방 도구를 만들려면 PFOA 같은 추가 입자를 사용해야 한다. 하지만 이런 입자는 환경 속에서 꿋꿋이 버티면서 내분비를 교란하는 위험성을 내포하고 있다. 그런데 이상하게도 유명 주방 도구 제작업체 한 곳은 2011년에야 PFOA 사용을 중단하겠다고 발표하면서 포장에는 'PFOA가 들어 있지 않음'이라는 문구를 넣어 강조했다. 눌음 방지 코팅제로 사용되는 PFOA가 위험한 물질이라는 사실을 밝힌 셈이다. 내가 그 대신 어떤 물질을 사용하고 있냐고 물었는데 해당 업체는 지금까지 대답을 회피하고 있다."12

따라서 눌음 방지 코팅 냄비를 사용할 때는 1960~1970년대와
는 다른 시각으로 많은 주의를 기울여야 한다. 지방질을 사용하지
않아 괜찮다는 식으로 넘어가서는 안 된다. 당시에는 동물성 지방
(버터, 돼지기름, 비계 등)을 프라이팬에 넣었지만 지금은 올리브유,
유채유 같은 식물성 기름을 넣고 있다. 눌음 방지 코팅에 있는 성분
이 음식으로 들어간다는 사실을 분명히 알아야 한다. 그런데 여기
에 기름이 조금이라도 들어가면 열에 의해 냄비 속 코팅 성분이 음
식으로 더 잘 들어가게 되어 음식이 타는 것을 약간 막아준다. 그러
니 눌음 방지 코팅 제품을 쓰기보다는 차라리 동물성 기름을 덜 사
용하는 편이 나을 수 있다. 요리 상식이 있는 사람이라면 프라이팬
이나 냄비가 뜨거울 때 얼음으로 문지르면 기름때가 묻은 코팅 성
분이 떨어져나가 맛있는 소스를 준비할 수 있고 미리 설거지도 할
수 있다는 것을 잘 알 것이다.

레토르트 식품

식품 회사가 상상해내는 방법은 무한하다. 이상하게도 식품 회사
대표들은 가공 치즈처럼 제품을 시중에 판매할 때는 당당하다. 이
는 우리가 집중 비판하고 있는 점이다. 가공 치즈도 성분을 정확히
표기해야 한다는 의무가 있기는 하지만 엄밀히 말해 가공 치즈는

---

12 기업이 특허를 등록하면 기밀이라는 이유로 정보 공개를 제한할 수 있다.

진짜 치즈가 아니라 '유사 치즈'다.

그렇다면 가공 치즈는 무엇으로 만들어질까? 지방 덩어리(예를 들어 팜유), 색소, 치즈 냄새를 내는 합성 향, 약간의 유제품 부산물(유지방의 15%)로 만들어진다. 이처럼 무늬만 모차렐라라 할 수 있는 유사 치즈는 시중에서 판매되는 피자와 라사냐뿐만 아니라 레스토랑에서 버젓이 사용되고 있다. 다양한 교화제를 넣고 지방은 줄인 대신 전분이나 해조류를 넣은 유사 치즈도 있다. 이런 치즈는 기업의 마케팅을 통해 칼로리가 낮은 치즈로 홍보되고 있다! 유사 치즈를 전문적으로 생산하는 일부 업체의 제품이 식당에서 사용되거나 시중에 팔리고 있다. 문제는 사람들이 유사 치즈에 대해 잘 모르고 있다는 것이다. 소비자를 완벽하게 속이려면 진짜 치즈를 조금 섞은 후 라벨에 기재하면 된다. 원래 '치즈'라는 명칭은 진짜 유제품으로 된 치즈에만 붙일 수 있게 되어 있다.

또 다른 예는 소시지다. 소시지는 고기의 부산물(힘줄, 지방 등)을 가공 처리해 식욕을 돋우는 색소와 인공 향을 넣은 것이다. 라벨을 읽어봐야 이해도 잘 안 되고, 심지어 진열대에서 파는 소시지, 레스토랑과 구내식당에서 내놓는 소시지는 라벨 부착이 의무가 아니다.

미국에서는 분홍 식용 접착제를 사용한 핑크슬라임을 소시지로 만들었다. 핑크슬라임은 가공 부산물, 분홍색으로 물들인 밀가루 반죽으로 이루어져 있다. 대장균 같은 박테리아가 부주의로 퍼지는 것을 막기 위해 암모니아 처리 과정도 거친다. 학부모들은 핑크슬라임 같은 소시지가 학교 구내식당에서 사용되었다는 것을 알고 큰 충격을 받았고 소송 끝에 승소했다. 여러 레스토랑은 대대적인 소비자 보이콧을 두려워해 서둘러 핑크슬라임 사용을 멈췄다. 당시 핑크슬라임은 유명 브랜드의 햄버거 패티에도 사용되고 있었다.

시중 음식점에서 사용하는 합성 육류는 말의 혈청으로 된 영양액에서 배양된 근육세포로 만들어졌다. 업체가 내놓는 이유는 그럴듯하다. 환경을 생각해서 그랬다는 것이다. 고기를 생산하는 데에는 물이 많이 사용되고 온실가스가 배출되어 환경에 해를 끼치기 때문에 이를 줄이려면 가공 육류를 이용해야 한다는 것이다. 고기의 쫀득함은 지속적인 근육 수축 현상으로 인한 것이기 때문에 근육세포를 시험관에서 수축시킨다는 것이다. 말은 환경을 생각해서라지만, 실은 가공 육류를 사용하면 비용이 적게 들어 최대한의 이윤을 낼 수 있기 때문이다.

프랑스에서는 여러 가공 식품에 쇠고기 대신 말고기를 사용했다는 것이 밝혀져 파문이 인 적이 있다. 2013년에 프랑스인은 '고기 광석(le minerai de viande)'이라는 신조어를 쓰게 되었다. 이는 힘줄, 질이 나쁜 부위, 지방, 갈은 뼈가 뒤섞여 있다는 뜻이다. 이 일로 인해 가공 육류에 대한 프랑스 소비자의 불신이 커졌다. 특히 진열대에 놓인 식품은 겉으로는 신선해 보이지만 실제로는 미리 가공 과정을 거치고 포장도 하지 않았다. 상당수가 유통 기한이 지난 것이다. 결국 소비자들은 정부의 먹거리 검사가 제대로 이루어지지 않았음을 알게 되었다. 이는 전 유럽의 문제이기도 하다.

또 하나 기억해야 할 것이 있다. 유럽의회는 가공 식품의 라벨 기재를 자세히 해야 한다는 법안을 통과시키지 않았다. 코린 르파주는 식품 회사들의 로비 공세로 법안이 통과되지 못했다고 했다.[13] 가공 식품과 음료 성분을 제대로 알려달라고 요구하는 사람들은 의지대로 계속 행동할 수 있을까? 언젠가는 식품 성분이 투명하게 밝혀질 수 있을까?

가공 식품을 조심해야 한다. 설탕이나 지방이 많이 첨가되기 때문이다. 트랜스 지방산이나 팜유를 사용할 수밖에 없다는 논리를 대며 소비자를 속이는 식품업체도 있다. 하지만 트랜스 지방산과 팜유는 이미 50년 전부터 유럽에서 사용되지 않는다! 트랜스 지방산과 팜유를 과다 섭취하면 건강에 해로운데도 트랜스 지방산과 팜유 함유 여부와 함유량은 라벨에 제대로 명시되어 있지 않다.[14]

가공 육류 식품부터 각종 첨가물, 색소, 합성 향 범벅인 유사 치즈 제품에 이르기까지 소비자들이 느슨한 규제를 그대로 두고 본다면 해로운 식품을 피해 갈 수 없을 것이다. 심지어 혁신 기술을 인정받아 상까지 받은 식품 회사도 있다. 사실 그 혁신 기술이라는 것이 말도 안 되는 역겨운 속임수인데 말이다. 이렇게 상을 받은 식품업체는 자사가 이제까지 의심을 받았다는 데 놀라는 뻔뻔함까지 드러낸다. 2012년 11월 어느 공공 채널 라디오 방송에 출연한 식품 회사 대표는 질문도 받지 않았는데 먼저 양심 고백이라도 하려는 것처럼 "저희 회사는 독극물을 퍼트리는 곳이 아닙니다"라고 말했다.

---

13   *Marianne*, 2013년 2월 17일.

14   *Je maigris sain, je mange bien*, op. cit.

그나마 프랑스는 상황이 나은 편이라고 위안을 삼아야 할까? 더 최악인 곳도 있다. 대학교수이자 블로거인 셰영(Xie Yong)은 평균적인 중국인의 식생활을 재구성했다.[15]

"아침에는 멜라민이 든 우유 한 사발을 마시고, 황화물로 표백한 작은 찐빵과 허난 성 지방에서 성장 촉진 호르몬을 맞고 자란 돼지로 만든 햄을 먹는다. 그리고 질소 성분이 함유된 적색 합성 색소로 노른자를 물들인 오리 알을 익혀서 유독한 효모로 만든 빵 두 조각과 함께 먹는다. 점심에는 피임약을 먹고 자란 생선, 화합물이 첨가된 숙주, 성장 촉진 호르몬이 들어간 토마토, 유독 물질이 함유된 생강, 설사 방지제가 들어간 국물 요리, 색소로 물들인 유사 쇠고기 제품, 몸에 안 좋은 첨가물이 들어간 가공 고기 파이를 사 먹는다. 집으로 돌아와서는 콩으로 만든 치즈(품질 나쁜 재료로 만들어진 것)를 곁들여 메탄올이 들어간 술 한 병을 마시고 황화물 처리가 된 작은 빵을 먹는다. 식사를 마친 뒤에는 면화 찌꺼기로 가득 채워진 이불을 덮고 잠을 잔다. 얼핏 들으면 아침부터 밤까지 평범한 중국인이 살아가는 아름다운 인생이 아닌가! 중국인은 목이 마르면 플라스틱 가공제가 들어간 맛있는 음료수를 마시기도 하고, 출출할 때는 플라스틱 가공제 가루가 첨가된 칼슘 정제나 분말 우유를 먹기도 한다."

더한 이야기도 있다. 중국 정부는 채소 상인이 배추가 신선해 보이도록 포르말린을 뿌리고 있다고 여긴다. 이 파렴치한 행위에 피해를 당한 중국인들은 격렬히 반응하고 있지만 이들 몰래 일어나는

15   *Courrier international*, no. 1098, 17-23, 2011년 11월, 베이징(발췌).

일이 이게 전부일까?

상황이 이렇다 보니 더 이상 할 수 있는 것도 없고 먹을 것도 없다고 생각할지 모르겠다. 하지만 그렇지 않다. 화학 물질이 들어간 것을 얼마든지 피할 수 있고 행동에 나설 수도 있다! 가장 좋은 태도는 유독한 화학 물질이 들어간 것으로 보이는 식품, 옷, 가정용품을 피하는 것이다. 화학 물질에 오염되지 않고 건강하게 살고 싶다면 이 책을 계속 읽어나가길 바란다.

3장

유독 화학물질의 이동:
농약과 환경 호르몬

농약을 사용하는 것은 농작물을 해치는 생물을 효과적으로 죽이기 위해서다. 하지만
농약은 농작물을 해치는 생물만 죽이는 것이 아니라 땅속에 살고 있는 모든 것도 함께
죽인다. 땅을 비옥하게 하고 부식토를 만들어주는 미생물, 유충, 지렁이까지 죽이는 것
이다. 농약을 계속 맞고 과도한 처리 과정을 거치면 식물은 농약에 내성이 생기거나 더
약해진다. 그러면 농약과 비료가 더 많이 필요하게 된다. 한마디로 어처구니없는 악순
환이 일어나는 셈이다.

농약과 그 잔류물

농작물을 해치는 성가신 것들을 제거하기 위해 농약을 사용한다. 이런 방해자는 벌레(살충제), 쥐 같은 설치류(쥐약), 연체동물(구충제), 잡초(제초제), 이끼와 독버섯(살균제)이다. 생명을 죽이는 농약은 크게 두 가지다. 하나는 농사에 사용되는 농약으로, 식품 기업들은 이 농약을 가리켜 '병충해 방지 제품'이라고 순화해서 부른다. 또 하나는 농사 외 부분에서 병충해를 물리치기 위한 농약 종류다.[1] 예를 들면 목재 보존, 병원 및 물건 소독, 의회 보고서 용어를 인용하면 가정용 소독을 위한 제품이다.

농약 사용에는 위험이 따르고, 이에 대한 인식을 높여야 한다는 것을 지금은 우리 모두 알고 있다. 2008년 프랑스 정부는 '에코피아 플랜 2018'을 마련했다. 10년 내로 농작물에 사용하는 농약의

---

[1] 프랑스 과학기술선택평가국의 농약과 건강에 관한 의회 보고서, Claude Gatignol, Jean-Claude Étienne, 2010년 4월 29일.

양을 절반으로 줄이겠다는 취지였다. 프랑스는 전 세계 최대 농약 소비국 중 하나이기에 행동할 때였다. 실제로 프랑스에서 매년 팔리는 농약의 양은 약 7만 8,000톤이다(살균제 49%, 제초제 34%, 살충제 3%, 기타 14%). 이후 많은 노력이 있었으나 지금도 결과가 성공적인지는 확실히 알 수 없다.

현재 상태는 어떨까? 프랑스는 여전히 농약 부문에서는 유럽 최대 시장이다. 농약이 거둬들이는 매출은 18억 유로로 계속 증가하고 있다(2011년 총매출은 5% 증가, 농약 사용량은 1.3% 증가,[2] 환경부 장관에 따르면 총매출 2.5% 증가). 몇 가지 금지 조치 덕에 환경과 건강에 가장 치명적인 제품의 사용은 줄어들고 있지만 여전히 불안하다.

농약 사용의 딜레마는 이것이다. 농약이 타깃으로 하는, 농작물을 망치는 존재들이 결국 내성이 생겨 자연 법칙에 따라 농약에 가장 잘 견디는 것들이 살아남고, 그 결과 농약의 양을 더 늘리거나 기존 농약에 새로운 농약을 추가해 사용해야 한다. 끝이 없는 것이다! 정부가 적극적으로 나오지 않으니 소비자 한 사람 한 사람이 적극적으로 정보를 알아보고 행동해야 한다. 그래야 농약에 노출되는 것을 가능한 한 피할 수 있다.

농약 중독에는 두 가지가 있다. 하나는 급성 중독으로 농민, 농약 회사 직원, 농약이 든 것을 먹거나 우연히 농약을 만진 아이들이 피해를 입는다. 또 하나는 만성 중독으로 아주 적은 양에 반복적으로

---

2 농약 제조업체들의 수치 자료, Union des industriels de la protection des plantes (UIPP).

노출되는 것이다. 만성 중독에 대해서는 자료가 적기는 하지만 실제 있는 현실이다. 농약에 노출되어 병이 걸리기까지 오랜 잠복기가 있으며, 만성 중독으로 나타날 수 있는 병은 암과 신경 퇴화 질환이다. 또한 여러 가지 원인이 있을 수 있는 병도 그렇다.[3] 단순히 암만 일으키는 것이 아니다. 다양한 물질대사 질병과 불임도 농약 만성 중독과 관계된 것일 수 있다.

지금까지 잘 드러나지는 않았으나 매우 걱정되는 또 하나는, 농약에 나노 입자가 사용되고 있는데, 실제로 어떤 통제도 없고 무해성 연구도 진행되지 않고 있으며, 환경에 미치는 결과도, 연구도 없다는 사실이다. 유럽의회는 살충제 제품을 좀 더 엄격하게 검사할 수 있는 법을 2012년에 통과시켰으나 이 법은 2013년부터 적용되기 시작했다. 나노 은과 같은 물질도 평가를 하고 특별 라벨을 부착한 후 승인을 받는다. 이런 결정이 내려진 것은 기쁜 일이지만 안심하지 말고 법이 잘 시행되는지 계속 주의 깊게 살펴야 한다.

유기농 제품을 먹어야 하는 이유

농약을 사용하는 것은 농작물을 해치는 생물을 효과적으로 죽이기 위해서다. 하지만 농약은 농작물을 해치는 생물만 죽이는 것이 아니라 땅속에 살고 있는 모든 것도 함께 죽인다. 땅을 비옥하게 하고 부식토를 만들어주는 미생물, 유충, 지렁이까지 죽이는 것이다.

---

3 상원의 보고서 〈Pesticides: vers le risque zéro〉, 농약에 관한 공통정보위원회를 대표해 니콜 본푸아가 제출, 2012년 10월 10일.

따라서 농약을 계속 사용하면 땅이 황폐해져서 다시 비료를 많이 써야 한다. 농약을 계속 맞고 과도한 처리 과정을 거치면 식물은 농약에 내성이 생기거나 더 약해진다. 그러면 농약과 비료가 더 많이 필요하게 된다. 한마디로 어처구니없는 악순환이 일어나는 셈이다.

미생물, 지렁이, 그 외 땅에 사는 다양한 벌레는 땅을 자연적인 방식으로 비옥하게 해주기 때문에 꼭 필요한 생명체다. 하지만 농약은 이런 생명체까지 죽이니 어처구니없다는 말밖에 나오지 않는다. 벌레가 지속적으로 흙을 뒤엎어 통풍이 되는데(지렁이는 흙을 엄청나게 휘젓는다), 이런 자연 현상을 제대로 알지 못하기 때문에 생태계의 원리를 무시하고, 해서는 안 될 일을 저지르고 있는 것이다. 농약을 사용하면 땅이 황폐해지는 것으로 끝나는 게 아니다. 농약이 쌓여 땅이 침하되면 빗물이 새어나오고 이렇게 되면 땅이 망가진다.

합성물로 된 농약이 꼭 필요하다는 사람들이 있는 상황에서 어떻게 유기농 농업을 할 것인가? 경작 로테이션 먹이 사슬의 원리를 적용한 벌레 이용 방법(예를 들면 진딧물을 잡아먹는 무당벌레)이라면 좀 더 친환경적인 농업을 할 수 있다. 대체 방법이나 전통 방식을 이용할 수도 있다. 예를 들면 잡초를 재활용해 질소를 만들어내고 퇴비, 가공된 인산염이 아니라 유기 폐기물을 재활용해 만든 인을 사용하는 것이다.

유기농 농산물을 소비하면 땅의 생태와 자연적인 순환을 지키고 인간이 화학 물질에 노출되는 것도 줄일 수 있다. 물론 오래전부터 100% 유기농은 더는 존재하지 않는다. 다이옥신처럼 환경을 파괴하는 화학 물질은 유기농이든 아니든 안개, 바람 등에 휩쓸려 여기 저기 내려앉는다. 황산구리로 된 농업용 살균제 같은 제품은 노균 병을 막기 위해 유기농 재배에 합법적으로 사용된다. 그러나 이런 제품도 환경(미생물과 일부 동물)에 영향을 미친다.

유기농 농업도 개선해야 할 점이 있으나 미생물(박테리아, 바이러 스 등)에 오염될 위험은 줄어들었다. 우려와 달리 유기농 제품은 영 양학적으로 품질이 뛰어나다. 유기농 방식으로 재배된 당근과 기존 방식으로 재배된 당근은 겉보기에는 별 차이가 없다. 그러나 몇 가 지 연구에 따르면 유기농 방식으로 재배된 과일과 채소는 기존 방 식으로 재배된 과일과 채소보다 산화 방지(세포 보호) 성분이 많다 고 한다. 또한 유기농 방식의 유제품에 좋은 지방산(오메가 3 지방산) 이 더 많이 함유되어 있다.

유기농 제품의 이면

이렇게 유기농 제품이 뛰어난데 왜 유기농 제품을 사는 사람은 많지 않을까? 여론 조사에 따르면[4] 프랑스에서는 유기농 제품을 자 주 구입하는 소비자가 11%, 가끔 구입하는 소비자가 36%, 매우 드 물게 구입하는 소비자가 33%, 전혀 구입하지 않는 소비자가 20% 다. 비과학적이고 교묘하게 왜곡된 정보 때문이다.

2012년 말 스탠퍼드대학의 연구 팀이 실시한 연구가 나왔다.[5]

---

4 여론 조사 기관 IFOP가 WWF와 Vrai의 의뢰로 실시한 조사, 2011년 6월.
5 〈Are organic foods safer or healthier than conventional alternatives?: A systematic

유기농이 건강에 긍정적인 영향을 주지 않는다는 내용이었다. 그러나 이는 태아 때부터 농약에 노출된 사람들을 장기적으로 살펴보지 않은 상태에서 나온 분석이었다. 농약을 기준치 이하로 사용하면 문제가 되지 않는다는 연구 내용이었지만 이는 잘못된 주장이다. 백혈병과 뇌종양에 걸린 아이들은 아주 어릴 때부터, 특히 뱃속 태아 때부터의 농약 노출이 부분적 원인이 되었다고 할 수 있다. 물론 백혈병과 뇌종양을 악화시키는 요인은 다양하지만 환경적인 요인도 배제할 수 없다.

유기농 제품이 잘 소비되지 않는 이유 중 하나는 부담스러운 가격이다. 다행히 유통 경로가 짧아지고 있으며, 대형 마트에 들어오는 제품의 브랜드들이 우유와 달걀을 중심으로 유기농 제품의 가격을 낮추기 위해 애쓰고 있다. 한편 안타깝게도 일반 제품을 유기농처럼 속이는 양심 불량 사건도 늘어나고 있다. 아시아에서 수입된 채소 한 다발은 두 종류로 나눌 수 있다. 유기농이 1/3, 기존 재배법의 채소가 2/3다. 게다가 품질이 의심되는 싸구려 제품을 유기농으로 파는 양심 불량 업체도 있고 이에 대한 제재 기준도 매우 느슨하다. 하지만 정부는 유기농 제품을 전부 문제 삼기보다는 오히려 검사를 더욱 철저히 하고 완벽한 근거리 제품 기준과 원산지 추적 시스템을 통해 소비자가 제품을 잘 선택할 수 있는 기반을 마련해주는 방향으로 가야 한다.

프랑스에서는 농약 잔류물 규제 기준을 초과하는 제품이 4~8%

review〉, *Annals of Internal Medicine online*, September 4, 2012, 157(5): 348-366.

이고, 농약 잔류물 규제 기준을 제대로 지키는 제품이 50% 정도밖에 안 된다고 한다.[6] 일상에서 가장 많이 먹는 3대 과일(사과, 배, 복숭아)을 유기농으로 사 먹고 대부분의 채소, 유제품, 달걀도 유기농으로 사 먹는다면 농약에 오염될 확률을 80% 정도까지 줄일 수 있다. 이 정도만 되어도 아주 만족스러운 수준이다. 그리고 동물성 지방은 되도록 먹지 않는 것이 좋다. 생물 축적이라는 현상에 의해 일부 오염 물질이 동물성 지방에 집중적으로 쌓이기 때문이다.

건강을 위협하는 농약

농약의 종류

농약은 사용 승인을 받기 전에 검사를 받는다. 환경에 미치는 영향을 평가하고 사용 권고안을 마련한다. 농약이 시중에 판매되고 나서도 지속적으로 검사가 이루어져 문제가 되는 농약은 사용을 금지하거나 제한한다. 몇 년 뒤에는 사용이 금지된 살충제 목록이 더 늘어날 것이다.

유통 기간이 짧아졌어도 품질이 개선된 농약 제품도 있다. 그 결과 시중에 나오는 과일과 채소 중에 간혹 농약 잔류물이 거의 없는 경우도 많아졌다. 농약의 종류는 다양하며[7] 독물학자들은 다음과

---

6 유럽식품안전청(EFSA)의 보고서(2013년 3월)에 따르면 분석 대상인 표본의 98.4%가 최대 잔류물 허용치를 초과하지 않았다.

7 J. Diezie et Emanuela Falley-Bosco(dir.), *Précis de toxicologie*, Édition médecin et hygiène, 2008.

같이 분류한다.

강한 독성 물질이 포함된 주요 농약군*

살충제 유기인산 화합물(파라티온, 말리티온 등) 유기염소 화합물(DDT, 염화사이클로디엔, HCH) 카르밤산(카바릴, 알디카브) 피레트로이드(사이퍼메트린, 펜발레레이트 등)	제초제 아세트아마이드(알라클로르 등) 클로로페녹시아세테이트(2, 4-D 등) 바이피리딘 유도체(파라쿼트, 다이쿼트) 아트라진
살균제 디티오카르밤산염(마네브, 지네브 등) 펜타클로로페놀 헥사클로로벤젠	쥐약 디쿠마롤(와파린, 브로마디올론)

* 일부 물질은 사용이 금지됨

유기염소 화합물처럼 가장 위험한 농약은 체지방에 차곡차곡 쌓인다. 유럽에서는 대부분 사용이 금지되었으나 이런 농약은 미생물에 의해 잘 분해되지 않기 때문에 땅속에 잔류하게 된다. 안타깝게도 이런 위험한 종류의 농약은 다른 나라에서 여전히 사용되고 있기 때문에 수입품에서 검출될 수도 있다. 농약 검사는 사용 금지된 물질을 찾아내는 것이 아니다. 금지된 물질 목록을 나열하자면 한도 끝도 없다. 그보다는 사용이 허용된 농약의 양이 기준치를 따르는지를 살펴보는 것이 농약 검사의 목표다.

유기염소 화합물 성분이 들어간 농약은 체내에 쌓이지 않는다 해도 반복적으로 노출되면 심각한 결과를 초래할 수 있다. 특히 내분비를 서서히 교란해 물질대사를 망가뜨린다. 순수 화학적으로 유기화합물 중 독성이 매우 강해 농약으로 사용되지 않지만 전쟁 시 가스 무기(사린, 소만 등)로 사용된 것도 있다.

농약은 단독으로 사용해도 해롭지만 다른 농약과 함께 사용해도 위험하다. 농약 배합이 건강에 미치는 영향이 제대로 연구되지 않는 것이 현실이다. 그나마 얼마 안 되는 연구를 봐도 농약 배합이 얼마나 위험한지 알 수 있다. 영국 애스턴대학 마이클 콜먼의 연구가 좋은 예다. 콜먼의 연구는 일부 물질은 배합해 사용하면 단독으로 사용할 때보다 독성이 20~30배 더 강해진다고 경고했다.

"단독으로 사용할 때는 생식, 신경조직에 피해를 주지 않고 암도 유발하지 않는다고 알려진 물질도 다른 물질과 배합해 사용하면 생각지 못한 엄청난 부작용이 나타날 때가 있다."

분자 생물학자 클로드 레이스의 연구 요약 내용이다.

"심각한 결과는 크게 세 가지다. 첫째, 세포의 생명력이 줄어든다. 둘째, 세포의 진정한 배터리라 할 수 있는 사립체(미토콘드리아)가 세포에 에너지를 공급하지 못하며 이로 인해 세포 자살 현상이 일어난다. 즉 세포가 자가 파괴되는 것이다. 셋째, 세포가 매우 강력한 산화 스트레스를 받으며 발암 물질이 되고 여러 가지 심각한 결과가 많이 나타날 수 있다."[8]

농약이 건강에 끼치는 영향

어떤 병이 나타났을 때 그 원인을 밝혀내기란 쉽지 않다. 특히 기본은 실험 데이터, 즉 동물실험 데이터다. 어떤 물질의 위험성을 알

---

8 *Le Monde*, 2012년 10월 8일.

려주는 동물실험 결과가 인간에게도 그대로 적용된다고 할 수는 없다. 하지만 데이터가 있으면 조치를 취하는 데 도움이 된다. 농약은 해당 물질을 사용해도 되는지 법적으로 정할 때 데이터를 근거로 한다.

그런데 생각지도 못한 새로운 결과가 계속 발견되기도 한다. 예를 들어 2011년 실험 결과[9]에 따르면 일부 농약(클로르피리포스, 다이아지논, 파라티온)은 급성 중독을 일으키지 않는 적은 양이라 해도 식습관을 변화시킨다고 한다. 아직 태어나지 않은 쥐가 뱃속에서부터 문제의 농약에 노출되었더니 아주 새끼 때부터 지방질 음식을 좋아해 나중에 비만과 당뇨에 걸리게 된 것이다!

간단히 말해 농약 속 화학 물질에 노출되면 급속 중독 이외에도 심각한 장애와 병이 나타날 수 있다(확실히 발병될 수도 있고 발병이 의심될 수도 있다). 대표적인 장애와 병은 다음과 같다.

• 신경계 장애. 예를 들면 파킨슨병, 알츠하이머병, 집중 장애, 기억 장애 같은 신경 행동 장애, 산만함, 분노 조절 장애, 비정상적인 반사적 행동, IQ 하락, 행동 장애, 아동의 학습 장애
• 생식과 성장 장애. 예를 들면 불임, 선천적 기형(요도하열 등), 태아 성장 장애, 유산
• 혈액암(백혈병, 악성 림프종), 전립샘암, 위암, 피부암, 뇌종양 발병
• 당뇨 같은 물질대사 장애
• 호흡 장애(천식, 성인 기관지염)

---

9 〈Does early-life exposure to organophosphate insecticides lead to prediabetes and obesity?〉: Slotkin TA Department of Pharmacology and Cancer Biology, DUMC, Duke University Medical Center, Durham, NC, Reprod Toxicol., April 31, 2011(3): 297-301. Epub September 17, 2010.

우리가 알아야 할 농약에 대한 진실

새로운 농약

새로운 농약을 옹호하는 농학자와 과학자에는 여러 부류가 있다. 먼저 기업과 돈 관계로 얽혀 있어 자신의 이익을 위해 새로운 농약을 홍보하는 그룹이 있다. 이들은 기업의 후원을 받는 과학 잡지에 기사를 기고한다. 누구의 지원을 받은 연구인지가 중요하지만 이를 밝히기란 쉽지 않은 일이다. 기업은 특정 연구보다는 연구소를 지원하기 때문이다. 따라서 연구소는 무늬만 독립적일 뿐 실제로는 기업의 지원을 받는다.

나름 정확한 실험 결과를 제공하지만 교묘하게 기업에 유리한 방향으로 결과를 발표하는 연구도 있다. 새로운 농약을 다룬 연구 보고서는 전반적인 상황을 설명하기보다 농작물에 피해를 주고 병을 옮길 수 있는 해로운 동식물이 새로운 농약으로 제거되었다는 장점만 이야기한다. 해로운 동식물에 대해 잔뜩 공포심을 심어준 다음 이를 뿌리 뽑아야 한다고 주장한다.[10]

또한 농약을 다룬 기사는 생태계에 미치는 영향(부식도 변형, 지하수면 오염 등)과 건강에 미치는 영향을 심도 있게 분석한 자료를 실어야 하지만 농약이 단기적으로 큰 효과를 준다는 점만 강조한다.

---

10 Jerry Cooper, Hans Dobson, 〈The benefits of pesticides to mankind and the environment〉, Natural Resources Institute, University of Greenwich, Chatham Maritime, Kent, 2007.

농약의 직간접적인 부작용을 알려야 함에도 불구하고 말이다.

로비가 막강한 만큼 유럽 안에서 의견을 조율하기도 쉽지 않다. 프랑스 식량, 환경, 직업 보건 및 안전기구(ANSES)는 2011년 12월 말의 보고서[11]를 통해 독물학 데이터의 부족으로 여러 물질에 대한 평가를 실시할 수 없고, 일부 물질은 일일 섭취 허용량이 필요치 않다고 하는 평가 기관 전문가들도 있다고 밝혔다. 또한 분석 방법을 개선할 필요가 있고 연구를 확대하는 것이 우선적이라고 했다. 간단히 말해 평가가 충분하지 않고 부족한 면이 많다고 일부 보건 기구가 시인한 것이다.

사용되는 물질이 다양하기 때문에 평가 작업이 쉽지 않다는 것을 알기에 평가 전문가들을 무조건 비난할 수만은 없다. 하지만 평가 전문가들의 노력에도 불구하고 여전히 제대로 밝혀지지 않은 부분이 많고, 유독 물질이 장기적으로 미치는 영향이 과학적으로 투명하게 밝혀져야 한다는 과제는 여전히 남아 있다. 다행히 프랑스에는 여러 검사 기구가 있다. 잔류농약관측소(Observatoire des Résidus de Pesticides, ORP)가 좋은 예로, 이곳에서는 농약 잔류물의 부작용 사례를 조사하고 있다.

농약을 사용해도 더는 수익이 없을 것이고 농약을 사용해야 할 이유도 없다는 의견이 대세다. 하지만 종자, 비료, 농약을 판매하는 회사들이 주로 정보를 갖고 있어서 정보를 알 수 있는 길이 차단되어 상황을 바꾸기가 어렵다. 이처럼 농식품 기업에 이익을 가져다

---

11 Anses-Saisine no. 2011-SA-0203.

주지 않을 친환경적 대체 기술이 대중적으로 알려지지 못하도록 길이 막혀 있는 것이 우리의 현실이다.

법원의 판결

악순환이 계속되면 농약의 최대 피해자는 농약을 직접 사용하는 농민이다. 농민은 농약을 미숙하게 다루다 농약에 중독될 가능성이 크다. 게다가 사용상 주의법이 불분명해 잘 이해하지 못할 때도 많다. 급성 중독으로 나타나는 증상은 호흡 장애, 구토, 위경련, 경련에 이르기까지 다양하다. 적은 양에 지속적으로 노출되어 나타나는 만성 중독은 증상이 단번에 나타나지 않지만 역시 위험하다.

프랑스 식량, 환경, 직업 보건 및 안전기구의 보고서에 따르면 농민이 걸리는 종양의 2/3가 농약을 직업적으로 사용해서 발생하는 것이라고 한다. 매년 직업병 모니터링 및 예방 국가 네트워크가 직업병에 관한 역학 데이터를 수집하고 있어 이를 바탕으로 발표한 것이다. 2001년부터 2009년 사이에 농민이 농약을 직업적으로 다루면서 종양이 세 배나 늘어났다.[12]

"유기농 제품을 소비하면 농민을 더 잘 보호해줄 수 있는데 일반 농산물을 소비해도 되는 것일까? 기존 방식으로 생산하면 농민이 병에 걸릴 수 있다는 것을 아는데도 말이다."[13]

---

12 *Le Monde*, 2011년 10월 8일, *L'Express*, 2011년 10월 7일(http://www.lexpress.fr/actualite/societe/tumeurs-des-agriculteurs-les-pesticides-en-cause_1038327.html).

13 저자가 농학자 클로드 오베르에게 한 인터뷰로 인터뷰 내용이 2011년 〈르몽드〉에 실렸다.

프랑스 농부 폴 프랑수아는 몬산토에서 출시한 제초제 라소(Lasso)를 계속 사용하다가 급성 중독으로 집중 장애 같은 뇌신경 질환에 걸리고 말았다. 2004년 지하 창고에 보관된 라소의 기체를 흡입한 프랑수아는 급성 중독 증세를 보였다. 그는 메스꺼움을 느낀 후 곧바로 구토를 했고, 이후 의식을 잃고 병원에 입원하게 되었다.

이를 계기로 라소는 2007년 프랑스에서 사용이 금지되었다. 그러나 캐나다에서는 라소 사용이 1985년부터 금지된 상태였다. 프랑수아는 몬산토를 상대로 소송을 걸었는데 몬산토가 전액 보상하라는 판결이 나왔다. 프랑수아의 질환이 제초제를 직업적으로 자주 사용하면서 걸리게 되었다는 사실이 인정된 것으로, 관련 소송으로는 첫 승소 사례였다.

프랑수아의 사건과 관련해 법원이 참고한 과학 보고서는 급성 중독을 일으킨 원인이 클로로벤젠이라는 내용을 담고 있었다. 농약 급속 중독이 직업병으로 인정되려면 어떻게 해야 할까? 사실 농약 평가가 제대로 이루어지지 않는 경우가 많다. 특히 제조업체는 자사에 불리한 내용의 독물학 데이터가 있을 때 모든 정보를 투명하게 공개하지는 않을 것이다. 심지어 병원만 하더라도 이와 비슷한 일이 늘 있지 않은가.

2012년 4월에는 법원이 농부 도미니크 마르샬의 병을 직업병으로 인정했다. 그런데 흥미로운 점은 이번 일에서 정부가 유죄 판결을 받았다는 것이다. 라벨에 사용 시 주의 사항이 제대로 기재되지 않았는데 법원은 정부가 안전 문제를 소홀히 했기 때문에 유죄라고 판단했다. 최종적으로 법원은 농약으로 인해 마르샬이 혈액 질환을 앓게 되었다고 판결을 내렸다.

"1982년부터 농약 제조사는 벤젠이 함유된 자사 제품이 사용자에게 혈액 질환을 일으킬 수 있다는 점을 간과할 수 없게 되었다."

판결 시 법원이 남긴 메모다.

위험성에 대한 부정, 주의 조치 부족, 불충분한 라벨이 법원을 통해 처벌받기 시작했다. 어떤 제품이 질병을 일으킨다는 사실을 기업과 당국이 알고 있어야 한다는 분위기가 점차 형성되고 있다. 일례로, 폴 프랑수아의 사건을 계기로 농민과 농업을 위협하던 농약 성분 오메르타가 퇴출되었다.

프랑스의 경우, 농민은 고된 노동에 비해 벌어들이는 수입이 그리 많지 않다. 이들은 농약이 효과적인 혁신 제품이라고 믿었으나 정작 농약이 가져올 결과에 대해서는 잘 알지 못하는 경우가 많다. 또한 이득을 챙기려고 농약과 비료 판매에 열을 올리는 단체나 농업조합의 압력에 굴복하는 농민도 많다.

다행히 상황이 조금씩 나아지고 있다. 보건 부문에서는 AMI의 연구[14]가 도시인보다 은퇴한 농민이 퇴행성 신경계 질환에 걸리는 비율이 훨씬 많다고 밝힌 것이다(뇌신경 장애를 앓는 비율이 농민은 15.2%, 도시인은 5.2%). 암의 경우 농약에의 노출이 줄어들면 악성

---

14 2006년에 실시된 아그리카그룹의 MSA 및 IFR99에 대한 AMI 연구.

림프종(혈액암)이 줄어든 것으로 밝혀졌다.[15] 류머티즘 등의 질병 역시 농약에 노출되어 생기는 것으로 보인다.

농장 주변 주민은 또 다른 문제를 안고 있다. 이들은 말 그대로 보호 장비 하나 없이 농약 살포에 그대로 방치되어 있다. 2006년 공중위생감시연구소(Institut de veille sanitaire)는 농약 때문에 농가 주변, 특히 포도밭과 과수원 주변 공기가 심각하게 오염되었다고 밝혔다.[16] 원칙적으로 풍속이 시속 19킬로미터 이상일 때의 농약 살포는 금지되어 있지만 제대로 지켜지고 있을까? 농가마다 근처에 기상청이 있는 것도 아니지 않은가.

> 농약을 덜 사용할수록 농민의 건강은 물론이고 모두의 건강과 환경에 이익이 된다. 친환경 농업 플랜이 시작되었다. 농약 살포를 줄임으로써 농민의 병을 감소시키고 국민의 건강을 위협하지 않는다는 목표를 실현하기 위해 정부가 할 수 있는 매우 간단한 방법이 있다. 정부에 수익도 가져다주는 방법이다. 가장 위험한 농약에 대한 부가가치세를 60%로 올리고, 가장 위험성이 낮은 농약에 대한 부가가치세를 19.5%로 조정하는 것이다. 농약 사용을 줄이는 방향으로 유도하면 농약을 덜 구입하게 될 테니 농민 경제에도 이득이다. 이와 동시에 농민은 유기농 농사를 짓는 농민처럼 농학자와 함께 친환경 농업 방법을 찾게 될 것이다.

---

15 예를 들어 2, 4, 5-트리클로로페녹시아세트산은 스웨덴에서 판매가 금지되었다(출처: Pierre Lebailly, Grecan, *Journal de l'environnement*).

16 프랑스 과학기술선택평가국의 농약과 건강에 관한 의뢰 보고서, Claude Gatignol, Jean-Claude Étienne, 2010년 4월 29일.

농업 분야 이외에 사용되는 농약

농약은 농업에만 사용되는 것이 아니다. 농업 이외의 분야에서도 농약의 일종인 살충제에 노출되는 일이 많다.[17]

프랑스철도청은 화재를 예방하기 위해 살충제, 특히 제초제를 많이 이용한다. 하지만 철로와 주변에 쓸데없이 화학제품을 사용해 관리하는 것은 아닐까? 다행히 얼마 전부터 프랑스철도청은 지하수의 오염을 막기 위해 제초제 사용을 줄이고 있다.

그리고 도시와 마을에서는 농약류를 많이 사용하지만 정작 그 위험성에 대해서는 잘 인식하지 못하고 있다. 사용하는 제품은 주로 녹지대, 스포츠 경기장, 주차장, 보도를 소독하는 제초제다.

한편 먹거리에 잔류 농약이 있지 않을까 겁을 내면서 왜 가정에서도 농약류(살충제)를 사용한다는 것은 알지 못할까? 정원과 베란다의 식물을 가꾸는 데 사용하는 살충제도 위험하다. 샴푸와 애완용 동물의 목에 걸어주는 이 방지용 목걸이도 주의해야 한다. 개미를 죽이는 살충제의 경우 일부 제품은 독성이 강하다. 목재 보존(항균제), 가죽 보존을 위한 화학제품이 남용되는 경우도 많다.

집도 유독 물질이 퍼지는 온상이 될 수 있다. 이에 대해 집중적으로 살펴보자. 집에서 일상적으로 사용하는 제품이 어떤 성분으로 되어 있는지 잘 모르는 사람이 약 80%다. 심지어 성분도 모른 채 가정용 농약류를 사용하는 사람도 많다. 임신부 중 84%는 임신 기간 동안 가정용 농약류 제품에 대해 아무런 정보도 받은 것이 없다.

---

17 사용하는 농약 중 10%를 차지한다.

그러나 태아에게 위험할 수 있기 때문에 임신 기간 동안 임신부는 화학제품에 노출되지 않도록 주의해야 한다.

앞서 언급했듯이 2010년 4월 의회 보고서에 따르면 가족 중 87%가 집에서 적어도 살충제 하나를 사용하는 것으로 나타났다. 분석 자료에 따르면 아이들 중 70%의 소변에서 적어도 하나의 유기인 화합물 농약 성분이 검출되었다.

'나쁜' 풀이라고 알려진 잡초를 죽이기 위해 제초제를 사용한다면 신중히 생각해봐야 한다. 제초제가 광범위하게 사용되지만 과연 올바른 방법으로 사용되고 있을까? 상자와 포장지에 적힌 주의법이 제대로 지켜지고 있을까? 규제도 있으나 마나다. 유기염소 화합물은 유럽에서 사용이 금지되었지만 조경 전문 매장에서는 여전히 판매되고 있다. 예를 들면 미국이 베트남전에 사용한 고엽제인 에이전트 오렌지의 성분이 함유된 제품이 판매되고 있는 것이다.

이런 것을 검사해야 할 보건 기관은 무엇을 하고 있는 것일까? 프랑스 최고 행정법원은 2012년 2월 13일에야 전 세계에서 가장 많이 팔리는 이 제초제의 재검사를 요청했다. 이 제초제의 기본 성분은 글리포세이트다.

농약 사용을 예방해야 하는 이유

전 세계 여기저기서 농약을 경고하는 움직임이 커지고 있다. 바람직한 현상이다. 비양심적인 기업은 가차 없이 응징해야 한다는 인식이 생기고 관련 정보도 빠르게 퍼지고 있다. 예컨대 미국에서는 과학아카데미가 분명히 밝힌 사실이 있다. 밭과 도심 공원에서 널리 사용되는 클로르피리포스가 임신부에게 노출되면 아이에게 발육 장애가 나타날 수 있다는 것이다. 그런데도 정부가 태연하게 팔짱만 끼고 있다니 놀랄 일이다.

인도 정부는 이미 유럽과 미국에서 금지된 살충제 엔도설판을 아직도 허용하고 있다. 엔도설판을 여전히 사용하는 나라는 인도만이 아니다. 중국, 아프리카도 여러 경작지(차, 쌀, 과일, 채소)에 엔도설판을 사용하고 있다. 그러나 엔도설판은 신경계 장애를 일으키고 기형아를 출산하게 할 수 있다. 2012년에 그린피스는 일부 중국차에서 29가지 농약이 검출되었다며 비난했다. 중국에서 재배된 초록색 살구를 먹은 일본인이 농약에 중독된 사례도 있다. 유기인 화합물 살충제인 디클로르보스는 허용량을 3만 4,000번 섭취하면 급성 중독이 일어나 심부전으로 사망에까지 이를 수도 있다.

캐나다 온타리오 가정의학회(CMFO)[18]는 가정의학 병원을 대상으로 환자들에게 농약에의 노출을 줄이라는 권고안을 내리도록 했다. 이 같은 정보는 다음과 같은 상황에서 전해 받을 수 있다.

- 태아 검사를 할 때
- 모든 연령의 아동이 부모와 병원을 찾을 때. 밀폐된 장소, 집, 정원에 살충제 성분이 떠돌아다닐 수 있다는 것을 집중적으로 알린다.
- 농약에 노출될 위험이 높은 직업군에 종사하는 환자가 병원을 찾을 때. 천식 같

---

18 온타리오 가정의학회는 캐나다 가정의학회의 온타리오 주 지부다. 비영리 단체로서 혁신적인 정책, 교육, 대중에 대한 홍보를 통해 온타리오 주에 가정의학을 알리고 있다.

은 병을 앓는 환자에게는 농약에 들어 있는 일부 화학물질이 위험할 수 있다고 알려준다.

전 세계 곳곳에서 농약을 제대로 사용하지 않는다면 건강과 환경을 위협할 것이다. 농약 제품을 사용할 때 발생할 수 있는 위험이 제대로 평가되지 않고 있기에 예방 조치를 취해야 한다. 다시 한 번 강조하지만 농약은 살아 있는 생명을 죽이는 것이다!

농약의 부작용과 메커니즘을 좀 더 자세히 분석해보자. 농약이 일으키는 부작용은 다양하다. 단순히 냄새만 맡았는데 세포 분열이 일어나는 현상에서부터 살아가는 데 필요한 단백질과 지질 같은 성분을 변형시키는 현상까지 다양하다. 내분비를 교란하는 농약도 있고 뇌와 신경계 전반에 해로운 농약도 있다. 직업상 농약을 다루거나, 음식을 통해 우연히 농약을 섭취하거나, 의도적으로 섭취(자살 시도)했을 때 급성 중독 현상이 일어나면 어떤 결과가 나타나는지 집중적으로 연구했으나 우연히 농약에 노출되는 것에 관한 정보는 여전히 부족하다. 그렇다고 해서 안심할 수 있는 건 아니다. 다양한 예방 조치는 필수다.

살충제의 부작용

유기인 화합물 성분이 들어간 살충제는 대부분 아세틸콜린(신경계에서 뇌와 근육에 영향을 미치는 신경 전달 물질)의 농도를 변화시킬 수 있다. 이 같은 살충제는 신경계뿐만 아니라 적혈구와 간에도 해롭다. 유기인 화합물 성분의 유해성이 알려지면서 사용이 부분적으로 금지되고 있다. 유기인 화합물은 체내에 쌓이고 자연상에 그대로 남는 특성(잔류 효과)이 있다. 유기인 화합물은 생물 축적이 되지

는 않지만 인간에게 해로울 수 있고 내분비 교란을 일으킬 가능성
이 크다. 카르밤산 살충제 또한 진딧물, 진드기 같은 벌레의 신경을
마비시킨다.

합성 피레트로이드는 천연 피레트린(식물이 포식자 곤충으로부터
자신을 보호하기 위해 만들어내는 물질)에 비해 강력한 독성(델타메트
린, 페르메트린 등)을 만들어낸다. 합성 피레트로이드 살충제는 잔류
가 사라지는 속도가 더 느리다.

사용되는 살충제 제품의 약 50%를 차지하는 제초제는 일부 식물
의 성장을 억제한다. 제초제가 일으키는 부작용은 다양한데, 주요
성분이 심각한 문제를 일으킨다기보다는 잡초에 잘 흡수되도록 함
께 사용되는 보조제가 있을 때 부작용이 커진다.

독버섯이나 이끼류의 성장을 억제하는 살균제는 농업 분야에서
제초제 다음으로 가장 많이 사용되는 살충제다. 살균제는 사료 저
장 및 운반 시, 그리고 의류, 목재, 건축 분야 등에서도 사용되며 그
부작용도 다양하다.

다양한 살충제에 관한 추가 정보

다음은 과학 및 독물학 관련 기사에서 일부 농약류가 일으키는
결과를 알려주는 정보를 정리한 것이다.[19] 여기에 소개한 농약류 제
품 중 일부는 현재 유럽연합에서 사용이 금지되었다.

---

19 Robert Lauwerys, *Toxicologie industrielle et intoxications professionnelles*,
    Masson, 2007.

각종 살충제의 현황과 증상

구분		급성 중독(많은 양)*	만성 중독**
살충제	유기염소 화합물: 지방 조직에 쌓인다. 유럽연합 회원국에서는 대부분 사용이 금지되었다.	구토, 설사, 경련	파킨슨병, 간과 콩팥 손상, 암
	유기인 화합물: 체내에 쌓이지는 않지만 그렇다고 해서 괜찮은 것은 아니다. 내분비를 교란할 수도 있다.	위경련, 시력 장애, 발한, 현기증, 혼수 상태	행동 장애, 다발성 경화증, 생식 장애, 암, 다양한 내분비샘 교란
	카르밤산: 유기인 화합물과 비슷한 결과를 일으킨다.	신경 자극을 조절하는 효소에의 영향	불임(정자의 이상)
	피레트로이드: 상대적으로 독성이 약한 편이다.	피부 발진, 점막 발진, 과도하게 노출되는 경우 경련 등의 신경계 장애	알레르기, 피로, 식욕 부진
제초제	알라클로르: 현재 유럽에서 금지된 제초제 라소의 성분이다.	접촉 시 피부 발진(피부 염증), 흡입 시 신경계 장애	결장암, 백혈병(만성 골수성 백혈병) 등의 암
	글리포세이트: 제초제 성분 중 하나다.	출혈, 저혈압, 폐부종	종양 악화
	바이피리딜리움 혹은 파라쿼트	입 궤양, 경련, 콩팥과 간 기능 손상	점막 발진, 시력 이상
	아트라진: 옥수수밭에서 널리 사용되던 제초제로 유럽에서는 2004년부터 사용이 금지되었다.	경련, 콩팥과 간 장애	암, 내분비샘 교란, 염소성 여드름
살균제	디티오카르밤산염: 수확한 과일의 신선도가 떨어지지 않도록 하는 데 사용된다.	급성 신부전	피부 발진과 알레르기, 갑상샘암과 간암
	펜타클로로페놀: 예전에는 나무 관리에 쓰였으나 지금은 사용이 줄어들었다.	구토, 식욕 부진, 설사, 여러 기관 손상	암, 악성 림프종, 염소성 여드름
	헥사클로로벤젠: 현재 유럽에서는 사용이 금지되었다.	신경계 장애, 피부와 골수 장애	지방 조직에 쌓여 유방암 유발
쥐약***	디쿠마롤: 혈전 방지제	출혈(출산하던 설치류에게 치명적인 증상)	모발 손상

* 증상은 일부 내용임

** 실험 분석 자료(동물실험)에 의한 의심스럽거나 입증된 결과임

*** 스트리크닌(사용 금지됨)처럼 신경 마비를 일으키는 쥐약도 있음

미래를 위해서는 농약이 일으키는 결과를 좀 더 적극적으로 모니터링하는 제도가 필요하다. 유독 물질을 좀 더 효과적으로 모니터링해야 한다.

내분비를 교란하는 주범, 환경 호르몬

체내에서 기관까지 정보를 교환할 수 있도록 돕는 커뮤니케이션 시스템은 크게 신경계, 호르몬 계통으로 구분할 수 있다. 이 두 가지 시스템에서는 작은 분자들이 세포 사이에 메시지를 전달한다. 호르몬이 어떻게 작용하는지 그 메커니즘은 잘 알려져 있다. 다양한 기관과 림프샘(갑상샘, 이자, 난소, 고환 등)이 분비하는 분자는 혈액을 통해 이동해 체내에서 각자 맡은 역할을 한다. 분자는 세포 안팎에 존재하는 수신 시스템을 작동해 여러 가지 반응이 일어나게 한다.

혈액과 소변(또는 대사 물질)에서 동시에 호르몬의 양을 알 수 있다. 호르몬의 양은 마이크로그램(μg)으로 표시한다. 호르몬의 기능은 달라질 수 있는데, 내분비샘 교란 물질로 불리는 환경 호르몬에 노출되어 제어할 수 없을 정도로 변할 수도 있고 약을 통해 원하는 방향으로 바꿀 수도 있다.

내분비 교란 호르몬

인체에는 수십 가지 호르몬이 있으며 호르몬마다 정해진 역할이 있어서 체내 균형을 유지해준다. 그러나 외부에서 이물질이 침입하면 체내 균형이 깨질 수 있다. 체내의 상태를 원하는 대로 변화시키기 위해 이물질을 삽입하는 경우가 있다. 예를 들면 피임약을 먹어임신을 막거나 폐경기 때 호르몬 치료로 여성 호르몬 노출 기간을연장하는 경우다. 약이 발전하면서 많은 호르몬 계통 질환을 치료할수 있게 되었는데, 보통 갑상샘의 기능이 떨어졌을 때는 갑상샘 호르몬을 주입하고, 당뇨병에 걸렸을 때는 인슐린 주사를 놓는다.

• 호르몬을 분비하는 대표적 신체 기관

오늘날 식품, 화장품과 일상 용품을 통해 합성 화학 물질에 노출되는 일이 많아지고 있다. 문제는 이 같은 합성 화학 물질이 호르몬처럼 작용한다는 것이다. 다시 말해 물질대사를 바꾸거나 스팸메일처럼 메시지를 뒤죽박죽 전달한다. 예를 들면 일부 플라스틱에 들어 있는 비스페놀 A는 에스트로겐과 비슷한 작용을 한다. 이러한합성 화학 물질을 내분비 교란 물질이라 한다.

약은 원하는 방향으로 호르몬을 조절하지만 환경 호르몬은 원치않는 결과를 초래한다. 이는 크게 두 가지인데, 하나는 호르몬을 흉내 내는 물질로 진짜 호르몬을 무력화한다. 또 하나는 일부 세포의수용기 위에 자리를 잡아 호르몬처럼 활동하며 혼란스러운 결과를일으킨다. 둘 다 호르몬의 균형이 깨지는 상황이지만 이러한 변화가 늘 곧바로 나타나는 것은 아니다. 호르몬의 균형이 조금씩 깨지면 다양한 질병이 나타날 수 있다. 이는 모두 우리가 살고 있는 환경이 만들어내는 현상이다.

- 갑상샘: 목 아래에 있는 갑상샘은 전체 물질대사를 안정시키는 역할을 하며 체내 균형을 책임진다. 갑상샘에 이상이 생기면 갑상샘 기능 항진이나 기능 저하가 나타난다. 갑상샘 기능 항진은 갑상샘 호르몬의 분비가 늘어나 심장 박동이 빨라지고, 잠들기가 어렵고, 손이 약간 떨리는 것처럼 신경이 불안정하며, 몸무게가 줄어든다. 반대로 갑상샘 기능 저하는 갑상샘 호르몬의 분비가 줄어들어 비정상적으로 피로하고, 추위를 느끼고, 몸무게가 늘어나고, 우울해지고, 피부가 건조해지고 머리카락과 손톱이 부러지며, 간혹 콜레스테롤 수치가 높아지는 증상이 나타난다.

- 갑상샘에서 직접 분비되는 T3, T4 호르몬을 주입해 물질대사의 기능을 조절할 수 있지만 T3, T4 호르몬의 분비 자체는 갑상샘 자극 호르몬의 영향을 받는다. 뇌 속에 있는 작은 샘인 뇌하수체를 통해 분비되는 갑상샘 자극 호르몬은 뇌와 체내 기관 사이에 메시지를 전달하는 중요한 역할을 한다. 갑상샘 자극 호르몬은 시상하부의 영향을 받는데, 시상하부는 갑상샘을 포함한 다양한 샘을 통제한다.

- 이자(췌장): 이자는 혈당(혈액 속의 포도당 농도)을 조절하는 호르몬인 인슐린을 분비한다. 또한 상황에 따라 글루카곤을 분비하는데, 혈당을 올리는 호르몬인 글루카곤은 혈당이 떨어질 것에 대비해 간에서 포도당이 분비되게 한다. 그러나 혈당을 조절하는 능력에 문제가 생기면 비정상적으로 혈당이 상승하기도 하는데 이를 고혈당증이라 한다.

- 부신: 아드레날린, 코르티솔을 분비해 스트레스를 관리하는 등 부신은 여러 가지 역할을 한다. 몸에서 자연적으로 나오는 코르티솔은 혈당을 높이고(스트레스를 받으면 이에 맞서기 위해 혈당이 높아짐) 염증을 가라앉혔다. 부신(부신겉질, 부신속질)은 여러 가지 호르몬을 분비함으로써 생존을 위해 추위, 더위, 공포를 견디게 하는 등 환경에 적응하도록 돕는다.

- 생식 기관: 생식 기관은 성숙 단계에 이르면 성호르몬을 분비한다. 여성의 몸에서는 난자가 만들어지고 에스트로겐과 프로게스테론이 분비된다. 남성의 고환에서는 테스토스테론이 분비된다.

- 갑상샘 뒤쪽에 있는 부갑상샘

환경 호르몬은 우리 몸에서 분비되는 호르몬의 생체 활동 메커니즘을 서서히 변형시키다가 결국에는 심각한 결과를 초래한다.

환경 호르몬이 노리는 대상

내분비 교란 물질			
합성	시상하부	배출 호르몬*	
	뼈끝(골단)	멜라토닌	
	뇌하수체	부신겉질 자극 호르몬, 난포 자극 호르몬, 황체 형성 호르몬 등	
저장	고환	테스토스테론, 인히빈	
	난자	에스트로겐, 프로게스테론	
배출	갑상샘	T3, T4, 칼시토닌	
	부신	코르티솔, 안드로겐 등	
분비	부갑상샘	부갑상샘 호르몬	
	소화선	가스트린, 세크레틴, 콜레시스토키닌 등	
운반	간	IGF-1(인슐린 유사 생장 인자)	
	이자	인슐린, 글루카곤	
제거	가슴샘	티모포이에틴	
	태반	융모 생식샘 자극 호르몬, 에스트로겐**	
활동	심장	심방 나트륨 이뇨 인자	
	콩팥	레닌, 적혈구 형성 인자	

* 자극에 의한 배출
** 17-베타에스트라디올
출처: 프랑스 과학기술선택평가국의 농약과 건강에 관한 의회 보고서에 실린 뤼크 뮐티네 박사의 프레젠테이션

환경 호르몬이 일으키는 대표적 질병

여러 가지 이유로 질병이 발생한다. 물론 유전적인 요인도 있지만, 요즘은 과거에 비해 유전적인 요인보다는 환경적인 요인으로 질병이 발생한다고 보는 입장이 많다. 식습관, 조리 방식, 흡연이나 음주 여부, 운동 부족 같은 생활 습관과 환경 요인이 중요하다. 질병을 일으키는 환경 요인은 두 가지로 볼 수 있기 때문에 관련 발표 내용에 모호한 면이 있다.

첫째는 합성 화학 물질(농약, 용해제 등), 다양한 화학 물질에 의한 오염, 생활 습관 및 소비 습관과 관계된 환경 요인이다. 둘째는 흡연 및 음주 과다와 관련된 환경 요인이다. 정부에 소속된 일부 건강 담당자들은 두 번째 환경 요인에만 집중하는 경향이 있다. 그 과정에서 첫 번째 환경 요인이 소홀하게 다루어진다. 그래도 다행히 요즘은 협회, 연구자, 대중의 압력으로 바람직한 방향으로 조금씩 나아가고 있기는 하다. 물론 더욱 발전된 방향으로 나아가야 하며 단순히 음식 섭취를 통한 비스페놀 A 금지법에만 만족해서는 안 된다.

환경 호르몬 영향 연구의 어려움

당뇨, 비만, 암의 급증을 어떻게 설명해야 할까? 혹시 다양한 합성 화학 물질에의 노출 등 환경 요인 때문은 아닐까? 내분비 교란 물질(환경 호르몬)에 관한 의회 보고서의 내용은 이렇다.[20]

---

20 프랑스 과학기술선택평가국의 보고서, Gilles Barbier, 2011년 7월 12일.

"화학 물질이 원인이 아닐까 하는 가정이 가장 신뢰를 얻고 있다. 진지하게 생각해볼 문제다."

물론 병을 키우는 다른 요인도 있다. 하지만 특정 질환을 일으키는 직접적인 물질을 딱 꼬집어서 말하기는 어렵다. 노출되는 제품의 경로가 다양하고 한 예인 암도 발병하기까지 수년이 걸리기 때문에 분석하는 데 어려움이 있다. 더구나 태내에서부터 특정 물질에 노출되면 아동기에 걸릴 수 있는 병이 여러 가지이고(천식, 알레르기, 암 등), 성인이 되어서도 다양한 병에 걸릴 가능성이 있다.

그러나 기존의 독물학으로는 환경 호르몬 같은 물질을 평가하기가 힘들다. 나타나는 부작용이 순차적이지 않기 때문이다. 즉 유독 물질이 많이 쌓여서 문제가 되는 것이 아니라 노출 시기(태내, 아동기, 청소년기), 개개인의 민감성과 건강 상태가 중요한 요인인 것이다. 환경 호르몬에 노출되면 생체 균형이 방해를 받아 내분비 항상성이 깨진다. 다시 말해 체내 균형이 망가진다.

인간을 대상으로 한 역학 조사와 실험이 제한적이라서 객관적인 과학 지식을 바탕으로 한 기존의 연구가 있다면 이를 중시해야 한다. 그러나 문제의 물질이 발견되면 그 위험성에 대한 역학 조사를 해야 하는데, 소비자를 위한 권고와 깊은 연구를 위한 신속하고 구체적인 활동이 체계적으로 이루어지지 않는다. 기업과 일부 기관을 곤란하게 만드는 연구를 소홀히 하기 때문에 관심사로 떠오르지 않는 경우가 많다.

환경 호르몬이 가져오는 심각한 부작용 중 하나는 세대 간 영향이다.[21] 환경 호르몬으로 인간은 물질대사 장애와 각종 병에 걸릴 수 있으며, 나아가 이를 다음 세대에 옮길 수도 있다. 또한 환경 호르몬이 서로 섞였을 때 더 심각한 결과가 나타나는 경우도 있다. 환경 호르몬이 분노 조절 장애 등의 행동 장애를 일으킬 수 있다는 주장도 나오고 있다(비스페놀 A).

> **환경 호르몬의 특징**
> • 양이 중요한 것이 아니라 노출 시기가 중요하게 작용한다. 적은 양인데도 양이 더 많을 때보다 위험한 증상을 유발할 수 있다.
> • 잠복기가 있다. 노출된 이후 병이 나타나기까지 시간이 걸린다.
> • 세대에서 세대로 병이 전해진다.

암

호르몬 이상으로 발생하는 암이 급증하고 있다. 검사 기술이 발전해 더 잘 발견되는 것도 있지만 전체 암 발병률이 높아진 데에는 다른 이유가 있다(1980년 이후 프랑스의 암 발병률은 여성이 43%, 남성이 35% 증가했다). 다양한 한경 호르몬에 노출되면서 암이 증가했다는 자료가 점점 쌓이고 있다.

---

21 *Je maigris sain, je mange bien, op. cit.*

대표적인 암의 발병 원인

암	원인
유방암	선진국 여성에게 가장 흔히 발병하는 암이다. 프랑스의 유방암 발병률은 30년 전보다 두 배나 증가했다. 흡연, 환경 호르몬, 레토르트 식품(특히 다환 방향족 탄화수소), 방사선이 원인으로 지목된다.
전립샘암	남성에게 가장 많이 나타나는 암으로 폭발적으로 증가하고 있다(1975년부터 2000년 사이에 네 배 증가). 인구 노령화, 환경 호르몬, 지방질 위주의 잘못된 식습관(포화지방산 과다 섭취)은 전립샘암의 발병률을 높일 수 있다.
갑상샘암	갑상샘암은 최근 여성을 중심으로 증가하고 있다. 특히 농약류, 일부 플라스틱에서 나오는 환경 호르몬이 원인으로 지목된다.

* 프랑스 국립보건의학연구소의 자료집(2008년) 참조

물질대사 질환: 비만, 당뇨

과체중, 비만(프랑스에서는 20년 만에 소아 비만이 300% 증가), 당뇨(인슐린 비의존성 2형 당뇨)가 2001~2009년 동안 40%가 늘어났다. 단순히 고칼로리 음식을 과다 섭취하고 운동이 부족해서가 아니다. 그보다는 환경적인 요인과 환경 호르몬이 주범으로 지목되고 있다. 여러 과학자의 심사 이후 의회 보고서에 실린 내용은 이렇다.

"과체중, 비만, 당뇨가 급속도로 늘어나는 것은 유전적인 요인이 아니다."

다른 질병과 마찬가지로 과체중, 비만, 당뇨를 일으키는 원인은 여러 가지다. 그러나 특히 문제가 되는 것은 비스페놀 A, 프탈레이트, 일부 농약류에서 나오는 환경 호르몬으로, 이는 물질대사를 변화시켜 과체중, 비만, 당뇨를 유발한다고, 실험 결과 밝혀졌다. 10여 년 전부터 과학적인 근거 자료가 쌓이고 있다.

기형과 불임

환경 호르몬은 수년 전부터 다양한 생식 장애를 일으키고 있다. 환경 호르몬은 여성에게 자궁내막증과 다낭성 난소 증후군(호르몬의 변화로 난소에 작은 물혹이 생김)을 일으켜 불임의 원인이 된다. 다낭성 난소 증후군이 계속 증가하고 있으며 특히 비만 여성이 이 병에 잘 걸린다. 또한 태아 때부터 환경 호르몬에 노출되면 성인이 된 훗날 불임이 될 수 있다.

남성의 경우 환경 호르몬은 테스토스테론과 정자의 수 및 기능을 감소시킨다(오늘날 남성 불임의 주요 원인이다). 1990년대 중반부터 테오 콜본 등의 과학자들이 경고했으나 그다지 주목을 끌지 못했는데 이제 그 대가를 치르고 있다. 정자의 수가 5년 만에 절반이나 줄어든 것이다. 뿐만 아니라 잠복고환(고환이 음낭 안에 있지 않거나 음낭까지 내려오지 않은 상태), 요도밑열림증(요도 입구가 음경 끝에 위치하지 않은 요도 기형) 같은 생식기 기형도 증가하고 있다.[22] 모두 합성 화학 물질 때문에 생긴 장애다.

신경계와 면역계 질환

화학 합성물이 여러 신경계 질환을 일으키는 주범이라는 의견이 많다. 대표적인 신경계 질환은 뇌 성장 장애다. 농약을 다루는 부분에서 살펴봤듯이 신경계 질환과 관련된 데이터가 많다. 환경 호르몬은 면역계 질환도 일으킬 수 있는데, 면역계 질환이 발병하면 감염

---

22 이런 고환 장애는 불임의 가능성을 높인다.

이 되거나 자가면역 질환(면역 기능에 이상이 생겨 우리 몸의 면역세포가 장기나 조직을 공격해 발생하는 질환)에 더 취약해진다.

환경 호르몬이 일으키는 부작용

- 남성 불임
- 여성 불임
- 유산
- 자궁내막증
- 생식기 성장 이상

- 거짓남녀중간몸증
- 성조숙증
- 발기부전
- 신경 성장 장애
- 면역 장애

- 고환암
- 유방암
- 전립샘암

※프랑스 과학기술선택평가국의 농약과 건강에 관한 의회 보고서에 포함된 내용을 편집한 것임
(출처: 프랑스 국립보건의학연구소)

환경 호르몬을 배출하는 제품

환경 호르몬을 배출하는 제품을 표에 간단히 정리했다. 환경 호르몬이 나올 수 있는 제품의 종류를 확인하고 이런 제품을 피하는데 도움이 될 것이다.

환경 호르몬을 배출하는 제품(간략한 목록)

연소 변형과 관계된 제품	구성 성분
공업용 또는 가정용 제품	프탈레이트, 비스페놀 A, PBDE·PCB 유형의 방화용 제품 (사용 금지된 물질이지만 자연에서는 존재), 알킬페놀, 카드뮴
농업용 제품	농약
공업용 및 가정용 연소 제품	다이옥신, 폴리클로로퓨란, 다환 방향족 탄화수소
제약품, 치과에서 사용하는 레진	DES, 에티닐에스트라디올, 케토코나졸, 비스페놀 A

자연상 존재하는 곳	구성 성분
식물	이소플라본 유형의 천연 피토에스트로겐(콩, 클로버), 스티그마스테롤 (식물 스테롤), 미코톡신(제아랄레논)을 분비하는 곰팡이류 버섯
자연 연소 제품	다이옥신

환경 호르몬은 크게 두 종류다. 하나는 비스페놀 A, 유기염소 화합물 농약과 같은 환경 호르몬으로, 체내에 쌓이지 않는다. 또 하나는 다이옥신, 다환 방향족 탄화수소 등 연소 물질에서 나오는 환경 호르몬으로 지방에 쌓인다. 두 번째 종류의 환경 호르몬은 지방 친화성을 띠며, 이는 내구적·유기적 오염물이라고도 불린다.[23] 2001년 유엔에서 151개국이 서명한 스톡홀름 협약에는 지방 친화적인 환경 호르몬은 위험하기 때문에 사용 금지하거나 제한해야 한다는 내용이 담겨 있다.

환경 호르몬을 피하는 방법

지금까지 알려진 과학적 상식으로는 합성 물질을 통해 환경 호르몬에 노출되지 않게 노력해야 한다. 같은 그룹에 속한 물질도 차이가 크기 때문에 하나하나 살펴봐야 한다. 그 자체로도 위험한 것도

---

23 염소계 화합물인 다이옥신은 미생물에 의해 거의 분해되지 않고 지방에 쌓인다. 인간은 식품으로 다이옥신에 오염되는 경우가 많다. 다이옥신의 종류는 200가지가 넘는데 가장 잘 알려진 고위험군의 다이옥신은 테트라클로로디벤조파라다이옥신(TCDD)으로 '세베소 다이옥신(세베소는 이탈리아의 롬바르디아 지역의 마을 이름으로, 이곳의 화학 공장에서 다이옥신 누출 사고가 발생했다)'이라고도 불린다. 비슷한 화합물로는 폴리클로로퓨란이 있다.

있고 아주 작은 양인데도 치명적인 것이 있기 때문에 복잡하다. 제품을 사용할 때 조심해야 하는 이유다. 어쨌든 확실한 정보가 여전히 부족하기 때문에 문제가 있는 제품을 쓰지 않든가 노출을 가능한 피하는 등 개인적으로 노력해야 한다.

환경 호르몬	개인 해결법	공동 해결법
알킬페놀: 유럽에서는 공업용 세제에 들어가는 성분으로 수만 톤이 사용된다. 제품의 구성을 개선해 흡수력을 높여준다(유화제, 분산제, 세제로 사용된다). 농약, 페인트, 수지, 화장품, 섬유와 가죽 마감재로도 사용된다.	• 라벨을 읽어보거나 세제 회사에 직접 문의한다. • 섬유와 구리 마감 작업에 사용되는 유화제의 한 성분이기도 하니 주의가 필요하다. • 건강에 미치는 영향에 관한 연구가 많다. 가정에서 관련 성분이 들어간 제품은 되도록 사용을 줄인다. 에스트로겐처럼 작용하는 환경 호르몬은 호르몬 물질대사를 망가뜨린다.	기술적인 해결책이 있다. 알코올 에톡실레이트 같은 것으로 대체하면 된다.
비스페놀 A: 전 세계에서 매년 수천 톤이 생산된다. 폴리카보네이트 플라스틱, 에폭시 수지를 생산할 때 사용한다. 통조림 내부에 주입하는 물질, 캔, 와인 지하 저장고, 식품 저장고를 감싸는 물질에 필요하며 일부 치과용 레진, 인쇄용 감열지에도 들어 있다.	• 포장용 플라스틱의 하단을 보면 삼각형 안에 숫자 7이 적혀 있는데 이는 비스페놀 A가 들어 있다는 뜻이다. • 비스페놀 A는 2015년부터 유럽에서 식품용 플라스틱 제품에 사용이 금지되었다. 유럽에서는 2013년부터 젖병에 비스페놀 A의 사용이 금지되었다. 3세 미만 유아용 식품 포장에는 비스페놀 A를 사용할 수 없다. • 삼각형 안의 숫자가 3과 6인 아시아의 일부 플라스틱은 혼합물로 의심된다(PVC와 폴리스테린이 첨가되었을 가능성이 있다). • 내부가 에폭시 레진으로 된 통조림도 있다. 비스페놀 A는 식품 포장용으로 많이 사용된다.	천연 제품이나 도자기 제품을 사용한다. 비스페놀 A를 대체하기 위한 연구가 이루어지고 있다. 2011년 9월 프랑스 식량, 환경, 직업 보건 및 안전기구가 내놓은 자세한 자료는 홈페이지에서 확인할 수 있다. 비스페놀 A를 대체할 수 있는 물질은 73가지가 있으나 독성이 있는지 확인해봐야 한다.

환경 호르몬	개인 해결법	공동 해결법
	• 비스페놀 A는 주로 랩을 통해 식품으로 섭취된다. • 여러 연구 결과 비스페놀 A는 불임, 당뇨, 과체중을 유발하는 것으로 나타났다. 태아 때부터 비스페놀 A에 노출되면 유방암, 전립샘암에 걸릴 확률이 높아진다. 비스페놀 A는 과다 흥분과 같은 신경 행동 장애를 일으키는 주범으로 지목되기도 한다.	
다이옥신과 PCB: 다이옥신은 염소를 사용하는 화학 산업(제지 산업 포함), 광물, 아스팔트 추출 산업, 공업용 연소 과정, 폐기물, 야금 소각, 가정용 난방(나무 등), 산불 등에 의해 배출된다. PCB는 현재 사용이 금지되었다. 예전에는 냉장고, 콘덴서, 변압기에 절연체와 방화 물질로 사용되었다. PCB는 잘 분해되지 않고 유독하며 공업용 폐기물을 처리하는 공장을 통해 노출될 수 있다.	• 인간은 주로 음식을 통해 다이옥신을 섭취하게 된다. 다이옥신은 곳곳에 있는데 특히 동물 지방에 쌓여 있다. 다이옥신을 피하는 가장 쉬운 방법은 육류의 지방과 햄을 먹지 않는 것이다. 죽상판을 형성하는 포화지방산의 섭취를 줄이는 것이 좋다(혈관을 막아 동맥경화증과 심혈관 장애를 일으킨다). • 생선이 심하게 오염되는 경우도 있다. 프랑스 론 지방의 생선은 PCB 함유량이 허용치보다 40배 많다. • 동쪽 영국해협은 다른 곳보다 다이옥신과 PCB에 많이 오염되었다. • 다이옥신은 특히 생식 조직을 손상하고 면역계와 신경계에도 악영향을 미친다.	다이옥신과 PCB의 배출을 제한하기 위해 프랑스와 유럽연합 정부가 힘을 모으고 있다. 특히 소각장에 필터를 사용해 1970년대와 1980년대에 비해 다이옥신과 PCB의 농도가 줄어들었다. 공장, 소각장 근처에 주거지를 조성하지 않는 것도 좋은 방법이다. 가정에서도 다이옥신이 배출되고 있어 주의가 필요하다. 목재 난로, 장작을 사용하는 개방형 아궁이와 벽난로에서, 그리고 정원 폐기물을 소각할 때도 다이옥신이 배출된다. 그래서 2011년 11월 18일 자로 지침이 발간되었다.
과불화 화합물(PFC): PFC는 매년 수천 톤이 생산되고 있다. 종류는 여러 가지이며 PFOA와 PFOS가 특히 위험하다. PFOA는 프라이팬과 냄비의 코팅에 들어 있으나 점차 사용하지 않는 추세이기 때문에 'PFOA 비함유'가 기재된 라벨이 많아지고 있다. 섬유에는 얼룩 방지와 방수 효과에 사용되고 있다. 일부	• 'PFOA 비함유'라는 표시가 없는 눌음 방지 프라이팬이나 냄비는 사지 않는다. 그러나 PFOA가 들어 있지 않은 제품이라도 대체 물질이 무엇인지 자세히 알 수 없는 경우가 많으니 눌음 방지 프라이팬이나 냄비를 계속 써야 할지 생각해볼 때다. • 코팅, 중화제로 사용되는 PFC는 식품 포장지, 화장	여러 기업이 PFC를 대체하려는 노력을 하고 있다. 하지만 정보가 부족하기 때문에(영업 비밀) 대체 물질이라도 주의를 기울여야 한다. 주방 도구를 고를 때 무엇보다 PFC 대체 물질이 무엇인지 하나하나 따져본다.

환경 호르몬	개인 해결법	공동 해결법
포장에도 들어 있으며(특히 마분지와 종이 포장) 지방질에서 녹지 않는다.	품, 섬유에 다양하게 사용된다. • PFC의 부작용은 비만, 전립샘암, 생식 장애 등이다.	
폴리브롬화 내화성 물질: 내화제라고도 불리는 폴리브롬화 내화성 물질은 플라스틱 전자 기기와 섬유의 인화성을 감소시킨다. 컴퓨터 케이스, TV, 헤어드라이기, 의류 등 곳곳에 사용된다. PCB와 비슷한 성질을 보이며 환경 속에 오래 남는다. 대표적으로 PBDE(폴리브롬화 디페닐에테르), HBCD(헥사브로모시클로도데칸), TBBP-A(테트라브로모비스페놀 A)가 있다.	• 플라스틱과 장난감 같은 물건에 포함되어 있다. 기화성으로 집과 사무실의 공기에 있을 수 있다. 다행히 공기 중에는 많이 포함되어 있지 않다. • 폴리브롬의 노출 정도에 따라 호르몬 계통, 특히 갑상샘 기능에 이상이 생길 수 있다. 또한 신경계를 손상해 행동 장애, 자폐증이 나타날 수도 있다.	대체할 수 있는 방법이 있으며 많은 기업은 폴리브롬을 더는 사용하지 않는다.
프탈레이트: 매년 서유럽에서 100만 톤이 생산된다. 플라스틱 유화제의 90%는 PVC 생산에 사용된다. 종류는 여러 가지이며 상당수의 프탈레이트계 물질은 이미 사용이 금지되었다. 프탈레이트는 광범위하게 사용된다. 어린이 장난감, 장갑, 다양한 포장, 도로 포장, 섬유, 여행 가방, 의류, 매니큐어 같은 화장품에 사용되는데 고르게 발리고 벗겨지는 것을 막아준다. 또한 프탈레이트는 탈취제, 향수의 효과를 높이고 풀, 잉크, 페인트 색이 오랫동안 유지되게 하며, 흡입관 등 다양한 의학 도구에도 사용된다.	• 일상에서 흔히 사용되기 때문에 피하기가 힘들다. 또한 프탈레이트계 물질은 독성도 다르다. 프탈레이트의 전이는 심하지 않지만 많이 노출되면 위험할 수 있으니 어린이와 임신부는 주의해야 한다. • 프탈레이트계 물질은 내분비를 교란하며 남성의 불임, 여성의 성조숙증을 일으킨다. DBP, BBP, DEHP가 특히 위험하다. • 갑상샘 호르몬에 장애를 일으키는 프탈레이트도 있다. 천식 등의 호흡 장애를 일으키고 간과 콩팥의 종양을 키우기도 한다(동물실험 결과).	산업 분야에서 PVC를 대체할 방법이 많다. 예를 들어 케이블을 생산하는 데에는 폴리프로필렌을 사용하면 된다. 조산아에게, 그리고 인공영양 투여 시 프탈레이트를 약에 함유하면 안 된다. 이처럼 대체 방법이 있으니 대체 물질의 사용을 일반화해야 한다.
BHA와 기타 식품, 화장품 첨가물: BHA와 BHT는 산화를 방지하기 때문에 식품, 화장품, 의약품의 방부제로 사용되는데 대표적인 물질은 파라벤(E214~E219)과 갈산프로필(E310)이다.	• BHA 성분에서 산화 방지 물질 E320(BHT는 E321)은 환경 호르몬으로 암을 유발할 수 있다. BHT는 분류할 수 없는 물질로 별도의 추가 평가가 필요하므로 그 결과가 나오기 전까지는 주의해야 한다.	일부 식품의 경우 비타민 E로 대체하는 등 대체 방법이 있다.

환경 호르몬	개인 해결법	공동 해결법
	• 갑상샘을 교란하고 불임을 일으킨다. 갈산프로필은 유아에게 혈액 장애(메트헤모글로빈혈증)를 일으킬 수 있다.	
트리클로산: 항균 효과가 있어 매우 광범위하게 사용되다가 유해 가능성이 과장되게 알려져 이전보다 사용이 줄었다. 가정용 청소 용품, 화장품, 치약에 사용된다.	• 함유량이 라벨에 표시된다. • 발정 억제 작용으로 물질 대사를 교란할 수 있으며 갑상샘 호르몬 분비에 이상을 일으킬 수 있다.	살균 작용이 있다고 하지만 논란이 되는 경우가 많다. 유기 화합물이 있으므로 사용해도 안전하다는 분위기이나 주의가 필요하다.
미량 금속과 기타(안티모니, 카드뮴, 알루미늄, 트리부틸린): 노출 경로는 다양하다. 오래전부터 배의 동체에 칠하는 페인트에 함유된 트리부틸린은 배에 연체동물이 달라붙는 것을 막아준다. 지금은 노출 가능성이 줄어들었으나 PVC의 첨가제로 여전히 유기주석 화합물이 사용된다.	• 질병을 일으키는 금속은 여러 가지다. PE 등 일부 금속이 끼치는 영향은 최근 밝혀졌다. 트리부틸린에 노출되면 체내에 지방물질이 쌓인다. • TBT는 지방이 쌓이게 하고 암컷이 수컷처럼 되게 하며, '임포섹스(강제 성전환)' 현상으로 음경과 정관이 자라게 된다. 또한 TBT는 면역력을 약화하고 태아의 성장을 방해한다.	플라스틱 가공에서 반응로의 촉매제로 사용되는 안티모니는 대체할 방법이 있다. 물 처리 과정 중 응집 단계에서 알루미늄 대신 철을 넣으면 된다. 트리부틸린은 반드시 필요한 물질이 아니다.
자외선 차단 필터: 4-메틸벤질리덴 캠퍼(4-MBC), 벤조페논은 많은 선크림 제품에 함유되어 있다.	• 선크림과 기타 다양한 자외선 차단 화장품. • 환경 호르몬 물질이 어느 정도 들어 있어 불임을 일으킬 수도 있지만 부작용은 노출 정도에 따라 다르다.	자외선 차단 필터가 사용되지 않은 선크림도 있다.
농약: 농약을 다룬 내용을 참고하면 된다. 이 중 특히 문제가 되는 성분은 타이람, 메톡시클로르, 만코제브, 지네브, 페나리몰, 레스메트린, 델타메트린, 메트리부진, 케토콜나졸, 카발린, 테르부틴, 페니트로티온이다(출처: 약물 화학협회).	• 유기농을 섭취한다.	정책 의지가 있고 기업 로비에 넘어가지 않는다면 적당한 기간 동안만 사용하고 사용을 줄여갈 수 있다.
글리콜에테르: 종류가 여러 가지이고 위험도도 제각각이다. 글리콜에테르의 부산	• 용매 역할을 하여 1970년대 초 다양한 제품에 널리 사용되었다.	EGE는 앞으로 사용되지 않길 바란다.

환경 호르몬	개인 해결법	공동 해결법
물인 EGE(에틸렌글리콜 E 계열)는 일부 금지되었으나 페녹시에탄올처럼 1% 농도까지는 사용이 허용된다. P 계열인 PGE(프로필렌글리콜)는 독성이 덜하다. 글리콜에테르는 3세 미만 유아의 기저귀에는 사용이 금지되었다.	• P 계열만 피하면 된다. 페녹시에탄올이 들어가지 않은 제품을 택한다. • 생식 장애를 일으키고 신경계에 악영향을 줄 수 있다.	
테트라클로로에틸렌: 섬유와 의류 드라이클리닝에 사용된다.	• 새로운 프레싱 다리미에는 사용 금지라 노출될 위험이 적다. 하지만 구식 세탁소에서 일하는 사람과 그 근처에 사는 사람은 주의를 요한다. • 국제암연구소가 발암 물질 2A군으로 분류했다. 신경계, 간, 콩팥에 영향을 미칠 수 있다.	대체 방법이 있기 때문에 새로운 세탁소에서는 사용이 금지되었다.

미량 금속과 유독 혼합물

수은, 납, 안티모니(비소처럼 혼합물로 분류되는 비금속), 카드뮴 등의 중금속은 아주 적은 양이라도 독성이 있다. 중금속은 비공식적으로 미량 금속이라 불린다. 중금속은 콩팥, 뼈, 간, 폐, 신경조직에 나쁜 영향을 끼치며, 최근에는 중금속이 호르몬계에도 영향을 준다는 사실이 밝혀졌다. 중금속은 내분비를 교란할 수 있기 때문에 과소평가해서는 안 된다는 내용의 정보가 있다. 중금속이 인체에 미치는 다양한 영향에 대해 정부가 더욱 깊이 인식하는 동시에, 중금속이 무해하다는 과거의 연구 자료에서 벗어나 새로운 연구를 토대로 구체적인 규제책을 마련해야 한다.

중금속은 땅속 깊은 곳에서 얻는다. 인간의 삶에 중금속이 사용되고 공기와 물에 과다하게 버려지면서 음식과 환경에 문제를 일으키고 있다. 위험한 주요 중금속의 목록을 정리할 필요가 있어 이 책 뒷부분에서 종합적인 해결 방법을 제안했다. 이를 하루빨리 적용해야 할 것이다.

카드뮴

카드뮴은 화학 혼합물로 사용되어 장기간 노출되면 아무리 적은 양이라도 유독하다. 2011년에 실시된 평가에서 프랑스 식량, 환경, 직업 보건 및 안전기구는 2006년 실시한 평가와 비교해 카드뮴에 노출되는 사람이 400% 늘었다고 발표했다. 카드뮴은 이온화될 때 (즉 양전기를 띠면) 화학적으로 또는 생화학적으로 전환되면서 유독물질이 된다. 이제라도 꼭 알아두자. 카드뮴은 수은과 납처럼 이온화 상태가 되면 유독성을 띤다.

• 카드뮴이 발견되는 곳

카드뮴은 주로 다음 두 가지 활동에서 발견된다. 첫째는 전기를 띤 먼지를 배출하는 산업 활동(배터리, 건전지, 축전지, 공업용 안료, 일부 전기 케이블 제조 산업)이다. 따라서 가장 먼저 노출되는 사람은 이 분야의 작업장에서 근무하는 직원이다. 둘째는 농업 활동으로, 카드뮴이 많이 함유된 인산염 비료를 사용하거나 채소밭에 농약을 살포할 때다. 카드뮴은 담배와 식품을 통해 체내로 들어가기도 한다.

• 카드뮴이 가장 많이 들어 있는 음식

부산물 고기(콩팥, 간)에 카드뮴이 많이 들어 있기 때문에 덜 먹는 것이 좋다. 어떤 농업 기술을 사용하느냐에 따라 곡식 및 곡식 가공품의 카드뮴 함유량이 달라질 수 있다. 녹색 잎채소(샐러드, 배추, 시금치 등)와 조개류에도 카드뮴이 들어 있는데, 그렇다고 해서 이런 것들을 아예 먹지 않을 수는 없다. 다행히 식품에 들어 있는 카드뮴 중 10%만이 체내에 흡수되기 때문이다. 그래도 가능하면 유기농 식품을 먹고 어떤 농업 방식으로 생산되었는지 알아보는 것이 좋다. 프랑스 AMAP(농업과 농민을 지키는 연대)에서 근거리 생산 식품을 구입하면 생산자에게 인산염 함유 농약이나 비료를 사용했는지 알아볼 수 있다.[24]

여러 채소에도 카드뮴이 자연적으로 함유되어 있는데 이런 카드뮴의 유해성은 아직 밝혀진 것이 없다.

• 카드뮴이 건강에 미치는 영향

체내에 들어간 카드뮴은 세포(대식세포)에 붙어 이가 양이온 상태(Cd^{++})로 산화되고 혈액을 통해 체내로 분산된다. 이어서 목표로 삼은 여러 기관을 공격해 부작용을 일으키는데, 특히 콩팥 쪽에 카드뮴이 많이 쌓이고(체내 기관 중 30%) 드물지만 뼈조직에도 쌓인다. 간과 전립샘에도 카드뮴이 쌓일 수 있으며 폐도 안전하지 않다. 특

---

24 인산염이 함유된 비료는 카드뮴을 퍼뜨리며 산성화된 토양에서는 식물에 달라붙어 강한 독성을 내뿜는다. 따라서 농도가 높아질수록 위험하다.

히 공업용 용접, 다양한 금속 절단 공장에서 일하는 사람들은 공기를 통해 서서히 카드뮴에 중독될 수 있다.

카드뮴은 독성이 있어 국제암연구소에 의해 암을 유발할 수 있는 물질(제1군)로 분류되었다. 카드뮴이 있는 작업 환경에 오래 노출되면 암이 발생하는데 주로 호흡기 계통(폐, 코인두)에 문제를 일으킨다. 카드뮴에 지나치게 노출되면 암으로 사망할 수 있다는 연구 결과가 많다.[25] 카드뮴에 오염된 식품을 먹어 오랫동안 카드뮴에 중독되면 콩팥 장애(콩팥염)가 나타나 심각한 콩팥 기능 부족으로 발전할 수도 있다. 또한 혈압이나 당뇨성 심혈관 질환이 나타날 수도 있다. 카드뮴은 에스트로겐이 분비되는 수용 조직에 영향을 미치는

카드뮴에 만성적으로 노출되었을 때의 영향*

유형	증상
콩팥 장애	콩팥염, 콩팥 기능 부족
골 질환	뼈조직의 무기질 부족(뼈연화증), 뼈 통증
암 발생 가능성	폐, 이자, 간, 콩팥, 전립샘, 혈액(조혈조직), 고환, 유방
호흡 장애	기관지염, 섬유성 조직 장애, 암에서 발전한 기종
심혈관 질환	고혈압
물질대사 장애	생식 장애, 당뇨병

*대부분 동물실험이지만 카드뮴은 인간에게도 상당히 해로울 수 있음

---

25 〈Cadmium exposure and cancer mortality in the Third National Health and Nutrition Examination Survey cohort〉, Scott V. Adams, Michael N. Passarelli, Polly A. Newcomb, *Occup. Environ. Med.*, November 7, 2011.

금속으로 내분비를 교란한다.[26] 최근에는 카드뮴이 뉴런, 특히 성장하는 뇌에 나쁜 영향을 줄 수 있다는 사실이 증명되었다.

작업장 외에도 기준치를 초과하는 카드뮴이 함유된 음식을 섭취하면 급성 중독이 일어날 수 있으나 이는 드문 일이다. 하지만 아시아에서 수입된 식품이 가축용 사료에 첨가될 수도 있는데(우유, 쇠고기, 가공 식품에서 카드뮴이 발견된 사례), 실제로 2009년에 이와 같은 사건이 일어난 적이 있다. 식품 회사들은 기준치 이상의 카드뮴이 함유된 식품을 회수해야 했으나 인간의 건강에는 위험하지 않다는 이유로 관련 사실을 보건 당국에 알리지 않았다.[27]

• 흡연

흡연을 통해서도 카드뮴이 흡입되며, 특히 담뱃잎에 카드뮴이 많이 들어 있다. 혈액과 소변 검사를 했을 때 흡연자는 비흡연자보다 체내 카드뮴 농도가 4~5배는 높다.

수은

오래전부터 수은은 뇌에 악영향을 미치는 독성 때문에 주의해서 다루어야 하는 금속으로 알려졌다. 수은은 알츠하이머병 같은 퇴행성 신경 질환을 일으킬 수 있고 아동을 산만하게 만들 수도 있다. 수은은 자폐증을 유발할 수도 있다고 한다. 그런데 왜 보건 당국은

---

26 카드뮴 섭취량은 하루에 60μg을 넘으면 안 된다.
27 *Le Canard enchaîné*, 2009년 7월 9일.

태평하게 있는 것일까? 생물학자 마리 그로스먼은 이렇게 말했다.

"수은에 일찍부터 노출되면 주의 결핍증이나 자폐 증상이 나타날 수 있다는 자료가 몇 년 전부터 계속 나오고 있다."

그리고 여러 생물학 자료를 근거로 다음과 같이 덧붙였다.

"다양한 경로로 수은에 중독된다. 수은 중독의 영향을 다룬 연구 자료를 검토한 결과, 자폐아를 둔 어머니들은 임신 중 치아에 납땜을 했는데 거기에 들어 있는 수은에 중독되는 경우가 아주 많았다. 임신부가 치아 납땜으로 수은에 중독되어 자폐아가 태어나게 된 것이다."[28]

세계보건기구가 밝혔듯이 선진국에서 납 중독의 주요 경로는 치과 치료에 사용되는 아말감이다. 수은에 대한 주의를 늦춰서는 안 된다. 단순히 납땜에만 수은을 이용하지 않는다고 해서 해결될 문제가 아니다. 다른 곳에서도 수은에 노출되지 않도록 해야 한다.

• **수은의 종류**

수은의 형태는 여러 가지다.[29] 일명 '기본적인 수은'은 주변 온도에 맞춰가는 액체 형태의 수은이다(예를 들면 과거에 사용하던 온도계와 기압계, 아말감 등에 존재한다). 기본적인 수은에서 나오는 기체는

---

28 Marie Grosman, Roger Lenglet, *Menace sur nos neurones*, Actes Sud, 2011.
29 수은은 여러 가지 형태로 존재한다. 기본적인 금속 형태의 수은, 일명 수은 양이온(Hg^{2+})이라 불리는 산화수은, 메틸수은이 함유된 유기체 수은이 있으며, 모두 양과 관계없이 유독하다. 금속 형태의 수은은 주로 뇌를 공격하고, 산화수은은 콩팥을 공격한다. 수은 양이온은 콩팥에 이어서 피부와 신경조직을 공격하고, 메틸수은은 신경 유독 물질로 뇌염과 다발신경염을 일으킬 수 있다.

유독하지만 오늘날 우리가 수은 기체에 노출되는 일은 거의 없다. 오래된 온도계를 깨뜨렸을 때 반짝이는 작은 수은 덩어리를 집다가 수은 덩어리에서 나오는 기체를 마신다면 모를까.

기체 형태의 수은은 호흡기를 통해 쉽게 흡수되고 지용성이라 세포막을 지나 뇌로 간다. 수은 기체에 오랫동안 노출되면 뇌에 쌓여서 염증이 생기며 두통이 나타난다. 수은 기체에 얼마나 오래, 어느 정도 노출되었느냐에 따라 염증의 증상이 달라진다.[30] 동물실험에 따르면 장기적으로는 세포가 퇴화되는 현상이 나타나 노화가 빨리 진행된다. 또한 오랫동안 수은이 몸에 쌓이면 알츠하이머병이나 파킨슨병에 걸리게 된다.

• 수은 중독의 주범, 아말감

유럽연합 회원국 중 치과 치료에 수은이 함유된 아말감(일명 납땜)을 사용하는 나라는 프랑스가 유일하다. 그러나 아말감에 함유된 수은으로 많은 사람이 수은에 중독되고 있다. 식품 또는 티메로살(에틸수은계 방부제)이 주입된 백신으로 수은에 노출되는 경우보다 아말감을 통해 수은에 노출되는 경우가 훨씬 많다.

기존의 아말감은 어금니를 땜질하기 위해 기본 수은을 1그램 함

---

30 수은은 뉴런보다는 뉴런에 영양을 공급하는 세포(신경아교세포)에 쌓인다. 이런 세포는 효소 조직(특히 산화 작용 촉매 효소)이 풍부하고 기본 수은을 수용성이며 화학적으로 크게 반응하는 제2 수은 양이온으로 산화시키는 역할을 한다. 이렇게 형성된 수은 양이온은 유황 단백질을 공격하고 신경아교세포의 골조를 구성하면서 신경아교세포를 파괴한다. 영양을 공급받지 못하게 된 뉴런은 피해를 입는다. 두통은 수은에 중독되었다는 위험 신호다. 제2 수은 양이온은 뉴런의 내부 조직도 공격한다.

유하고 있어서 기체가 발산되는데, 이때 이 기체가 혈액을 타고 이동해 일부가 뇌에 쌓인다. 수은이 미치는 영향은 변수에 따라 달라진다. 입속에 있는 다른 금속과 상호작용을 일으킬 수 있기 때문이다. 치아에 씌운 크라운의 금은 수은 기체를 더 빨리 배출시킨다. 수은을 해독하는 신체 능력에는 유전적인 영향도 있다. 아포지질단백질 A 유전자를 가진 사람은 자체적으로 수은을 해독하는 능력이 상대적으로 떨어져 알츠하이머병과 같은 신경 퇴화 질환에 걸릴 위험이 커진다. 이처럼 똑같이 수은에 노출되어도 증상이 다를 수 있다.

치과 의사는 아말감을 만지면서 자신도 모르는 사이에 가장 큰 피해를 입었다. 그런데 이상하게도 오랫동안 치과 의사 대표들은 수은의 유해성을 부정했다. 심지어 지금도 부정하는 이들이 있다. 그들은 하나같이 수은의 유해성이 가정이라고 주장한다. 보건부 장관을 지낸 로즐린 바슐로나르캥도 이렇게 말했다.

"아말감으로 수은에 중독된 환자에 대한 공식적인 사례는 단 한 건도 없다. … 아말감으로 체내에 유입되는 수은은 매우 적은 양이다. 수은 중독이 일어날 수 있는 기준치보다도 한참 적은 양이라는 의미다."[31]

한편 기준치를 넘는 양의 수은에 중독되는 것은 급성 중독이다. 중요한 것은 오랫동안 아주 적은 양의 수은에 노출되었을 때 나타나는 만성 중독이다. 만성 중독은 뇌의 뉴런을 망가뜨릴 수 있다. 그런데 이를 부정하는 이유는 도대체 무엇일까?

---

31 상원의원 장루이 마송의 서면 질문에 대한 답변, 2008년 8월 7일.

유럽연합 집행위원회의 의뢰로 만들어진 BIOS의 보고서는 앞으로 5년 내에 아말감 사용을 점차적으로 없애라고 권고했으며, 폐기물에 관한 유럽의 현재 법을 더욱 엄격히 적용할 것을 요구하고 있다.[32] 그런데도 국립치과위원회와 프랑스치과협회는 보건부 장관 앞으로 편지를 보내 아말감 사용을 금지하거나 제한하려는 모든 조치에 반대해줄 것을 요청했다. 참으로 놀랄 일이다.

그러자 아말감 사용에 반대하는 여러 외과 의사와 치과 의사는 2012년 9월 청원서 형식의 편지를 보건부 장관에게 보냈다. 이들은 수은이 유해하다는 증거가 이미 나왔는데 왜 이런 증거가 반박을 받는지 의문을 제기했으며, 수은 기체가 지속적으로 배출되는 물질이 무해하다는 증거가 없다고 적극 나섰다. 그리고 청원서에 이렇게 덧붙였다.

"우리 역시 아말감이나 치과 치료에 사용되는 물질에 들어 있는 갈바니 교류와 관련된 질병 사례를 자주 확인하고 있습니다. 특히 일상에 지장을 주는 신경통, 점막 염증, 근육과 힘줄의 염증 사례가 보고되고 있습니다."

이들은 아말감이 여러 가지 건강 문제를 일으킨다는 세계보건기구의 보고서를 인용했다.

---

32 보고서는 아말감 외에 동그란 모양의 수은 전지에도 수은 사용을 점차적으로 금지하라고 권고했다. *Study on the potential for reducing mercury pollution from dental amalgam and batteries, Final report prepared for the European Commission,* DG ENV, BIO Intelligence Service, 2012(http://ec.europa.eu/environment/chemicals/mercure).

"매일 치료하면서 느끼는 것이지만 아말감 대신 다른 것으로 충분히 대체할 수 있습니다. 따라서 프랑스가 탈도 많고 시대에 뒤떨어진 아말감을 계속 고집한다는 것은 말도 안 되는 일입니다. 이미 유럽연합 집행위원회의 결의안과 유럽연합이 주도하는 보고서도 아말감 사용을 철회하라고 권고하고 있습니다. 아말감을 고집하는 것은 환자들이 원하는 것을 철저히 무시하는 행위입니다."

이 청원서를 제출한 의사 한 명은 비유법을 사용해 다음과 같이 주장했다.

"세계보건기구는 다양한 오염 물질과 관련해 수돗물이 마실 만한지 기준을 정하고 있습니다. 아말감을 한 환자의 타액은 수은 함유량이 10배 이상 높게 나왔습니다.[33] 아말감을 한 환자에게서 나오는 타액은 삼켜도 되는 것입니까?"

이 문제에 대해 생각한 상하원 의원들을 위해 참고 자료인 튀빙겐 연구서는 아말감의 실체를 알리는 데 중요한 초석을 마련했다. 의원들이 보기에 일부 내용은 이의를 달 수 없을 정도로 명확했다. 다음에 그 내용을 소개한다.

- 첫째, 연구 결과 입으로 씹을 때 수은이 배출된다. 이는 분명히 알려진 사실이지만 연구로 다시 한 번 밝혀졌다.
- 둘째, 더 적은 표본을 대상으로 한 이전의 연구에 비해 이번 연구에서 수은 함유량이 더 높게 나왔다. 타액에 함유된 수은의 양이 몇 년 전에 발표된 결과보다 3.5배 높게 나온 것이다.

---

33 튀빙겐 연구, 환자 2만 명을 대상으로 독일에서 작성한 키엘(Kiel)의 보고서.

• 셋째, 몇몇 사례로 제한한다 해도 아말감을 한 환자들의 타액에서 1,000µg/L의 수은이 발견되었다. 이는 서둘러 대응해야 한다는 뜻이다. 아말감을 처방할 때는 즉각 주의 조치가 필요한 듯하다. 더 이상 지체해서는 안 된다.[34]

또 한 가지 기억해야 할 사실이 있다. 아말감이 환자에게 처방되기 전에 수은이 세포에 미치는 유해성에 대한 감사가 단 한 건도 이루어진 적이 없다.

• 생선 섭취를 줄여야 하는 이유

수은은 식품에도 들어 있다. 식품 속 수은의 형태는 메틸수은(수은의 유기적인 형태)이며 주로 물고기, 그중에서도 '포식자' 물고기(다른 물고기를 잡아먹고 사는 물고기)의 몸속에 쌓여 있다. 오래 사는 물고기일수록 몸속에 수은이 많이 쌓여 있을 가능성이 크다.

포식자 물고기의 몸속에 수은이 어떻게 쌓이는지는 이미 밝혀졌다. 일단 바닷속에 있는 수은은 미생물에 의해 변화한다. 메틸수은으로 탈바꿈한 수은은 생물체의 몸속에 오랜 시간에 걸쳐 들어간다. 먼저 플랑크톤에, 그다음에는 플랑크톤을 잡아먹는 작은 물고기의 몸속에, 마지막으로 참치, 황새치, 상어 같은 몸집이 큰 포식자 물고기의 몸속에 수은이 쌓인다(생물 농축 확대). 조개와 갑각류 같은 해산물도 많은 양의 물을 걸러내는데 이 과정에서 수은을 비롯한 중금속이 몸에 쌓인다.

---

34 프랑스 과학기술선택평가국 보고서의 발췌 내용 〈Les effets des métaux lourds sur l'environnement et la santé〉, 2012년 10월 4일.

확실히 생선을 너무 많이 먹는 것은 좋지 않다. 특히 임신 중에는 생선을 너무 많이 먹으면 안 된다. 이미 몸속에 중금속이 있는 물고기가 오염된 지역에 살고 있다면 폴리염화바이페닐 등의 유독 물질도 몸속에 쌓였을 수 있다. 몸속에 유독한 중금속이 가장 많이 쌓인 물고기는 농어, 수입산 황새치, 비막치어(메로), 태평양 쏨뱅이, 상어, 쑥감펭, 참다랑어다.

생선을 먹으면 쌓이는 중금속의 양이 어느 정도인지 알아야 한다. 한편 전문가 그레이엄 조지 박사는 이렇게 말했다.[35]

"결과는 낙관적인 정보만 주고 있다. 물고기의 몸속에 있는 수은이 생각보다 해롭지 않을 수도 있다는 것이다. 하지만 이렇게 낙관적인 결과를 내놓기에 앞서 아직도 조사해봐야 할 것이 많다."

실제로 자료를 정리해보면 메틸수은의 종류는 여러 가지다. 특히 분자 간 합성이 매우 중요하다. 물고기의 몸속에 있는 수은은 주로 메틸수은-시스테인 합성 형태다. 하지만 메틸수은의 독성에 관한 모델을 세운 연구가들은 염화메틸수은이 가장 유독하고 메틸수은-시스테인보다 20배나 해롭다는 것을 알게 되었다.

수은을 섭취했을 때 어떤 독성 중독이 나타나는지는 수은의 형태에 따라 달라진다. 생선 섭취에 대해서는 실용적인 태도를 가져야 한다. 정어리, 고등어, 멸치, 연어는 인위적인 합성 물질이 아닌 좋은 오메가 3 지방산(EPA, DHA)이 풍부하다. 보건 기구에 따르면 오메가 3 지방산이 풍부한 생선을 일주일에 한 마리 먹으면 인간

---

35 Stanford Synchroton Radiation Laboratory, Menlo Park, Californie, 2003.

이 필요로 하는 영양분을 공급받을 수 있다고 한다. 일주일에 한 마리만 먹는다면 해로운 화학 물질의 섭취를 어느 정도 막을 수 있다. 일부 어업 지역은 다른 곳보다 더 오염되어 생선의 오염 정도는 지역에 따라 다르다. 축산도 사정은 마찬가지다. 농약과 항생제 잔류물의 변화 상황에 대해 아직 제대로 조사된 것이 없다.

여러 중금속(수은 등)은 자연상의 지표면에 존재한다. 예를 들면 지역에 따라 다양한 식품에 농도만 다를 뿐 수은이 자연적으로 함유되었을 수 있다. 수은은 구석기 시대에도 이미 물고기의 몸속에 존재했다. 그러나 지금은 물고기를 너무 많이 섭취하니 문제라는 것이다.

자연에 유독 물질이 있다는 것을 알게 된 이후로 인간은 유독 물질을 피하는 법 혹은 유독 물질의 독성을 약화하는 법을 배웠다. 인체 내의 케모카인은 수은의 독성을 어느 정도 해독해준다. 케모카인은 뇌를 보호하는 작은 단백질로, 면역 조직의 염증을 막아주는 보초병이라 할 수 있다. 케모카인이 수은을 정화한다는 것이 최근 밝혀지면서 다양한 연구가 뒤를 잇고 있다. 수은으로부터 뇌를 보호하는 케모카인의 이름은 CCL2다. CCL2의 역할이 중요해 보이지만 그것도 어느 정도까지다. 수은이 너무 많이 쌓이면 CCL2도 감당할 수 없다.

• 수은 오염을 일으키는 기타 경로

기아나(남아메리카 대륙 북부의 대서양 연안 지방)에서는 사금 채취로 사람과 강이 수은에 심하게 오염되고 물고기도 수은에 중독이 되고 있다. 사금 채취를 할 때 수은을 안전하게 다루지 않기 때문이다. 특히 피해를 입는 사람들은 여전히 상황도 모른 채 많은 양의 수은을 흡입하고 있다.

염소를 처리하는 공장뿐만 아니라 화력 발전소와 소각장에서도 수은이 많이 나온다. 아무리 검사를 한다고 해도 공장과 발전소에서 일하는 사람들과 인근 주민이 수은에 오염되고 있다. '프랑스자연환경'과 같은 환경 단체들이 2009년 일부 공장 주변을 살펴본 결과, 수은 함량이 비정상적으로 높다는 것을 알게 되었다. 전 세계의 수은 오염을 줄이려면 지속적으로 신경을 곤두세우고 주의를 기울여야 한다.

2009년, 나이로비에서는 유엔환경계획의 주도 아래 140개국이 수은 사용을 획기적으로 줄이기 위한 강제 수단을 마련하기로 약속했다. 시멘트 제조 공장과 석탄을 사용하는 화력 발전소를 중심으로 작업장에서의 수은 배출이 엄격히 제한될 것이다. 상황의 심각성에 서둘러 대처하고는 있지만 해당 조약이 최종 통과되기까지 4년이 걸렸다. 실제로 힘겨운 논의를 거쳐 2013년 1월 140개국이 수은에 관한 협약을 채택했다.

이 협약이 제대로 이행만 된다면 공기 중에 배출되는 수은의 양을 줄이는 데 이바지할 것이다(아시아는 전 세계에서 수은을 가장 많이 배출한다). 특히 전기를 생산하고 사금을 채취하기 위해 석탄을 연소시키는 작업과 관련해 적절한 규제가 마련된 것이다. 이런 산업 활동으로 배출되는 수은 때문에 약 1,500만 명이 오염되고 있다. 철저한 감시가 필요한 이유다. 프랑스 치과 의사들도 치료 기술을 바꿔야 할 것이다(2012년 발간된 유럽연합 집행위원회의 보고서에 따르면 프랑스가 아말감 제작에 사용하는 수은의 양은 매년 유럽연합이 사용하는 수은 55톤의 1/3이다). 한편 이번 조약에서 예외가 인정된 분야는 인간과 동물 백신(티오메르살의 함유 허용), 아이라이너 펜슬, 군사용 수은 사용이다.

납

납도 인간에게는 해로운 금속으로, 특히 뇌에 악영향을 끼친다. 그나마 다행히 예전에 비해서 집(페인트)과 음식 섭취를 통해 납에 오염되는 일이 훨씬 줄어들었다. 물론 일부 낡은 건물은 석재 사이에 납이 들어 있고 노후한 하수도관에도 납이 함유되어 완전히 자유로운 것은 아니다. 그러나 관의 내부를 덮는 석회질이 납과의 접촉을 상당히 줄여주기 때문에 건물을 통해 납에 오염되는 경우가 감소했다. 식용수에 허용된 최대 납 함유량은 25μg/L 이하이지만 2013년의 기준은 10μg/L 이하에 불과하다.

• 납의 역사

독물학 분야에서 납의 역사는 매우 흥미로운 주제다. 아주 오래 전부터 납이 발견되었고, 로마인은 운하를 지을 때 납을 사용했다. 납의 전연성(展延性)은 여러모로 쓸모가 많다.

중세 시대부터 납 중독에 대한 이야기가 나오기 시작했다. 로마 문명이 쇠퇴한 것은 납 중독으로 인한 불임 때문이라는 이야기도 있다. 실제로 25그램의 납이 함유된 물을 매일 1리터씩 마시면 여성이 불임이 될 가능성이 세 배로 늘어난다. 역사적으로 19세기까지는 납이 많이 사용되지 않았다(주로 창유리와 크리스털 제작에 사용되었다). 납의 사용이 급증한 것은 산업화가 일어난 19세기로, 이때부터 납이 페인트, 지붕 외장, 유리 제작에 사용되었다.

납 중독을 인식하기 시작한 것은 20세기 초다. 그러나 납은 내폭 첨가제(납의 산화물을 만들어내는 사에틸납 종류의 알킬납)로 가솔린에 계속 사용되었다. 납이 효과적으로 규제된 것은 이후의 일이다. 특히 배기가스가 매년 공기 중에 내뿜는 납은 수만 톤에 이른다. 그린란드 빙모에는 배기가스에서 배출된 납의 흔적이 있다. 실제로 납은 건강과 환경을 해칠 수 있는 최악의 오염원 중 하나다.

• 납 중독

납 중독으로 생기는 병은 끔찍하기 짝이 없다. 어린이가 납에 오염되면 심각한 뇌 손상 및 인지 장애가 나타날 수 있다. 납은 발암성, 돌연변이성, 생식독성 물질로 분류된다. 공장에서 납 입자가 배출되어 식품에 납 함유량이 상당하다는 사실이 알려진 것은 아주 옛날도 아닌 1970년대. 지금은 금지되었지만 과거에는 통조림 용기를 납·주석 혼합물로 접합했기 때문에 통조림을 먹다 납에 오염되는 경우도 있었다.

사냥터에서도 납에 오염될 수 있다. 탄약마다 200~300개의 납으로 된 탄피가 있다. 요즘은 오래된 페인트 외에도 기준을 지키지 않은 수공예 도자기, 유리, 수정으로 된 용기를 통해서도 납에 오염될 수 있다. 이런 용기에 산성 음료(와인, 과일 주스, 토마토 주스 등)를 넣어 마시기 때문이다. 현재 수정으로 된 용기는 이전보다 납 함량이 두 배 이상 낮지만 100% 납이 포함되지 않을 수는 없다. 수정 그릇을 만들 때 납을 전혀 사용하지 않으면 내구성이 떨어져 쉽게 부서지기 때문이다.

문제는 납이 사람에게 끼치는 위험이 전 세계적으로 과소평가되고 있다는 것이다. 특히 산업 현장(자동차 배터리, 일부 전자 부품 등)에서 근무하는 사람들, 건물의 납 도관을 치우고 오래된 페인트칠을 닦아내는 사람들은 주의를 요한다.

또한 젊은 여성도 조심해야 한다. 체내에서 납은 특히 뼈에 쌓이다가(95%) 임신과 수유 때 본격적으로 체내에 납이 돌아다니는데, 이렇게 되면 뼈에 칼슘이 제대로 흡수되지 않는다. 가장 취약한 사람은 임신이 가능한 나이의 여성과 생후 여섯 살까지의 어린이다. 1995년 납에 중독된 어린이가 8만 4,000명이나 되었는데 이는 0~6세의 2.1%에 해당했다. 이후 납 성분이 함유된 페인트 사용 금지, 자재의 납 사용 자제, 납 성분이 없는 휘발유 사용 등의 예방 조치 덕분에 어린이의 납 오염이 줄어들었다. 현재 납 중독에 걸린 어린이는 전체 어린이의 0.11%를 넘지 않는다.

보건부에 따르면 20년 만에 프랑스인의 혈액 내 납 함유량이 평균 50% 줄어들었다고 한다.[36] 현재 혈액 내 함유량은 평균 $65\mu g/L$ 다. 잘 예방하면 얼마나 효과가 나타나는지를 보여주는 사례라 할 수 있다.

안티모니

안티모니에 대해 들어본 적이 있는 사람이 그리 많지 않을 것이다. 안티모니는 비소와 비슷한 물질로(독성은 다르지만) 다양한 일상용품에 사용된다. 예를 들면 하단의 삼각형 표시에 1(재활용 코드)이라고 적힌 플라스틱이나 페트병을 만들 때 안티모니가 사용된다. 업체들은 'PET'라고 당당히 표시한다. 'PET'는 비스페놀 A가 들어있지 않다는 뜻이기 때문이다.

기술적으로 설명하자면 안티모니는 페트의 중합 촉매 요소로 반응을 일으키는 역할을 한다. 2011년 4월 〈화학 뉴스(Actualité chimique)〉에 다음과 같은 내용이 실렸다.

"안티모니가 얼마나 심각한 문제인지를 알려주는 한 사례가 있다. 원래 안티모니 함량이 3.8ng/L, 즉 3.8ppb인 독일의 생수를 페트병에 담았더니 안티모니 함량이 359ng/L까지 올라갔다. 실온에서 3개월이 지나자 안티모니 함량이 626ng/L가 되었다. 처음보다 190배나 늘어난 셈이다."(앙드레 피코와 장프랑수아 나르본)

석유화학으로 만들어진 것이든 식물성으로 만들어진 것이든(화학 성분은 같다) 페트병은 재활용해 주스를 담을 때 문제가 된다. 실

---

36 www.sante.gouv.fr, 2009년 3월 5일.

제로 과일 주스의 유기농 산과 시트르산 같은 첨가물은 페트병에서 안티모니의 삼산화물을 분리해 내용물 속에 들어가게 한다. 아주 적은 양이긴 하지만 안심할 수는 없다. 비타민 C와 설탕도 안티모니가 내용물에 들어가도록 할 수 있다.

안티모니는 국제기구들이 인정하듯이 암을 유발할 수 있는 물질이다(2B군으로 분류된다). 뿐만 아니라 안티모니는 내분비를 교란해 아무리 적은 양이라도 물질대사를 변화시킬 수 있다. 질문을 받은 업체들[37]은 페트병 제작에 사용되는 촉매제가 안티모니의 산화물이라고 대답하면서 이는 유럽연합에서 사용이 허가된 촉매제라고 강조했다. 거짓말은 아니다.

보건 당국은 안티모니에의 노출이 국민의 건강을 위협하지는 않는다고 밝히고 있다. 그러면서도 보건 당국은 아직 깊은 연구가 진행되지 않아 안티모니의 독성에 대한 참고 자료가 어느 정도 한계가 있다고 인정한다. 다시 말해 안티모니가 건강에 미치는 영향이 제대로 연구되지 않았다는 뜻이다. 과학적인 정확한 수치가 부족하다 보니 프랑스인 5%가 참고 기준치 이상의 안티모니에 오염되어 있다(소변 검사를 통해 드러난 사실이다). 즉 프랑스인 300만 명이 안티모니에 오염된 것이다!

• 플라스틱병을 재활용해 과일 주스를 담으면 안 된다.
• 환경을 생각한다면 비용이 들더라도 종이팩과 유리병을 사용한다. 플라스틱이 불완전하게 재활용되어 바닷속에 그대로 버려지는 것이 문제다.

---

37   *60 Millions de consommateurs*, 탄산음료와 과일 주스에 관한 특집 기사.

기타 미량 금속과 화합물

그 밖의 미량 금속 중에 비소가 있다. 비소는 여러 화학물에서 볼 수 있는데, 예전에는 프랑스에서 사용하던 농약에 아주 많이 들어 있었다. 아직도 농약에 비소를 사용하는 나라가 있다. 2001년 세계 보건기구는 전 세계에서 생산되는 비소의 22%가 농업용 화학 물질을 만드는 데 사용된다고 밝혔다. 비소는 철강 산업의 부산물로 나오며 반도체 생산 과정에서 사용된다.

크로뮴은 인쇄기와 일부 페인트에 사용된다. 가스, 석유, 석탄을 연소시킬 때 크로뮴이 나와 공기 중에 떠돌아다닌다.

바륨과 스트론튬도 미량 금속에 속하지만 장애와 질병을 일으켰다는 사례가 그리 많지 않다. 그래도 주의해야 하는 물질이다.

마지막으로 석면에 대해 살펴보자. 석면은 금속이 아니라 규산염 광물로 산업에서 섬유 형태로 사용된다. 단단하고 화학 반응과 불에 잘 견디기 때문에 자주 사용되었으나 석면의 악영향(폐암)이 밝혀지고 나서는 잘 사용되지 않는다.

건물과 화합물 자재에서 흔히 볼 수 있는 유리 섬유(유리 필라멘트)도 안심할 수 없다. 비활성 화합물이기는 하지만 나중에 가루가 떨어져나와 호흡기 질환을 일으킬지도 모른다. 유리 섬유에 너무 노출되면 건강에 해로울 수 있다.

마무리는 긍정적인 내용으로 장식해보려고 한다. 유채꽃, 신장약으로도 사용했던 콩과 식물 키드니베치, 이베리스 같은 식물은 미량 금속으로 오염된 땅을 살릴 수 있다. 미량 금속을 흡수해 저장하고 재활용할 수 있기 때문이다.

"100% 친환경 열과 화학 처리 덕에 이 희귀한 미량 금속을 채취하고 있다."

몽펠리에2대학 클로드 그리종 교수의 설명이다.[38] 그리종 교수는 생로랑르미니에(가르 지방의 옛 광산 지역)에서 식물을 이용한 친환경 프로젝트를 이끌고 있다.

---

38 Midi Libre, 2013년 1월 19일.

4장

우리가 마시는 유독 화학물질 :
물

우리는 매일 물을 마시고 요리를 하는 데에도 물을 사용한다. 이처럼 물은 일상생활에
없어서는 안 되는 존재이므로 수질에 대해 걱정하는 것은 당연하다. 역사적으로 수질
은 늘 고민거리였다. 항상 물을 마음 놓고 마실 수 있는 상태는 아니었기 때문이다. 예
전에는 박테리아, 바이러스, 기생충 등이 수질을 위협했다면 지금은 질산염, 농약, 소독
약 잔류물 등이 수질을 위협하고 있다.

물, 과연 안전한가

음식을 먹지 않아도 얼마 동안 견딜 수 있지만 물을 마시지 못하면 생명이 위태로울 수도 있다. 물은 살아가는 데 없어서는 안 될 존재다. 우리 몸은 75%가 수분으로 이루어져 있다. 그러나 안타깝게도 마실 물이 없어 고생하는 사람이 전 세계에 약 10억 명이다. 프랑스와 유럽은 마실 물이 흔하지만 그렇다고 건강에 문제가 없는 것일까? 미생물(바이러스, 박테리아 등)이 아니라 화학 물질에 의한 오염을 말하는 것이다.

물과 관련해 주로 묻는 질문이 있다.

"수돗물을 마셔야 할까, 페트병에 담긴 생수를 마셔야 할까?"

이 장에서는 이에 대한 대답을 찾아보자.

수돗물과 생수가 검사를 받아 안전하다고 하지만 100% 믿기는 힘들다. 식수는 크게 두 가지다. 하나는 정해진 위생 기준에 따라 마실 수 있는 물로 판명된 수돗물이고, 또 하나는 시중에서 파는 생수다. 시중에서 파는 생수는 다시 두 종류로 나뉘는데, 하나는 특별한 성분이 들어 있고 광물 구성이 안정적인 미네랄워터이고, 또 하나는 여러 지역에서 나온 물을 섞은 샘물이다. 샘물은 생수와 달리 광물 구성이 안정적이지 않다. 어쨌든 시중에서 파는 생수는 지하수로 만들어진 물이고, 수돗물은 주로 지표면에서 얻은 물이다.

페트병 생수를 마시라고 권하는 분위기의 뒤에는 거대 기업들의 치열한 경쟁이 있다. 물 산업의 규모는 수십 억 유로나 되어 여론 조작으로 갈 수밖에 없다. 그러니 마케팅의 현란한 덫에 걸리지 말아야 한다! 대기업에서 판매하는 생수는 가격의 최대 30%가 광고 비용으로 추정된다.

물을 필요로 하는 우리 몸

인간은 늘 물을 필요로 한다. 물을 적절히 마셔야 세포가 제 기능을 하기 때문이다. 한마디로 물은 세포가 살아갈 수 있도록 해주는 중요한 요소다. 혈액과 림프처럼 물로 이루어진 조직은 여러 가지 분자, 적혈구, 호르몬 같은 것들을 이동한다. 그리고 체온을 조절해 체내 온도를 균형 있고 안정적으로 유지해준다. 또한 물은 충격을 완화하는데, 뇌척수액은 뇌와 척수를 보호해준다.

물이 조금만 부족해도 우리 몸은 탈수 현상을 일으킨다. 물이 1~2%만 부족해도 신체와 두뇌의 다양한 기능이 타격을 입는다. 탈수 현상이 일어나면 만성 피로, 어지럼증, 현기증이 나타나고 입과 혀가 바짝바짝 마른다. 더 심해지면 말이 제대로 나오지 않고 혈압이 내려가며, 적절한 치료를 하지 않으면 생명이 위태로워진다.

갈증

뇌에는 갈증을 통제하는 영역이 있다. 이는 뇌 아래에 있는 시상하부로, 혈관
과 심장에 있는 수용기의 정보를 통합하는 영역이라 할 수 있다. 피질을 비롯
한 여러 뇌 구조와 연결되어 있는 시상하부는 어떤 정보를 받느냐에 따라 목
이 마르다는 신호를 전할지 말지를 정하며, 이런 조절 능력은 나이가 들수록
둔해진다.

실제로 물은 갈증을 시원하게 풀어주는 유일한 액체다. 단맛이나 감미료가 첨
가된 주스나 탄산음료를 마시면 뇌가 받는 메시지가 달라져서 마시는 것과 먹
는 것에 혼란이 오는데(배고픔과 포만감의 변화), 이는 식생활 장애와 연관되는
경우가 많다. 게다가 설탕이 많이 들어 있는 음료는 오히려 갈증을 더 일으킨
다. 시중에서 파는 청량음료는 마시는 순간에는 시원하게 느껴지지만(차갑게 해
서 팔기 때문에) 갈증이 해소되는 것은 아니다.

체내 세포에 수분을 적절히 공급하려면 섭취와 배출 사이의 수분
균형(소변, 땀 등)이 잘 조정되어야 한다. 갈증이 난다는 것은 몸에
수분이 부족하다는 뜻인데, 목이 마르기 전에 물을 마시는 것이 가
장 좋다. 약 300밀리리터의 물을 규칙적으로, 즉 식사 시간 외에도
세 시간마다 물 한 컵 반을 마시는 것이 좋다. 그러나 주변 온도에
따라 권고하는 물 섭취량이 달라질 수도 있다. 우리 몸은 수분이 부
족할 때 조절하는 능력이 있는데 항이뇨 호르몬(수분 부족을 보충하
기 위해 소변이 쌓이도록 유도)을 분비해 배출량(소변)을 조절한다.

> ## 우리 몸에 필요한 수분의 양
>
> 평균적으로 우리 몸에 필요한 수분은 체지방 1킬로그램당 35밀리리터다. 예를 들어 몸무게 70킬로그램인 사람은 35×70＝2450밀리리터, 즉 2.45리터가 필요하다. 하루에 필요한 수분은 약 1.4~2리터이며 몸무게, 신체 활동, 열, 습도에 따라 필요한 양이 달라진다. 물 이외의 수분은 식품(특히 과일과 채소)을 통해 섭취한다.

탈수 증세가 있을 때 타격을 입는 정도가 사람마다 다르다. 신생아와 노인의 경우라면 훨씬 위험하다. 아기의 몸은 수분의 비율이 성인보다 더 높다. 표현 방법이 아직 미숙한 아기는 목이 마를 때 울면서 물을 달라고 보챈다.[1] 나이를 먹으면서 갈증을 단번에 느끼는 기능이 퇴화되면서 소변 조절 장애가 나타나므로 특히 노인은 주의가 필요하다.

탈수 현상이 대수롭지 않은 정도라 해도 행동 장애, 혈압 조절 장애가 나타나고 체내 온도를 조절하는 능력이 떨어질 수 있다. 체내 수분이 충분하지 않을 때 나타나는 문제는 나이에 따라 다른데, 흥분 상태가 될 수도 있고 무기력해질 수도 있다. 한편 비타민이나 필수 영양소 부족 등 다른 원인이 복합적으로 작용해 이런 증상이 나타날 수도 있다.

---

1 아기와 어린이는 토하거나 설사를 하거나 열이 높을 때 탈수 증세가 나타날 수 있다. 먼저 나타나는 증상으로 심장이 빨리 뛰고(빠른맥) 입술이 바짝바짝 마르며 정신이 희미해진다. 평소 몸무게에서 5%가 빠지면 심각한 탈수 증세이므로 입원이 필요하다.

수돗물에 대해 알아야 할 것들

우리는 매일 물을 마시고 요리를 하는 데에도 물을 사용한다. 이처럼 물은 일상생활에 없어서는 안 되는 존재이므로 수질에 대해 걱정하는 것은 당연하다. 역사적으로 수질은 늘 고민거리였다. 항상 물을 마음 놓고 마실 수 있는 상태는 아니었기 때문이다. 예전에는 박테리아, 바이러스, 기생충 등이 수질을 위협했다면 지금은 질산염, 농약, 소독약 잔류물 등이 수질을 위협하고 있다. 따라서 물을 분석할 때 화학 물질이 미치는 영향을 전면 재검토할 필요가 있다.

유럽 지침 98/83/CE는 "매개 변수를 세울 수 있게 해주는 충분한 증거가 현재 유럽연합 내에는 존재하지 않는다"고 밝혔다. 유럽 지침은 따로 기준을 제시하지는 않았지만 "화학 물질이 잠재적으로 인간과 동물에게 미칠 악영향에 대한 우려가 커지고 있다"고 인정했다.[2]

현재 유럽 지침에는 당국과 기업이 참고할 수 있는 '좋은 물'에 대한 기준이 있다. 하지만 식수에 함유되었을 수 있는 여러 화학 물질(비스페놀 A, 방향족 아민 등)에 대한 허용 한계치가 전혀 정해지지 않은 것은 정말로 놀랄 일이다. 몇몇 화학 물질에 대한 기준은 정해져 있지만 해석이 불분명하다. 필터가 제대로 갖춰진 정수장이라면

---

2 프랑스 공중보건법에는 건강에 유해할 수 있는 물질이 식수에 함유되면 안 된다고 명시되어 있다(제R 1312-2조).

많은 화학 물질을 걸러낼 수 있겠지만 그렇다고 모든 화학 물질을 제거할 수는 없으니 맹신해서는 안 된다.

그리고 자연적인 정수 과정이든 인위적인 정수 과정이든 자외선, 박테리아, 다양한 처리의 영향을 받아 수질이 어느 정도 떨어진다면 비활성 물질(확산이 억제된 물질)이 다시 활동하는 부작용이 나타날 수 있다. 그런데 이러한 위험도 여전히 제대로 평가되지 않고 있다. 끝으로 집중해서 살펴볼 부분은 기존의 분석과 기준 가운데 일부가 시대에 뒤떨어진 평가 방식에 따른 것이라는 점이다.

한 여론 조사에 따르면 프랑스인의 2/3 정도는 수돗물을 마시는데 24%는 수돗물만 마시고 43%는 가끔만 수돗물을 마시는 것으로 나타났다.[3] 또한 응답자 중 약 1/3은 생수만 마신다고 답했다. 특히 청량음료(여러 가공 주스)를 파는 업체들은 수돗물 소비 비율을 24%에서 8%로 줄이는 것을 목표로 하고 있다(2012년 기업과 대형 유통업체의 회의에서 나온 속내 이야기다). 다양한 마케팅 전략도 마련되었는데, 예를 들면 청량음료를 마트 계산대 앞에 배치해 구매를 유도하기도 한다.

수돗물 소비에 대한 분석[4]을 살펴보면 수돗물에 대한 불만은 맛(64%), 석회질 함유(54%), 유독 물질 함유에 대한 두려움(49%)으로 나타났다. 한편 생수도 이런 문제에서 결코 자유롭지 않다. 수돗물에 대한 비판을 하나하나 살펴보자.

---

3 Baromètre Santé Environnement 2007, Éditions Inpes.
4 Baromètre Santé Environnement 2007, Éditions Inpes.

맛

수돗물 맛이 이상한 것은 물을 소독하는 데 사용되는 염소 때문이다. 염소를 사용한 처리법은 여러 종류가 있다. 수도관에 있는 여러 미생물을 소독하는 데 사용되는 이산화염소(ClO_2, 부식성 성질[5]), 차아염소산염 등의 염소는 물을 처리하고 사용할 때 1차 혹은 2차 감염을 막아준다. 사실 아주 적은 양의 염소는 소화에 미치는 영향이 미미하거나 거의 없다. 물을 병에 담아 몇 시간 동안 놔두면 염소가 날아간다.

그렇다면 염소를 사용해 물을 정화하는 것이 과연 안전할까? 염소, 특히 염소 부산물로 물을 정화했을 때 건강에 미치는 영향은 확실히 알려지지 않았다. 이에 대해 속 시원히 밝혀진 것이 전혀 없다. 실제로 일부 업체는 갖고 있는 모든 연구 자료를 완전히 공개하지 않는 듯하며, 일부 자료를 숨기거나 그 밖의 연구를 적극적으로 하려는 마음이 없는 것 같다. 그런데 염소로는 미생물 오염을 완전히 뿌리 뽑을 수 없다. 다만 줄여줄 뿐이다. 바이러스(어린이에게 설사병을 일으키는 로타바이러스류)는 소독용 염소에도 살아남아 장염을 일으킨다. 지아르디아 같은 기생충도 물속에 함유된 소독용 염소에 잘 견딘다.

---

5 물을 처리할 때 이산화염소가 점점 더 많이 사용되고 있다. 효과가 오래가고 냄새도 덜 나기 때문이다. 하지만 강력한 산화 작용 때문에 가장 비활성인 플라스틱을 상하게 한다. 인간이 아주 적은 양이라도 이산화염소에 오랫동안 노출되었을 때 어떤 결과가 나타나는지에 관한 자료는 많지 않다. 그러나 산화 방지 면역이 약하다면 모든 산화성 입자에 장기간 노출되었을 때 세포에 악영향을 미칠 수 있다.

염소를 대신할 효과적인 대안이 있을까? 이에 대해서는 여러 가지 대답이 나올 수 있다. 먼저 염소 사용의 장점 중 하나가 저렴한 가격과 대다수 미생물을 제거하는 효과라는 것을 알아야 한다. 사실 염소 사용을 줄이려면 물이 모이는 초기 단계부터 미리 수질 관리를 해야 한다. 이 분야의 기술은 많이 발전했다. 예를 들면 필터로 바이러스와 다양한 화학 입자를 걸러냄으로써 약 1~100나노그램의 화학 물질을 잡아내게 되었다. 다만 처음에 잘 처리하더라도 이후 물이 수도관을 따라 이동하는 동안 다시 오염될 수도 있다.

지금으로서는 물을 소독하기 위해 최소 약 0.3mg/L의 염소를 넣는 것 외에는 다른 방법이 없다. 이 정도로는 물맛에 큰 영향을 주지 않는다.[6] 정교한 필터 과정이 일반화되면 수질이 더욱 안전해질 것이다. 한편 자외선 연구가 눈에 띄는데, 햇볕이 바다를 정화하듯이 자외선으로 다양한 미생물을 물리칠 수 있을 것이다.

석회질

여러 가전제품은 연결관에 물때가 끼는 것이 단점이기는 하지만 물때는 물이 연결관(특히 납으로 만들어진 연결관)과 직접 닿지 않게 해주는 이로운 역할도 한다. 석회질이 건강에 해로운 것은 아니지만 석회질이 함유된 경수로 세수를 하면 피부가 건조해진다. 석회질 성분이 있고 칼슘이 풍부한 백악질 토양을 거친 물은 경수가 되

---

6 염소의 함유 외에도 상당수 광물질이 제거되어 맛이 달라질 수도 있다(처리가 덜 될수록 광물질이 많이 남는다).

고, 화강암 성분의 토양이나 모래가 가득한 토양을 거친 물은 담수
가 된다.

석회질이 많이 들어 있는 경수는 가정용 물로 사용될 수 있도록
연수화 과정을 거친다. 연수화의 원칙은 이온 교환이다. 예를 들면
물때를 만드는 칼슘 이온은 나트륨 이론으로 대체할 수 있다. 기술
적으로 설명하면, 물은 이온을 교환하는 역할을 하는 수지, 그리고
수지가 칼슘 이온을 포착할 때 배출되는 나트륨 이온으로 가득한
필터를 지나간다. 칼슘 함유량 감소와 나트륨 함유량 증가(표준 식
수의 경우 200mg/L를 초과하면 안 된다)는 잠재적으로 심혈관 질환,
혈압 발병률을 높이고 약간 짭짤한 맛이 나게 한다.

질산염

물속에 질산염이 함유되어 있다는 것에 대해 말이 많다. 현재 유
럽의 기준은 50mg/L 이하지만, 더 엄격해질 수 있다. 질산염이 과
다하게 함유되었을 때 특히 신생아와 임신부에게는 문제가 될 수
있다. 질산염은 체내에서 아질산염으로 변해 메트헤모글로빈(헤모
글로빈의 부산물)을 증가시킨다. 아직 효소 조직이 충분히 성숙하지
않은 신생아의 경우 체내에 메트헤모글로빈이 지나치게 많아지면
산소 순환을 막아 청색증, 즉 질식 상태가 된다. 그러나 질산염이 신
생아에게 많이 해로운지는 확실치 않다. 이유는 간단하다. 젖먹이
아기의 소화 기관에는 질산염을 아질산염으로 바꿔주는 박테리아
가 없거나 충분치 않을 수 있기 때문이다. 그래도 과학적인 연구 결

과가 나올 때까지는 조심하는 것이 좋다.

아질산염이 성인에게 소화 기관의 암, 갑상샘암, 갑상샘 기능 저하를 유발할 수 있다는 말이 오래 전부터 있었지만 이에 대해서는 아직까지 과학적으로 충분히 증명되지 않았다. 질산염이 많이 함유된 물을 마셨을 때 어떤 병이 나타나는지에 대한 연구가 부족한 상황이다. 질소비료 제작업체의 로비와 결탁했기 때문에 묵인하는 것인가? 수질 오염을 처리하는 데 드는 비용이 어마어마해서 겁이 나는 건가?

어쨌든 첨가제가 들어간 식품을 통해 아질산염(E249~E250)과 질산염(E251~E252)을 많이 섭취하지 않는 것이 좋다고 이미 알려져 있다. 질산염과 아질산염이 건강에 미치는 영향은 더 자세히 알아봐야 하지만(아질산염이 미치는 영향은 채소에 함유된 것인지, 물에 함유된 것인지에 따라 다르기 때문에 과학 정보가 더 많아야 한다) 확실히 둘 다 환경에는 악영향을 준다. 아질산염은 해양계에 부영양화 현상을 일으키고 브르타뉴에서처럼 해조류의 과다 성장을 부추긴다. 브르타뉴에서는 주로 축산 가축류의 분뇨에 질산염과 아질산염이 많이 함유된 것으로 나타났는데, 이는 인산염 비료 때문이었다.

질산염과 아질산염은 생태계를 심각하게 교란한다. 게다가 질소가 지나치게 많으면 질산염이 많이 필요한 생물 종에게 유리하기 때문에 질소 공급이 많이 필요하지 않은 다른 생물에게는 큰 피해가 된다. 즉 생물 다양성이 위협을 받는 것이다. 이 같은 결과는 유럽에서 중요한 자료로 발행되었는데, 질산염을 옹호하는 사람들에

게는 유감이지만 전문가 300명이 글을 기고했다.[7]

> 식물 분해 과정에서 나온 질산염은 질소와 산소로 이루어져 있지만 일부 지역
> 의 토양과 물의 질산염 함유량을 높이는 것은 동물(축산 가금류)의 배설물이다.
> 또한 질산염은 해조류의 과다 번식을 유발한다.

농약

물에서 농약 성분이 검출되는 것은 큰 문제지만 과소평가되고 있
다. 현실적인 이유로 농약 성분 전체를 분석하기란 불가능하며 종
류만 해도 300개가 넘는다. 특히 과학적인 정확한 분석이 부족하
다.[8] 대부분의 농약은 초기의 분자 형태가 아니라 대사 물질 형태
로 존재한다. 독성이 강하지만 정확한 추적 검사가 거의 이루어지
지 않고 있다. 예를 들어 초기의 분자 형태로 만들어진 농약의 90%
는 제대로 검사되지 않으며, 앞에서 살펴본 칵테일 효과에 대해서
도 명확히 밝혀지지 않았다. 물의 농약 성분을 줄이는 효과적인 방
법은 농사를 지을 때 농약 사용 자체를 대거 줄이는 것밖에 없다.

농약에의 노출이 건강에 미치는 영향이 밝혀지고 있다. 농약은
대부분 내분비를 교란하며 농약에 노출되는 정도는 지역에 따라,

---

7 M.A. Sutton et al., *The European Nitrogen Assessment*, Cambridge University
   Press, 2011.
8 인간이 마실 물은 농약 함유 허용치 기준이 농약의 종류마다 0.1마이크로그램이며, 여러 농약
   이 배합될 때는 농약 허용치 기준이 0.5마이크로그램으로 정해져 있다.

농업의 종류에 따라 다르다. 전 세계적으로 올바른 방향으로 나아가게 될까? 확실하지는 않다. 2011년 2월에는 좀 더 느슨한 새로운 개념, 바로 식용수 한계치가 도입되었다. 이에 대해 미래세대(Générations Futures)라는 단체의 프랑수아 베이유레트 대변인은 이렇게 밝혔다.

"물에 농약 성분이 많이 함유된 지역이 매우 늘어날 것이다. 이전보다 농약 함유량이 다섯 배 높아질 것이다."

전에는 식수로도, 요리하는 데에도 사용할 수 없던 물을 수치와 개념을 조작함으로써 앞으로는 사용할 수 있게 되었다. 유럽 차원에서는 유럽연합 집행위원회가 물에 함유되면 안 되는 물질의 목록을 정기적으로 정리하고 있으며, 이 목록에 포함된 물질은 사용을 줄여야 할 것이다. 2012년 사용 금지 농약 목록에 새로운 성분이 추가되었는데, 예를 들면 플루페녹수론 같은 살생물제(해로운 동식물을 죽이는 제품)다. 현재 사용되고 있는 농약 가운데 어떤 것은 향후 사용이 금지될 것이다.

약품과 화장품 잔류물

지표수든 지하수든 모든 물에는 약품 잔류물이 포함되어 있을 수 있다. 약품 잔류물이 인간의 건강에 미치는 건강을 평가하려면 분석 자료가 필요하지만 아직 부족한 상황이다. 제약학회는 2008년에 발표한 상세 보고서에서 약품 잔류물에 대한 규제가 미비하다며 우려를 표했다. 약품 잔류물의 양은 리터당 1마이크로그램에서 1나노그램까지 다양하고, 인간이 사용하는 약품뿐만 아니라 동물이 사용하는 약품 잔류물도 포함되어 있다. 생산되는 항생제의 2/3가 인간과 동물용이니 결코 무시할 수 없다. 가장 흔히 발견되는 약품 잔류물은 진통제, 콜레스테롤 저하제(고지혈증 치료제), 뇌전증 치료제, 항생제, 피임약과 호르몬 대체 치료에서 나온 호르몬, 방사선과에서 사용되는 조영제 등이다.

이런 모든 약품과 기타 여러 물질(특히 환경 호르몬)로 인하여 강에 사는 물고기가 암컷화될 수 있고[9] 연체동물의 성이 바뀌기도 한다. 미국 아폽카 호수의 수컷 악어들이 암컷이 된 것을 예로 들 수 있다.

물에 함유된 화학 물질이 인간에게 미치는 영향은 아직 잘 밝혀지지 않았다. 동물에 미치는 영향을 생각하면 인간에게도 해로울 가능성이 있다. 하지만 노출에 따른 영향이 매우 다양하고 오염이 일시적·한정적일 수도 있기 때문에 지나치게 과잉 반응할 필요는 없다. 게다가 일반적으로 물에서 발견되는 약품의 함유량은 치료용 투약량보다 1,000~100만 배 낮은 수치다.

2008년에 보건 당국이 실시한 분석은 2011년 말에 결론이 나왔는데, 프랑스에서 채취한 물 샘플(제약 부문의 주요 분류 원칙에 따라 대표로 선정되고 연구가 이루어진 45개 입자) 중 약 75%에서는 특별히 발견된 입자가 없었다(인간의 활동에 뚜렷한 영향을 주는 카페인은 제외했다). 지하수든 지표수든 마찬가지였다. 믿을 만한 표본의 25%

---

9 물고기의 호르몬 체계는 내분비 교란성 물질이 1나노그램만 있어도 불안정해질 수 있다.

에서는 입자 1~4개의 존재가 밝혀졌다.[10] 카페인을 제외하고 가장 많이 발견된 입자 중에는 카르바마제핀(뇌전증 치료제)과 벤조디아제핀 유형의 옥사제팜(진정제)이 있다. 표본의 90% 이상은 최대 누적 농도가 25μg/L 이하이고 표본의 5% 이하는 최대 누적 농도가 100μg/L 이상이다.

알루미늄

앞에서 알루미늄에 대해 대략적으로 살펴보았다. 알루미늄은 주로 물이 탁해지는 것을 막기 위해 정화하는 데 사용된다. 다시 말해 물 처리 단계 중 하나인 응집이다. 그렇다면 알루미늄은 건강에 어떤 영향을 미칠까?

알루미늄에 대한 논란이 뜨겁다. 첫째, 체내에 흡수되는 알루미늄의 양이 물 종류에 따라 달라지기 때문이다. 둘째, 물에 함유된 알루미늄이 건강에 미치는 영향을 연구하는 독립적인 자료가 부족하기 때문이다.

알루미늄이 뇌에 기억 장애, 학습 장애, 알츠하이머병 등의 문제를 일으킨다고 경고하는 연구 자료는 많다. 실제로 알루미늄 중독은 점점 늘어나고 있다. 또한 알루미늄은 일부 식품, 첨가물이 함유된 다양한 가공 식품에도 들어 있지만 알루미늄이 액체 형태로 물에 함유되면 심각한 영향을 끼친다고 주장하는 과학자들이 있다.

---

10 조사한 45개 입자 중 26개는 아직 발견되지 않았다. 19개는 최소 한 번 검출되었고 그중 5개는 함유량이 너무 적어서 양으로 따질 수 없다.

프랑스 국립과학연구소(CNRS)의 앙리 페즈라 소장은 이렇게 말했다.[11]

"보건 당국은 수돗물에 함유된 알루미늄과 알츠하이머병 같은 치매성 질환 사이에 뭔가 관계가 있다는 것을 필사적으로 부정하고 싶어 한다. 또한 보건 당국이 언론에 한 이야기와 증거를 제시하는 과학적 연구 내용 사이에 문제가 될 만한 큰 차이를 발견하지 못했다. 석면의 경우도 보건 당국의 의견과 연구 자료 내용에 그리 큰 차이가 없었다. … 독물학의 기본 원칙 중 하나는 같은 물질이라도 형태, 구성과 관계된 생물학적 가용 능력에 따라 여러 가지 위험이 있다는 것이다."

하지만 수돗물에 함유된 알루미늄은 식품에 첨가된 알루미늄의 함유량보다 생물학적 가용 능력이 아주 크다. 알루미늄을 함유한 물과 알츠하이머병 발병률 사이에 높은 관계가 있다는 것이 밝혀지면서 생물학적 가용 능력이 중요한 역할을 한다는 이론이 힘을 얻고 있다. 그러나 명백한 사실에도 불구하고 공식 보고서는 연구 결과를 부정하고, 심지어 알루미늄과 알츠하이머병 사이에 관계가 있다는 가능성을 "말도 안 되는 소리"라고 한다. 도저히 이해가 되지 않는다.

여기에 한술 더 떠 공식 보고서는 다음과 같은 내용도 담고 있다.

"유럽 기준으로는 200µg/L의 알루미늄이 허용된다. 하지만 여러 연구 결과 알루미늄 100µg/L에도 알츠하이머병에 걸릴 확률이 두

---

11   프랑스 시청에서 있었던 앙리 페즈라의 기자회견, 2004년.

배가 높아지는 것으로 나타났다."

따라서 여러분이 마시는 물에 함유된 알루미늄양이 50μg/L를 넘으면 주의하는 것이 좋다.[12] 프랑스 각 부처가 내놓은 공식 자료 중 〈식용수와 건강〉 보고서는 알루미늄이 일으킬 수 있는 문제를 아예 언급하지도 않는다.

알루미늄을 대체하는 방법이 있기는 하다. 물에 관한 독립 연구와 정보위원회(Comité de recherches et d'informations indépendantes sur l'eau, CriiEAU)에 따르면 "무해한 철분이 알루미늄을 대신할 수 있다. 식수를 만드는 데 필요한 응집제로 철분은 전혀 해가 없다"고 한다.

다행히 더 이상 알루미늄을 사용하지 않는 물 처리 시설도 많다. 파리 시의 물 처리 시설이 대표적이다. 물을 통해 알루미늄에 노출되는 프랑스인은 1,600만 명이다.[13] 간혹 의사들은 체내 알루미늄이 어느 정도인지 측정할 수 있는지, 체내에 알루미늄이 들어갔을 때 배출할 수 있는지 질문을 받는다. 첫 질문에 대해서는 혈액과 소변을 통해 알루미늄양을 측정할 수 있다고 간단히 대답할 수 있으나 이것으로는 체내 조직(간, 뇌, 뼈, 콩팥 등)에 들어간 알루미늄양을 어느 정도까지만 알 수 있다.

---

12 H. Jacqmin-Gadda, D. Commenges, L. Letenneur, J.-F. Dartigues, 〈Silica and Aluminium in Drinking Water and Cognitive Impairement in the Elderly〉, *Epidemiology*, no. 7, 1996, p. 281-285. 연구를 주도한 연구원들은 물에 함유된 이산화규소가 체내에 알루미늄이 흡수되는 것을 줄여주는 보호막 역할을 할 수 있다고 말한다.

13 *Menace sur nos neurones*, op. cit., 105쪽.

알루미늄을 제거하는 방법은 일반적으로 알려진 것 외에 다른 방법도 있지만 제한적이다. 직업상 알루미늄을 다루다 급성 중독이 되었을 때는 킬레이터(알루미늄을 흡수하는 복합물로 알루미늄을 제거할 수 있다), 즉 데스페록사민을 이용한다. 하지만 위험한 부작용이 나타날 수 있어 특수 병동에서만 사용된다.

알루미늄에 노출되지 않는 최고의 방법은 예방이다. 자신이 살고 있는 곳의 수돗물 처리가 어떤 방법으로 이루어지고 있는지 알아보고, 알루미늄으로 된 주방 도구를 사용하지 않으며, 알루미늄 첨가물이 들어간 식품을 많이 섭취하지 않는 것도 좋은 방법이다.

미생물

위생 및 물 처리 방법이 발전하면서 미생물(박테리아, 바이러스)에 오염되는 비율이 크게 줄었다. 프랑스 전국에 있는 물은 미생물로부터 거의 안전하다. 하지만 미생물에 오염될 위험이 100% 제거된 것은 아니다. 물을 통해 감염되는 바이러스, 특히 장염을 일으키는 바이러스에 우연히 감염될 수 있다.

1993년 미국 위스콘신 주 밀워키에서는 주민 80만 명 가운데 40만 명이 크립토스포리듐(면역력이 약한 사람에게는 심각한 장염을 일으키는 기생충)에 감염되어 이 중 40명이 사망했다. 나중에 밝혀진 사실이지만 염소는 이 기생충을 없애는 데 전혀 효력을 발휘하지 못했다.[14] 따라서 미생물에 대해 방심하지 않아야 하며, 가장 잘 걸

---

14 *Le Quotidien du médecin*, no. 7371, 2003년 8월 28일.

리는 병원균을 찾는 데 그치지 말고 좀 더 광범위한 분석을 꾸준히 해야 한다.

> 물의 미생물 오염을 나름 효과적으로 예방하고 있으나 화학 물질 오염은 제대로 예방하지 못하고 있다.

방사능

프랑스에도 다른 곳보다 유독 물에 방사능이 함유된 지역들이 있다. 이런 지역은 방사능 보호 및 원자력 안전 연구소의 자료를 통해 알 수 있다. 예를 들어 프랑스 중부 지역의 경우 라돈(방사성 원소)이 자연적으로 물에 함유되어 있다. 하지만 수돗물을 몇 시간 동안 놔두면 방사능 가스가 어느 정도 날아간다. 문제는 방사능 함유량이 적은 샘물이 아니라 원자력 발전소 근처의 지하수층에 대한 모니터링이 제대로 이루어지지 않는다는 은밀한 사실이다.[15]

당연히 원자력 발전소는 폐수를 따로 처리해야 한다. 그런데 사고가 난다면 어떻게 되겠는가? 2008년 7월 7일 트리카스탱에서 우라늄이 물에 흘러 들어간 적이 있듯이 평균적으로 2년마다 전 세계에서 원전 사고가 일어나고 있다. 원자력 발전소를 새로 세우기도 하고 기존의 원자력 발전소가 노후하면서 위험이 커지는 것이다. 원자력 발전소에서 심각한 문제가 발생했을 때, 국민을 불안하

---

15 기본 원자력 발전소는 130개이며 이 중 약 20개는 원자력 반응 장치를 갖추고 있다.

게 하면 안 된다는 이유로 문제가 축소되곤 한다. 하지만 결과적으로 이 같은 임기 대응은 불신감을 키울 뿐이다.

수돗물과 생수, 무엇이 더 안전한가

2009년 다비드 세르방 슈라이버는 암에 걸린 사람들은 수돗물을 마시기 전에 수질을 먼저 알아봐야 한다고 제안하면서 수돗물에 관한 논란을 키웠다. 다비드의 인터뷰는 "암에 걸린 사람들은 수돗물을 마시지 말 것"이라고 편집되는 바람에 항의의 목소리는 더욱 커졌다. 그러나 사실 다비드의 말은 수돗물을 아예 마시지 말라는 것이 아니라 먼저 알아보고 마셔야 한다는 뜻이었다. 유해한 결과가 나타날 수 있는 합성 화학물의 함유량을 줄이기 위해 조심하고 행동할 필요가 있다는 의미이기도 했다.

프랑스 국립보건의학연구소의 전염병 연구원 아니 사스코는 "물에 발암 물질이 들어 있을 수도 있다"[16]고 밝혔다. 의심스러운 화학 물질은 도처에 널려 있다. 특히 플라스틱병에 담긴 생수가 우려스럽다. 독일 연구원들[17]은 "플라스틱병에 담긴 미네랄워터를 마시면 환경 호르몬에 노출될 수 있다"고 경고했다. 페트병을 만들 때 촉매제로 사용되는 안티모니가 내분비를 교란할 수 있기 때문이다. 뿐만 아니라 농약과 건강에 관한 의회 보고서[18]에는 다음과 같이 기

---

16   *Le Monde*, 2007년 7월 5~6일, 상드린 블랑샤르와의 인터뷰.
17   프랑크푸르트 괴테대학교 해양 생태계 학과의 마르틴 바그너와 외르크 욀만.

록되어 있다.

"지하수(생수는 지하수를 병에 담은 것이다)를 분석한 결과 55%의 지하수에서 농약이 검출되었다고 밝혔다. 측정된 농약 함유량이 매우 낮기는 하지만(수질에 영향을 거의 미치지 않는 정도) 그래도 이 같은 분석 결과는 농약 성분이 여러 지하수에 전반적으로 조금씩 퍼졌다는 것을 분명히 보여준다. … 지표수는 이러한 상황이 개선되고 있으나 지하수는 그럴 기미가 보이지 않는다. 지하수에 함유된 농약 성분은 예나 지금이나 큰 변화가 없으니 농약 성분이 그대로 남아 있다는 뜻이다."

특히 미네랄워터는 광물이 함유된 것이 특징이다. 즉 미네랄워터는 광물 성분이 500mg/L 이하로 소량 함유되었을 수 있다. 일반적으로 미네랄워터에 포함된 광물 성분(칼슘, 마그네슘, 나트륨, 칼륨, 염소, 불소)은 라벨에 표시된다. 질산염, 탄산수소염 함유량도 라벨에 표시된다.

맛만 봐도 물이 어떤 성분으로 이루어졌는지 알 수 있다. 짠맛이 나면 황산염, 염화나트륨 또는 탄산수소나트륨이 함유된 것이고, 약간 쓴맛이 나면 마그네슘이 함유된 것이며, 금속 맛이 나면 철이나 망가니즈가 함유된 것이다. PH는 산성을 나타내는 단위인데 물은 PH 6은 산성, PH 8은 알칼리성, PH 7은 중성이다. 몸에 어떤 현상이 나타나면 주의 깊게 살펴야 한다. 예를 들어 요로결석(소변의 산성 과다)에 걸릴 가능성이 크면 알칼리성 물을 섭취해 재발을 막을

---

18   클로드 가티뇰과 장클로드 에티엔, 2010년 4월 29일.

수 있다.

물에 함유된 광물에는 다음과 같은 특징이 있다.

- 탄산수소염: 소화를 돕는다.
- 칼슘(150mg/L 이상): 뼈를 단단하게 해준다.
- 불소(1.5mg/L 미만): 뼈와 치아의 부식을 막아준다.
- 마그네슘: 체내 여러 이온 성분의 균형을 잡아준다.
- 칼륨: 심장 근육이 수축하는 것을 돕는다. 칼륨이 너무 부족하거나 많으면 몸에 해롭다. 하지만 물을 마셔서 칼륨이 과도해졌다는 이야기는 나온 적이 없다.
- 황산마그네슘: 배변을 돕는다.

생수는 마케팅으로 포장된 것이 많다. 친환경 물이라고 강조하는 브랜드가 대표적이다. 마케팅 컨설턴트 세르주앙리 생 미셸에 따르면 생수 업체는 물이 플라스틱병에 담겨 있다는 점을 간과하게 만들려고 노력한다. 어디서 온 물이든 플라스틱병에 담겨 있다.[19] 플라스틱을 전부 똑같이 생각할 수는 없더라도 확실히 유리보다는 해로운 화학 물질이 더 많이 함유되어 있다.

가장 안전한 물

이 책 뒷부분의 '유독 물질 가이드'에는 수돗물과 생수를 비교한 간략한 표가 있다. 결국 수돗물은 그게 그거다. 물은 어디서 끌어와서 사용하는지, 농약 잔류물과 화학 물질이 어느 정도 함유되어 있는지 알아보고 이 책에 첨부한 표와 비교해보면 유용할 것이다. 가

---

19   *Terra eco*, 2010년 7~8월.

장 좋은 식수는 유리병에 담긴 물이다. 플라스틱은 용기와 내용물이 상호작용을 하여 환경을 오염할 수 있다. 하지만 유리의 단점은 플라스틱보다 탄소 비용이 더 높다는 것이다.

현재 수돗물의 여러 가지 장점이 잘 알려져 있지만 수돗물이 미생물 문제(미생물 오염의 가능성이 완전히 해결되지 않았다) 외에도 질병을 일으킬 수 있다는 것이 제대로 연구되지 않고 있다. 물에 포함될 수 있는 화학 성분 중에서 납처럼 함유량이 줄어든 것도 있다. 물론 화학 성분의 함유량, 물 처리 및 유독한 화학 물질 처리(계절과 농업에 따라) 방법은 지역에 따라 차이가 있다.

건강과 환경을 고려해 장점 대비 위험성을 따졌을 때 페트병에 담긴 생수보다 수돗물이 더 낫다. 그러나 정부 기관을 통해 빨리 개선되어야 할 점은 다음과 같다.

- 물 처리 과정에서 알루미늄을 응집제로 사용하는 것을 금지
- 병원의 폐수 처리 기술 향상으로 물의 약품 잔류물 감소
- 농약 사용 제한과 유기농 농업 같은 친환경 농업 개발

5장

우리가 흡입하는 유독 화학물질:
공기, 매연, 담배 연기

대다수 사람들은 하루 시간 중 80% 이상을 집과 직장 같은 폐쇄된 공간에서 보내는데 이런 곳은 휘발성 화학 물질이 아주 많이 떠돌아다닌다. 세제, 청소 용품, 집수리 제품, 탈취제가 많이 사용되면서 집 안은 오염 물질로 가득하다. 문제가 심각하다. 이와 같은 제품에 함유된 다양한 용매는 알레르기, 기관지염, 피부염 등의 증상을 일으키고 두통과 소화기 장애를 유발할 수도 있다.

암을 유발하는 오염 물질

집 안에 오염 물질이 쌓이면 실내 공기가 나빠진다. 실내 공기는 우리가 사는 집과 일하는 장소(사무실), 여가 활동 장소(영화관, 피트니스 클럽 등), 놀이방, 학교, 치료 센터 등의 내부 공기를 말한다. 길거리나 논밭의 공기인 바깥 공기와 반대되는 개념이다.

이 장에서는 집 안에 존재하는 오염 물질의 종류는 무엇인지, 이런 오염 물질을 어떻게 피할 수 있는지 알아볼 것이다. 세제, 청소용품, 집수리 제품, 탈취제가 많이 사용되면서 집 안은 오염 물질로 가득하다. 문제가 심각하다. 이와 같은 제품에 함유된 다양한 용매는 알레르기, 기관지염, 피부염 등의 증상을 일으키고 두통과 소화기 장애를 유발할 수도 있다. 또한 일부 제품은 물질대사 질환, 심지어 암을 일으키기도 한다.

오염 물질에 얼마나 자주, 또 얼마나 오래 노출되었느냐에 따라, 특히 어느 시기(태아기, 아동기, 성인기)에 노출되었느냐에 따라 위험한 정도가 달라진다. 한편 노출 허용량의 기준을 정하기도 어렵다. 오염 물질에 많이 노출되지 않으려면 예방 대책을 마련하는 것이 좋다. 우선은 집 안을 환기하는 기본적인 예방 조치를 취하면 이것 만으로도 오염 물질에의 노출을 어느 정도 줄일 수 있다.

화학 물질에 노출되는 것을 줄이려면 세제를 신중히 선택하고 되도록 친환경 제품을 사용해야 한다. 대다수 사람들은 하루 시간 중 80% 이상을 집과 직장 같은 폐쇄된 공간에서 보내는데 이런 곳은 휘발성 화학 물질이 아주 많이 떠돌아다닌다.

실내 공기를 오염하는 위험 인자

일산화탄소와 흡연

일산화탄소는 가장 잘 알려진 오염 물질 중 하나다. 일산화탄소는 가전제품, 특히 보일러와 가스난로에 문제가 있을 때 주로 발생한다. 보일러와 가스난로를 잘 관리하지 않으면 일산화탄소 중독 사고가 일어날 수 있다(프랑스에서는 연간 약 5,000명이 일산화탄소 중독에 걸리고 이 중 약 100명이 사망했다). 갑자기 두통이 오면서 이상할 정도로 피곤하고 어지러우며 구토가 나온다면 매우 위급한 상태일 수도 있다. 이런 경우 가전제품이 제대로 작동하는지 확인하고 실내를 환기해야 한다.

흡연을 할 때 나오는 연기에는 암모니아, 카드뮴, 납과 같은 유해한 물질과 라듐, 폴로늄 같은 방사성 물질이 많이 함유되어 있다. 담배 연기에는 유해한 성분이 아주 많이 들어 있다. 담배를 빨리 끊는 것이 가장 좋은 예방법이며 금연 관련 기관을 통해 도움을 받을 수도 있다. 담배가 끼치는 해악은 한두 가지가 아니다.

- 암: 폐암, 방광암, 자궁경부암(여성) 등 다양한 암을 유발할 수 있다. 직접흡연(입, 혀, 목구멍)으로 인한 암과 체내에 퍼지는 발암 물질로 인한 암으로 구분할 수 있다. 배출되는 타르(벤조피렌, 안트라센)는 암을 유발하는 물질 중 하나다. 간접흡연으로도 암이 생길 수 있으며[1] 간접흡연을 하면 암에 걸릴 확률이 25% 높아진다고 한다.
- 심혈관 질환: 다양한 유독 물질뿐만 아니라 연기와 연기 속 성분으로 인해 심혈관 질환이 생길 수 있다. 이런 유독 물질이 심장의 산소 공급을 막기 때문에 위험하다.
- 호흡기 질환: 심혈관 질환과 마찬가지로 여러 유독 물질(특히 타르) 때문에 산소가 부족해지면 호흡기 질환이 발생할 수 있다. 유독 물질이 폐기능을 저하시켜 산소가 부족해지면 호흡기 질환, 폐암, 만성 기관지염이 생기고 천식이 악화된다.

담배가 주요 오염 물질이기는 하지만 담배를 피우지 않는 사람이 더 많다. 그러니 담배 외의 오염 물질을 알아보고 예방하자.

기타 휘발성 유기 화합물

실온에서 떠돌아다니는 해로운 화학 물질이 함유된 일상 제품이 얼마나 많은지 상상도 못할 것이다. 이런 물질을 가리켜 휘발성 유기 화합물이라고 한다. 용매, 제품의 균질화를 위해 첨가되는 광물 복합체, 방부제 등이 여기에 속하는데 이러한 물질이 배출되는 경

---

1 간접흡연은 유아 돌연사의 주범으로도 지목된다.

로는 다음과 같다.

- 건축 자재, 다양한 개·보수 자재
- 특히 새로 지은 건물
- 내부 수리 제품(페인트, 광택제), 실내 청소 용품
- 바닥 타일
- 분무기 형태의 공기 청정제, 악취를 제거하는 데 쓰이는 향과 향초(흔히 향과 향초가 천연 제품이라고 생각하지만 그렇지 않다)

이 밖에도 글리콜, 케톤, 락톤에스테르, 퓨란, 폼알데하이드를 비롯한 알데히드 등 사람들이 잘 알지 못하는 화학 성분이 일상을 장악하고 있다. 프랑스 보건 당국은 다음과 같이 보고했다.

"주거지를 측정한 결과 전체의 10%에 다양한 오염 물질이 있는 것으로 밝혀졌는데(3~8개 성분의 함유량이 많음), 15%는 오염된 상태이고(1~2개 성분의 함유량이 많음) 30%는 약간 오염된 상태이며(4~7개 성분의 함유량이 평균치보다 많음) 45%는 거의 오염되지 않은 상태다(성분 전체의 함유량이 평균치보다 적음). 주거지에서 발견된 주요 오염 물질은 폼알데하이드, 헥산알, 톨루엔, 아세트알데히드가 있다."

• 폼알데하이드

폼알데하이드는 가장 자주 접하는 휘발성 유기 화합물로 2009년 주거지의 경우 최대 허용치가 공기 내 $30\mu g/m^3$다.[2] 그러나 과학계

---

2 건물의 실내 공기 상태가 좋은지 평가하기 위해 공중보건위원회가 정한 수치다.

에서는 약 $10\mu g/m^3$로 정하고 있다. 그 이하이면 건강에 문제가 없다고 알려져 있다. 하지만 이 같은 최대 허용치는 실온에 있는 다양한 제품이 지속적으로 미치는 영향을 고려하지 않은 것이다. 최대 허용치의 기준을 $10\mu g/m^3$이라고 하면 프랑스의 가정은 유럽 다른 나라의 가정에 비해 그나마 상황이 양호한 것처럼 보일 수 있다.

그러나 이 같은 분석 방법은 두 가지 이유로 한계가 있다. 첫째, 표본의 수가 적다(약 10여 명). 둘째, 표본을 신뢰하기 어렵다(인터넷을 통해 지원자를 모집했으며, 이런 실험에 지원하는 사람들은 대개 환경과 건강에 관심이 많다). 또한 검토 결과 주거지에서 일반적으로 검출되는 함유량보다 높게, 10배 이상이 나온 결과가 많다.

폼알데하이드는 무해한 물질이 아니며, 특히 수용액(포르말린)으로 사용되는 분야에서 그 영향을 연구했다. 폼알데하이드는 호흡기 알레르기와 습진을 일으킨다. 폼알데하이드를 사용하는 직업군에

실험을 통해 밝혀진 집 안의 폼알데하이드양

나라	평균량	$20\mu g/m^3$를 넘는 가정
그리스	7.9μg	29%
독일	5.9μg	20%
프랑스	2.5μg	6%
네덜란드	1.7μg	0

※〈6,000만 소비자〉 저널이 실시한 설문 조사 결과[3]

---

3 *60 Millions de consommateurs*, no. 447, 2010년 3월.

오래 있다 보면 입안과 후두(목구멍 안쪽)에 암이 생길 수 있고 백혈병에 걸릴 수도 있다. 폼알데하이드를 직업적으로 사용하는 데에는 규제가 있고 현재 파악된 폼알데하이드의 함유량이 적지만 특히 어린이가 있는 방은 주의해야 한다. 되도록 친환경 페인트와 풀을 선택하고 휘발성 물질을 최소한으로 배출하는 제품을 쓰는 것이 좋다.

구체적으로 어떻게 해야 할까? 공사 담당자에게 어떤 제품을 선택했는지 알아보고, 직접 건축을 하는 경우라면 판매자에게 문의해 추천을 받는다. 건축 자재의 라벨 표기가 나아지고 있기는 하지만 여전히 정보가 부족한 실정이다. 또한 세제나 가구의 경우 용매와 처리 방법에 대한 정보가 정확히 표시되어 있지 않다. 판매자로부터 정보를 얻을 수 없는 제품은 피하고 품질 보증 및 친환경 마크가 있는 제품을 구입한다.

용매의 다양한 부작용

크실렌 같은 용매는 브리콜라주(공작이나 목공) 제품에 들어 있을 뿐만 아니라 탈취제, 합성수지, 살충제, 플라스틱 가공제, 폭발물을 제조할 때도 사용된다.[4] 이 종류에 해당하는 용매는 건강에 좋지 않은데, 특히 임신부가 노출되면 태아에게 나쁜 영향을 미친다. 벤젠, 톨루엔 등 휘발성 유기 화합물은 종류가 매우 다양하며, 이런 물질이 어느 정도 유독한지 알아보기 위해서는 벤젠을 분석하면 된다.

용매가 건강에 미치는 부작용은 나날이 분명하게 밝혀지고 있다.

---

4 *Toxicologie industrielle*, op. cit., 2007년.

물론 어느 정도의 농도부터 위험한지는 좀 더 연구가 필요하다. 용매가 건강에 미치는 부작용을 알아보려면 여러 입자가 만났을 때 일어나는 결과를 알아보는 것이 효과적이다. 용매는 피부와 점액을 자극하고 두통을 일으키며 불임과 암을 유발하는 주범으로도 의심된다.

모든 물질에 매우 민감한(화학 물질 과민증) 프랑스인의 비율은 5% 정도로 약 300만 명에 이른다. 프랑스 환경의학청에 따르면 생물학적 증거가 없어서 결과가 완전히 밝혀진 것은 아니더라도 환경 과민증이라는 증상은 분명히 존재한다. 실제로 진찰 환자 중 예민한 사람들은 자율신경에 이상을 느끼고 두통을 호소하는 경우가 많으며, 특정 냄새를 역하게 느끼기도 하고 혈관 분포가 적은 뇌 부분에 상처가 생기기도 한다.

또 다른 예로 항암 화학요법이 있다. 다양한 약품이 사용되는 화학요법은 환자에게 심리적인 장애를 일으키기도 하는데, 이런 증상을 보이는 환자를 단순히 정신적 장애로 분류하는 의사가 많다. 심지어 증상의 심각성을 잘 모르는 의사도 있다.

휘발성 유기 화합물을 다룬 자료는 주로 직업상 노출되는 상황에 대한 것이다. 하지만 주거지에 휘발성 유기 화합물, 특히 폼알데하이드가 어느 정도 있는지 측정 방법을 생각해봐야 한다. 이론적으로 연구가 어렵지는 않기 때문에 측정 방법을 대중화할 수 있을 듯하다. 휘발성 유기 화합물의 입자가 달라붙는 흡착성 카트리지를 통해 실험 기술(크로마토그래피)을 사용하면 휘발성 유기 화합물의 함유 여부와 함유량을 쉽게 알 수 있다. 이 같은 방식은 현재 잘 사용되지 않지만 멀지 않은 미래에 적합한 기기가 개발되어 호흡기 증상이 있는 사람들에게 일반적으로 사용될 수 있을 것 같다.

살충제

가정에서 사용하는 살충제가 별 것 아니라고 생각할 수도 있지만 이 또한 실내 공기를 오염시킨다. 개미, 진드기, 모기, 벼룩을 퇴치하는 살충제가 어린이에게 유해하다는 것을 알아야 한다. 유해 성분 가운데 프로폭수르는 위험성 때문에 사용이 금지되었다. 하지만 '무엇을 선택해야 할까(Que Choisir)'의 설문 조사(2012년 4월)에 따르면 프로폭수르는 여전히 많은 주거지에서 검출되고 있다.

바퀴벌레를 잡기 위해 사용하는 제품도 무해함과는 거리가 멀다. 그렇다고 벌레 잡기를 일체 하지 말라는 것이 아니다. 주의하면서 제때에 해야 한다는 것이다(간단한 상자만으로도 벌레를 가둘 수 있다). 집 안을 깨끗이 하고 애완동물을 위생적으로 관리하면 화학제품을 많이 사용할 필요가 없다.

살충제를 대신하는 천연 방법도 있다. 예를 들어 개미가 다니는 길에 소금을 뿌려두면 개미가 오지 않는다(커피 찌꺼기, 붉은 고추를 사용하기도 한다). 또한 물, 가열한 설탕, 빵 효모를 병에 넣으면 전통적으로 사용하던 모기약이 된다. 모기가 병 속으로 들어가 딱 달라붙기 때문이다. 아니면 간단히 천연 에센셜 오일에 레몬즙을 떨어뜨려 사용하는 방법도 있는데 이 또한 살충제를 대신한다. 시중에 파는 모기약은 화합물과 농약 성분이 함유되었을 수 있고, 천연 물질이 아니다. 가급적 구입하지 않는 것이 좋다.

플라스틱 입자(가소제)

우리 주변에는 플라스틱에 함유된 프탈레이트가 널려 있다. 플라스틱 유화제로 사용되는 프탈레이트는 특히 장난감과 어린이용 양탄자에서 발견된다. 프탈레이트는 여러 종류가 있는데 가장 유해한 성분은 이미 사용이 금지되었고 그 외의 것도 곧 금지 목록에 포함될 예정이다. 이런 물질로부터 어린이를 보호하기 위해 노력해야 한다. 아울러 어린이가 입에 대는 제품에는 더욱 주의를 기울여야 한다.

내화성 물질

화재의 위험을 줄이기 위한 내화성 물질이 가구나 다양한 제품에 들어 있으며 코팅 형태로도 쓰인다. 이때 주로 사용되는 것이 환경호르몬을 배출하는 것으로 알려진 폴리브롬화다. 이와 같은 내화재는 가구에도 들어 있고 TV, 컴퓨터 등 일상생활에 쓰이는 제품에도 들어 있다. 내화재를 오랫동안 사용하면 열을 받아 공기 중에 휘발성 물질을 배출한다.[5] 유독 물질이 적게 배출된다고 해도(상당수 입자가 컴퓨터와 TV 본체 안에 갇혀 나오지 못한다) 주의가 필요하다. 유독 물질을 완전히 피할 수는 없더라도 이왕이면 처리 과정을 덜 거

---

5 2012년 '무엇을 선택해야 할까(Que Choisir)'라는 단체가 의뢰해 실시된 분석에 따르면 브롬이 함유된 내화재가 거의 없는 것으로 밝혀졌다. 브롬은 독성이 강한 물질인데 이 같은 브롬이 함유된 내화재가 거의 없다는 것은 다행스러운 일이다.

친 가구와 옷감을 선택하는 것이 좋다.

위생 제품

극도로 위생을 강조하고 모든 세균을 박멸하겠다며 유난 떨면서 집 안을 병원처럼 만들어봐야 아무 소용 없다. 예를 들어 세균 증식을 억제하는 다양한 가정용 청소 세제에 함유된 트리콜산은 매우 유해하다. 트리콜산을 대체하는 방법이 있는데도 이 같은 세제는 최근 10년 동안 버젓이 많은 가정에서 사용되었다. 이 밖에도 트리콜산은 액체비누, 위생 제품, 가정용 제품, 보디케어 제품 등 다양한 제품에 들어 있다. 여러 과학 자료도 트리콜산은 환경 호르몬 물질이기 때문에 주의가 필요하다고 공통적으로 말하고 있다.

살충제는 중·단기적으로 그다지 효과가 없기 때문에 제한해서 쓰는 것이 좋다. 또한 살충제는 조금만 써도 벌레에 내성이 생길 수 있다. 남용하면 내성이 생기는 항생제와 비슷한 개념이라고 보면 된다. 살충제가 모든 미생물, 특히 바이러스를 퇴치해주는 것은 아니다. 살충제를 대신할 수 있는 대안이 많은데 식초와 베이킹소다가 대표적이다. 대체품과 친환경 제품이라고 해도 효과가 괜찮다. 단번에 효과가 나타나지는 않겠지만 오랫동안 쓰다 보면 효과가 있을 뿐 아니라 해롭지 않다는 것을 느끼게 될 것이다.

연소 제품

겨울에 난방을 하기 위해 벽난로에서 장작을 태우면 연소 과정

중에 다이옥신, 다환 방향족 탄화수소 등이 생긴다. 더구나 장작에 화학 처리가 되어 있으면 유독 물질이 더 많이 뿜어져 나온다. 따라서 환기를 잘하고 내부 환기가 제대로 되었는지 살펴야 하며 어떤 나무인지도 알아야 한다. 문제가 되는 연소 방법은 이뿐만이 아니다. 정원에서 쓰레기를 태우는 것도 좋지는 않다. 나뭇가지와 낙엽에 다양한 화학 처리를 한 후 태우는 경우에도 오염 물질이 나오고 플라스틱, 종이 폐기물을 태울 때는 유독한 물질이 더 많이 배출된다. 이에 대한 규제는 구체적으로 마련되었다.[6]

집 안을 오염하는 대표적인 연소 물질은 잘못된 조리 방식에서 나온다. 예를 들면 음식을 기름에 튀길 때 아크롤레인을 포함한 여러 가지 물질이 생성된다. 연소점이 한계를 넘으면 지방산이 열작용으로 분해된다. 예를 들면 버터를 태울 때 연소점이 재빨리 한계에 도달해 유독한 검은 연기가 나온다. 단맛이 나는 음식(탄수화물)을 조리하는 경우 120℃를 넘을 때부터 발암 물질로 분류되는 아크릴아미드가 나오고, 고기의 지방 부분은 200℃를 넘을 때 다환 방향족 탄화수소(HAP)가 형성된다. 유독한 다환 방향족 탄화수소 중에는 발암 물질로 분류된 벤조피렌이 있다.

가장 바람직한 예방책은 음식을 태우지 말고, 튀기는 요리법을

---

6 환경법 L 541-2조: 토양과 동식물에 해를 끼치고, 지역이나 풍경을 악화시키고, 공기나 물을 오염시키고, 소음과 냄새를 일으키고, 건강과 환경을 해치는 폐기물을 만들어내거나 갖고 있는 사람은 이 조항에 따라 유해한 결과가 나타나지 않게 폐기물을 제거해야 한다. 폐기물 제거에는 재활용 제품이나 에너지의 수집·운반·저장·분리수거, 그리고 이전 조항에 명시된 환경오염을 피하기 위해 자연에 매립하거나 버리는 행위가 포함된다. (출처: legifrance.gouv.fr)

가능한 한 피하는 것이다. 지방질이 풍부한 고기를 요리할 때와 바비큐를 만들 때 주로 그릴을 사용하는데, 이 그릴도 너무 자주 사용하지 않는 것이 좋다.

자동차 실내 오염

자동차 안도 실내 공기에 포함된다. 새로 만들어진 자동차 내부 장치에는 폴리염화비닐, 다양한 휘발성 유기 화합물, 내연제 같은 내화성 물질이 있는데 계기판, 좌석, 손잡이, 핸들에 그러한 물질이 많이 사용된다. 자동차의 난방 또한 안심할 수 없다. 특히 시동을 걸 때 많은 입자(특히 플라스틱 입자)를 들이마시게 된다.

생태연구센터(Institut Ecology Center)는 새 차에 있는 내화성 휘발 물질을 분석해 함유량이 낮은 순으로 분류했다. 2012년 이 리스트가 발표되어[7] 자동차 회사들은 시정 조치를 취해야 했다.

디젤 엔진이나 가솔린 엔진을 사용하는 자동차는 이산화탄소와 질소 산화물을 배출해 환경오염의 주범으로 지목되고 있다. 이산화탄소와 질소 산화물은 여러 가지 질병을 일으킨다. 세계보건기구 산하의 국제암연구소는 디젤 엔진의 사용이 증가할수록 폐암 발병률이 높아진다고 밝혔다. 이 같은 발표로 2012년 6월 논쟁에 다시 불이 붙었다. 자동차의 필터가 점점 개선되어 입자를 더 잘 걸러내기는 하지만 프랑스에서는 매년 2만 5,000명이 경유차 때문에 폐

---

7 http://amog.com/health/153510-buy-10-toxic-cars/ 참조(미국 사이트 http://www.healthystuff.org도 참조)

암에 걸려 일찍 사망하고 있다. 또한 오염 물질을 가장 많이 배출하는 차량의 도시 지역 진입을 금지하는 제도를 시범적으로 실시하자는 의견도 있었으나 시행하기에 너무 복잡한 데다 차별적인 요소도 있어서 제동이 걸렸다(가장 낡고 가장 저렴한 자동차가 오염 물질을 가장 많이 배출한다). 또한 일부 정치인이 제안한 방법처럼 단순히 디젤 엔진 차량의 도심 진입을 막는 것이 과연 타당한 방법인지에 대해서도 의문이 있었다.

이에 대해 좀 더 자세히 살펴보자. 검은 매연을 배출하는 주범으로 오랫동안 비판을 받아온 디젤 엔진은 수년 동안 오염 물질을 걸러내는 필터의 사용과 연료 기술의 발전(유황 배출 감소) 등을 통해 개선이 이루어졌다. 그러나 디젤 엔진에는 여전히 단점이 있다. 기체로 달리기 때문에 질소 산화물을 상당히 많이 배출한다는 것이다. 최근 연구는 디젤 엔진이 배출하는 입자가 암을 유발한다고 밝혔다.

그러나 화학자 베르나르 프티가 언급했듯이 가솔린 엔진을 청정 엔진이라고 착각해서는 안 된다. 가솔린은 휘발성이 매우 강하기 때문에 기름 탱크에 채워질 때 증발하고 차량의 플라스틱 도관을 통해 배출되며 유독한 벤젠 부산물을 함유하고 있을 뿐만 아니라, 디젤 엔진보다 덜하기는 해도 오염 물질 입자가 배출된다. 가솔린 엔진이 배출하는 오염 물질의 양이 디젤 엔진보다 확실히 적지만 입자가 훨씬 작아서 허파꽈리에 더욱 깊숙이 들어가고 나노 입자 형태가 되면 심각한 문제를 일으킨다. 하이브리드 엔진도 재시

디젤 엔진과 가솔린 엔진의 오염 물질 비교

오염 물질	디젤 엔진	가솔린 엔진
초미세 입자(50나노미터 미만)	−	+
이산화질소	+	−
일산화탄소와 이산화탄소	−	+
다환 방향족 탄화수소	−	+
벤젠 부산물	−	+

출처: ADEME, CITEPA, 브뤼셀대학교, 2005년.

동 시 초미세 입자를 배출한다는 비판에서 자유롭지 못하다.

디젤 엔진은 오염 물질 입자를 많이 배출하고, 가솔린 엔진은 연료 소비율이 높고 해로운 벤젠 부산물과 초미세 입자를 배출한다. 디젤 엔진과 가솔린 엔진 모두 단점을 갖고 있어 둘 중 어느 것이 더 낫다고 할 수 없다. 기름값이 상승하면서 자전거와 대중교통, 카풀을 이용하는 사람이 많아지고 있다. 우리의 일상생활은 자동차를 중심으로 돌아간다고 해도 과언이 아니다. 그러나 운동 부족으로 인해 직간접으로 여러 가지 병을 일으키거나 교통사고로 생명을 앗아가거나 평생 불구로 만드는 자동차는 그 자체가 재앙이다.

집에서 사용하는 섬유

얼룩 방지 제품(과불화 화합물), 방화 내화성 물질(폴리브롬화 물질), 트리클로산은 일상에서 많이 사용되지만 환경 호르몬이다. 제조 단계에서 사용될 때는 일부만 배출되지만 제조 마무리 단계에서 사용되면 배출 정도가 심해진다. 이러한 물질 또한 관련 정보가 부족하니 조심하는 것이 좋다(인산 함유 내화성 물질은 섬유의 기능을 향상하기 위해 사용된다).

가능하면 과불화 화합물, 폴리브롬화, 폴리에스테르가 함유되지 않고 좀 및 진드기 방지 처리를 하지 않은 제품을 구입하는 것이 좋다. 실크를 사용하는 것이 가장 좋다(천연 진드기 방지제 역할도 하고 박테리아도 막아준다). 상대적으로 불이 덜 붙어 화학 처리 과정을 덜 거치는 것은 모직과 실크다.

어린이 장난감

일부 장난감에는 유독 물질이 들어 있다. 이처럼 유독 물질이 함유된 장난감도 다른 유독 제품처럼 규제가 필요한데 그렇지 않은 것이 현실이다. 농약에 들어 있는 환경 호르몬이 일부 장난감에도 들어 있지만 제대로 분석되지 않는다. 그러나 이런 상황을 개선하기 위해 '우리의 미래를 위한 유럽 여성 모임(Women in Europe for a Common Future, WECF)' 같은 단체가 뭉치고 새로운 안전 지침이 만들어졌다. 발암성 물질, 돌연변이성 물질, 생식독성 물질, 알레르기를 유발하는 장난감 제품을 막기 위한 여러 가지 조처도 이루어졌다.

실내 오염을 최소화하는 예방책

대기오염으로 프랑스에서는 4만 명이, 유럽에서는 40만 명이 돌연사하고 있다.[8] 스스로 대책을 마련해 대처하는 것이 시급하다.

집의 오염을 방지하기 위해서는 몇 가지 제품만 있으면 충분하다. 물론 기존에 사용하던 세척제보다 효과가 바로 나타나지 않는 것처럼 보여도 해로운 화학 물질에의 노출이 건강과 환경에 미치는 부작용을 막아준다.

- 식초: 얼룩을 제거하는 데 쓰이고 집 안 청소에 효과적이며 세탁물을 부드럽게 하는 연화제 역할을 한다.
- 레몬: 탈취 및 얼룩을 제거하는 데 효과가 있다.
- 베이킹소다: 식초, 레몬과 같이 사용하면 효과가 좋다. 베이킹소다는 부드러운 연마제로 접시와 유리 광택 내기, 유리창과 타일 청소, 오븐 청소 등에 쓰이며, 산화 작용을 막고 악취를 없애준다. 베이킹소다를 카펫이나 매트리스에 뿌리고 솔질을 하면 얼룩과 때가 제거된다.
- 소금: 테이블보에 묻은 와인 자국을 없애는 데 쓰이며, 레몬과 같이 사용하면 녹을 제거할 수 있다. 정원에 소금을 뿌리면 민달팽이와 애벌레가 도망가고, 소금을 뿌리면 개미의 출입을 막을 수 있다.
- 일부 식물: 아직 연구가 부족하기 때문에 일부 식물이 오염을 막아준다는 증거는 과학적으로 빈약하지만 식물마다 대기 중 많은 입자를 흡수한다는 사실이 증명되고 있다. 어떤 식물은 독성이 있으므로 어린이가 있는 집은 이런 점을 잘 알아보고 집 안에 식물을 두어야 한다.
- 흡수성 점토: 뿌린 다음 솔질을 하면 드라이클리닝 같은 효과가 있다.

---

8 Rapport Ecod, 2012-Aphakoun, 2011.

유기용매가 무해하다는 것은 거짓말이다. 프랑스 국립안전보건연구원(Institut National de Recherche et de Sécurité, INRS)에 따르면 유기용매 중 무해한 것이 하나도 없다고 한다. 유기용매는 탄소와 수소 원자로 이루어진 탄화수소다. 탄화수소는 발암성 물질, 돌연변이성 물질, 생식독성 물질로 분류되며 얼마나 노출되었느냐에 따라 심장, 콩팥, 혈액, 폐, 간 질환을 일으킬 수 있다.

용매는 크게 여덟 종류가 있고 여기에 몇 가지가 추가된다.

- 방향족 탄화수소: 벤젠, 톨루엔, 크실렌, 쿠멘 등
- 석유 용매(방향족 탄화수소 제외): 메테인계 탄화수소, 에틸렌계 탄화수소
- 알코올: 메탄올, 에탄올, 글리콜 등
- 케톤: 아세톤, 메틸에틸케톤 등
- 에스테르: 아세테이트, 농업용 용매 등
- 에테르: 에틸에테르, 5, 6, 7, 8-테트라히드로엽산(THF), 다이옥세인 등
- 글리콜에테르
- 할로겐화 탄화수소: 염소화 탄화수소, 브롬화 탄화수소, 플루오린화 탄화수소
- 특별 용매: 아민, 아마이드, 테르펜 등

용매는 다음과 같은 용도로 활용된다.

- 얼룩 제거 효과: 금속 및 섬유 청소
- 첨가제와 희석제 역할: 페인트, 바니시, 잉크, 접착제, 살충제
- 연마 작용: 페인트, 바니시, 접착제 제거
- 클렌징 및 추출 용매 역할: 식품, 향수, 의약품

실외 공기를 오염하는 위험 인자

승인을 얻은 제품도 사용이 늘어나면서 우리도 모르는 사이에 실내 공기가 심각하게 오염되고 있다. 하지만 앞에서 살펴봤듯이 개인적으로 노력하면 어느 정도 실내 공기의 오염을 막을 수 있다. 그렇다면 산업 활동과 육로 교통으로 오염된 실외 공기는 어떨까?

질소 산화물, 휘발성 유기 화합물 외에도 실외 공기를 오염하는 입자가 있다. 오염 물질 입자는 대부분 산업 활동과 육로 교통에서 비롯된다. 세계보건기구가 분류한 세 종류의 오염 물질은 다음과 같다.

미세 입자	특징
PM 10 (10µm 미만)	가장 큰 종류의 입자로 건강에 미치는 영향이 가장 적다. 일반적으로 코, 목, 후두처럼 상부 호흡기 속에 남아 있다.
PM 2.5 (2.5~0.1µm)	디젤 엔진이 많이 배출하며 박테리아 정도의 크기다. 이 크기의 입자는 허파꽈리까지 들어간다.
PUF (0.1µm 미만의 초미립자)	신체 곳곳에 퍼질 정도로 가장 작은 입자다. 나노 기술이 발전하고 가공 제품에 사용되는 나노 입자가 공기 중으로 배출되면서 앞으로 더 늘어날 수 있다. 여러 종류의 엔진을 통해서도 배출된다.

자동차 엔진, 공장의 설비, 난방으로 인해 대기 중에 많은 물질이 배출된다. 그러나 실내외 공기에 포함된 휘발성 유기 화합물은 36%가 산업 활동에 의해, 37%가 실내 오염 때문에 발생한다. 프랑스 식량, 환경, 직업 보건 및 안전기구가 정한 기준이 있기는 하다. 허용치보다 많은 양의 미세 입자를 들이마시는 프랑스인은

1,200만 명에 달한다. 주범인 디젤 엔진은 가솔린 엔진보다 입자를 많이 배출하며, 프랑스는 세계적으로 디젤 엔진을 많이 사용하는 국가로 꼽힌다.

실외 공기 및 실내 공기를 오염하는 또 다른 주범으로 드라이클리닝에서 나오는 테트라클로로에틸렌이 있다. 환경건강네트워크에 따르면 "프랑스에서는 드라이클리닝 세탁소 인근 상가와 아파트의 주민 10만~20만 명이 테트라클로로에틸렌 기체에 노출되고 있다. 문제는 주민과 세탁소 직원을 위한 즉각적인 보호책이 구체적으로 마련되지 않았다는 것이다. 현재 테트라클로로에틸렌이 배출되어 퍼져나가는 것을 막을 수 있는 건물은 하나도 없다"고 한다. 최근에 문을 연 세탁소는 이에 대한 조치를 취하고 있으나 여전히 기존 방식을 고집해 직원의 건강을 위협하는 세탁소도 많다.

벤젠

벤젠은 호흡, 피부를 통해 체내에 쉽게 들어가는 물질이므로 대수롭게 여겨서는 안 된다. 벤젠은 체내 곳곳으로 퍼지는데 중추신경계, 특히 뇌 안으로 급속히 들어간다. 몸속에 오랫동안 벤젠이 많이 쌓이면 두통이 생기고 잠이 잘 오지 않을 수 있다. 물질대사 효소는 간을 지날 때 벤젠을 수용성이 적은 페놀(하이드로벤젠)로 산화시킨다.

벤젠은 공기 중에 아주 적은 양만 있어도 장기적으로 노출되면 백혈병(혈액암)을 일으킬 수 있다. 산소 원자가 벤젠에 추가되면서

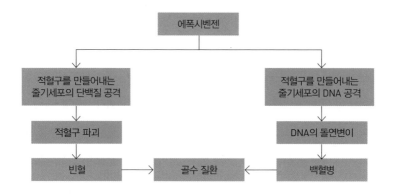

그림 3 벤젠이 에폭시벤젠으로 바뀌어 혈액이 오염되는 과정

벤젠이 페놀로 전환될 때 일시적으로 형성되는 중간 매개물(에폭시벤젠)이 반응 작용을 크게 일으켜 골수의 줄기세포를 구성하는 요소(적혈구와 백혈구를 만들어낸다)를 공격한다. 이 같은 요소가 공격을 받으면 빈혈이 생긴다. 줄기세포에서 나오는 백혈구는 에폭시벤젠에 의해 중심부 DNA를 공격당하고 돌연변이를 일으킨다. 유전자 변형이 제대로 복구되지 않으면 일부 백혈구가 늘어나 백혈병이 진행된다.

출판된 보고서는 많지만 벤젠에 의해 유전체가 오염되어 변화하는 과정이 완전히 밝혀지지는 않았다. 장기적으로 벤젠에 중독되어 일어나는 과정을 해석하는 데 어려움이 따르는 것도 사실이다. 그래도 벤젠 같은 유독 물질에 노출되지 않도록 예방해야 한다는 경고가 충분히 이루어지고 있다. 이 같은 유독 물질이 함유된 제품보다는 발암성이 없는 물질로 대체해야 한다. 이러한 물질은 산업 부문에서 효과적으로 응용되기도 한다(페인트, 래커, 잉크, 접착제에 함유된 지방 용매의 기본 입자).

페인트의 경우 유성 페인트는 톨루엔(메틸벤젠) 성분이 들어 있는 것이 그나마 낫다. 줄기세포(골수 중독)에 악영향을 미치지 않기 때문이다. 그러나 최근 유럽연합은 톨루엔을 태아에게 유독한 물질(3등급 생식독성 물질)로 인정하고 발암성, 돌연변이성, 생식독성(CMR) 물질로 분류했다.

벤젠의 또 다른 알킬성 성분 쿠멘(혹은 이소프로필벤젠)은 훌륭한 용매로 유전자와 생식기관에 부작용을 일으키지 않아 대체물로 각광받고 있으나 벤젠과 유사한 계통이라 역시 주의를 기울여야 한다.

담배

프랑스에서는 매년 6만 6,000명, 다시 말해 프랑스인 9명 중 약 1명이 흡연으로 목숨을 잃는다. 니코틴, 즉 알칼로이드가 중독성을 불러일으키기 때문에 담배를 끊기가 어렵다. 이뿐만 아니라 담배에는 각종 해로운 성분이 들어 있다.

담배에 들어 있는 유독 물질

• 아세톤	• 염화비닐	• 나프탈렌
• 사이안화수소	• 폼알데하이드	• 니코틴
• 암모니아	• 타르	• 납
• 비소	• 메탄올	• 폴로늄
• 부탄	• 메토프렌	• 테레빈유
• 카드뮴	• 일산화탄소	• 크실렌

담배를 끊으려면 먼저 담배에 어느 정도 중독되었는지 알아야 하는데, 이는 파거스트롬 테스트를 통해 파악할 수 있다. 흡연은 뇌의 수용기(니코틴 수용기)를 작동해 중독성을 일으킨다. 담배를 끊으려면 뇌의 수용기 활동을 단계적으로 무력화해야 한다. 그렇지 않으면 수용기가 재빨리 공허함을 느껴서 금단 현상이 일어난다.

다양한 금연 방법 가운데 관련 전문가가 추천하는 효과적인 방법이 몇 가지 있다. 자연적으로 끊는 방법은 다음과 같다. 10일 동안 흡연량을 1/3 줄인다. 그다음에 매일 담배를 한 개비씩 줄인다. 예를 들어 매일 12개비를 피운다면 10일 동안 매일 11개비로 줄이고, 그다음 10일 동안에는 10개비로 줄이는 식으로 계속 줄여나가는 것이다. 이렇게 하면 점점 흡연량을 줄이면서 금연을 할 수 있다.

일부 수용기에 영향을 끼치는 식물을 이용할 수도 있다. 서양쥐오줌풀(GABA 수용기에 작용)이 대표적이며 시계꽃, 금영화는 진정 효과가 있다. 스트레스를 받는다면 산사나무 같은 식물도 좋다. 이런 식물은 추출용 젤리 형태(200mg)로 섭취하는데 최소 15일 동안 매일 젤리 한두 개를 먹는다. 한 심장병 전문의는 규칙적인 운동도 도움이 된다고 조언한다.

6장

우리가 입고 바르는 유독 화학물질: 화장품과 의류

화학 성분은 음식보다 피부를 통해 흡수될 때 더 해롭다. 음식을 통해 흡수되면 소화액에 의해 유해 물질이 일부 소멸되기 때문이다. 나노 입자 성분은 화장품이 피부에 골고루 잘 발리게 하지만 연구 부족으로 인해 안전성이 명확하게 증명되지는 않았다. 따라서 화학 성분과 나노 성분이 함유되지 않았거나 조금이라도 덜 들어 있는 유기농 제품을 사용하는 것이 좋다.

화장품

향수, 색조 화장품, 머리 염색약, 그리고 10여 년 전부터 활발하게 사용되는 선크림과 노화 방지 크림 등 화장품의 종류는 날이 갈수록 늘어가고 있다. 우리는 더 아름답고, 더 젊고, 더 깔끔하고 매력적으로 가꿔주는 화장품에 둘러싸여 있다.

그런데 우리가 매일 피부에 직접 바르는 화장품의 성분에 대해서는 알고 있는가? 라벨만으로도 충분히 복잡한데 성분을 일일이 확인하는 건 요원한 일이다. 무해한 화장품이기를 바라는 수밖에. 하지만 모든 화장품이 그렇지는 않다는 걸 우리는 알고 있다. 그렇다면 화학 성분으로 인한 부작용을 줄이는 간단한 방법은 무엇일까?

한편 화장품이 충분한 테스트를 거치지 않는다는 사실을 알아야 한다. 과거보다 규제가 엄격해졌다고는 하지만 여전히 충분하지 않다. 상황이 이렇다 보니 유럽연합은 화장품에 함유된 상당수 해로운 성분의 사용을 금지하고 있다. 이 장에서는 화장품을 선택하는

데 도움이 되는 실용적인 내용을 소개하려고 한다.

선크림

선크림에는 일반적으로 자외선을 흡수하는 화학 필터와 태양 광선을 반사하는 금속 필터가 들어 있다. 선크림 제품에는 두 가지 형태, 즉 광물 형태와 나노 형태가 있다. 광물 형태 중에서 광물 필터의 주성분인 산화타이타늄(E171)과 산화아연은 피부에 흡수되지 않는다. 그러나 습진, 상처 등이 있는 약한 피부라면 흡수될 수도 있다. 한편 나노 입자 형태의 금속 필터는 여러 과학 연구에 따르면 악영향을 줄 수 있다. 나노 성분이 피부 속으로 들어가 체내 기관의 세포를 해치는 것으로 보고되었다.

선크림에 들어 있는 4-메틸벤질리덴 캠퍼 성분은 내분비를 교란한다. 선크림을 여름휴가 기간 동안 짧게 사용한다고 해도 건강에 미치는 부작용을 과소평가하면 안 된다. 자외선을 차단한다고 알려진 선크림은 오히려 피부암을 유발할 수 있다. 선필터는 태양 광선으로부터 피부를 보호해준다. 하지만 선크림을 지속적으로 바르면 산화 현상이 일어나 체내 비타민 D 생산이 줄어들 수 있다. 객관적인 연구가 좀 더 필요하지만 지금까지 알려진 연구만 봐도 선필터가 피부암을 일으킬 수 있다는 사실은 경계할 만한 일이다.

선크림을 바른 채 바다에 들어가면 많은 화학 잔류물이 바다로 들어가게 된다. 매년 약 4,000톤의 선크림이 바다로 흘러 들어가 전 세계 산호의 10%가 하얗게 탈색되고 있다. 또한 선크림의 내분비를 교란하는 화학 물질로 인해 물고기와 일부 연체동물의 수컷이 암컷으로 변화되기도 한다. 그 외에도 일일이 열거할 수 없을 정도로 많은 악영향을 끼친다. 따라서 지나친 선크림 사용을 자제하는 것이 좋다. 강한 햇볕에 노출되지 않도록 하고 모자나 양산으로 햇볕을 차단하는 방법도 효과적이다.

어린이 화장품

2008년, 지속적인 건강증진위원회(C2DS)와 수장 올리비에 토마는 어린이가 사용하는 화장품이 무해하다는 증거가 없다고 말해 파문이 일었다. 의학 전문가가 한 이 경고는 나중에는 오히려 고마워해야 할 일이 되었다. 프랑스 건강제품위생안전청(AFSSAPS)은 업체들이 일반적으로 규제를 따르기는 하지만 어린이 화장품이 3세 미만 어린이의 건강에 안전한지 평가하는 기준이 아직 충분하지 않다는 것을 이해하게 되었다. 피부의 물질대사가 성장하는 이 연령대의 어린이는 유독한 화학 물질에 취약하기 때문이다.

이후 어린이 화장품의 안전성에 대한 관심이 결실을 거뒀다. 물론 아직도 갈 길이 멀다. 사라져야 할 제품임에도 버젓이 팔리고 있는 것들이 있다. 클로로아세트아미드가 좋은 본보기다. 방부제 역할을 하는 이 물질은 생식 장애를 일으키는 2급 물질로 분류되어 다행히 2012년 6월 14일 프랑스 국립의약품건강제품안전청(ANSM)에 의해 사용이 금지되었다. 왜 진작 이런 조치가 내려지지 않았을까? 클로로아세트아미드의 사용 금지를 발표했을 때 대부분의 업체는 이미 그것을 사용하지 않고 있었다. 오래전부터 경고가 있어도 보건 당국의 권고안은 나중에야 발표될 때가 많다.

정보에 관해서도 할 말이 많다. 한 예로 환경건강네트워크의 위원인 화학자 베르나르 프티는 디오더런트의 라벨을 읽다가 의문이 들어서 제조업체에 서면으로 질문을 했는데 다음과 같은 어이없는 답변을 받았다.

"제품의 전체 성분은 대중에 공개할 수 없습니다. 의원님의 주치의에게 따로 정보를 보내드릴 수는 있으니 나중에 주치의에게 답변을 들으시면 됩니다."

화학 물질 덩어리를 피하는 법

다양한 화장품에 함유된 화학 성분을 일일이 읽는 것은 지루한 일일 것이다. 하지만 과연 우리 피부가 페녹시에탄올, 여러 합성 물질, 프탈레이트, 부틸히드록시아니솔 등을 흡수해도 괜찮을까? 이런 화학 물질을 어쩌다 접한다면 모르겠지만 반복적으로 노출된다면 문제는 커진다.

화학 성분은 음식보다 피부를 통해 흡수될 때 더 해롭다. 음식을 통해 흡수되면 소화액에 의해 유해 물질이 일부 소멸되기 때문이다. 나노 입자 성분은 화장품이 피부에 골고루 잘 발리게 하지만 연구 부족으로 인해 안전성이 명확하게 증명되지는 않았다. 따라서 화학 성분과 나노 성분이 함유되지 않았거나 조금이라도 덜 들어있는 유기농 제품을 사용하는 것이 좋다.

최소한 피해야 할 화학 성분

성분	설명
산화타이타늄 산화아연	기존 제품에는 나노 입자 형태로 들어 있을 수 있다.*
프탈레이트 용매(정착액)** 부틸히드록시아니솔(BHA) 또는 E320(방부제) E214~E219 파라벤(방부제), 이소티아졸리논 비함유 물질*** 옥시벤존(BP-3 또는 Bz-3)(자외선 필터) 메틸벤질리덴 캄퍼(4-MBC)(자외선 필터) 레조르시놀(머리 염색약) 트리클로산(항균제)	환경 호르몬으로 물질대사 조직, 갑상샘에 악영향을 끼치고 불임을 유발한다. 일부 암, 당뇨, 비만을 일으 킨다고도 알려져 있다.****

*프랑스 국립의약품건강제품안전청은 나노 입자가 괜찮다면서 안이한 반응을 보이고 있다. "산화타이타늄과 산화아연 나노 입자가 피부에 들어간다 해도 건강한 피부라면 바깥층에만 머물게 된다. 약한 피부의 경우는 딱히 뭐라고 결론짓기가 힘들다. … 산화타이타늄과 산화아연 나노 입자가 유전자에 부작용을 일으키는지에 대한 과학계의 연구 결과도 제각각이다. … 산화타이타늄과 산화아연 나노 입자가 만성적으로 중독을 일으키고 암을 유발하는지에 대한 연구 자료도 지금으로는 한계가 있다." 한편 산화타이타늄과 산화아연 나노 입자의 해로움에 대해 우려하는 연구 자료도 많이 있는데, 한 예로 일본 연구 팀은 산화타이타늄의 나노 입자가 임신한 쥐의 몸속에 들어가 태반을 뚫고 태내 새끼에게 들어간다고 밝혔다. 이렇게 되면 새끼의 신경조직에 장애가 생기고 수컷이라면 정자 수가 줄어들 수 있다.

**프탈레이트 함유 여부를 제대로 알 수 없을 때도 있다. 주로 DEP와 같은 영문 약자가 사용되기 때문이다.

***파라벤을 대체하는 이소티아졸리논은 알레르기 증상을 악화시키는 경우가 많다.

****이런 물질에 대한 독립 연구가 더 이루어지고 규제도 강화해야 한다.

트리클로산에 대해 살펴보자. 항균제 역할을 하는 트리클로산은 액체 비누, 디오더런트, 치약 등 다양한 위생 제품에 사용된다. 문제는 입자 형태의 트리클로산이 내분비를 교란한다는 것이다.[1] 트리클로산은 해양 생물에 피해를 주고 환경을 해치며 인간에게도 좋지

---

1 저자와의 인터뷰에서 베르나르 프티는 이렇게 말했다. "트리클로산은 다른 입자와 합성될 때, 그리고 폐기물을 태울 때 다이옥신이 배출됩니다."

않다. 역설적이게도 트리클로산은 미생물을 퇴치하기 위한 것이지만 적은 양이라도 계속 사용하면 오히려 미생물의 내성을 키운다. 또한 트리클로산은 근육 수축을 일으킬 수도 있다.

보건 당국은 트리클로산에 대해 검토했지만 업계가 모든 정보를 제공하지 않았을지도 모른다. 여러 자료를 살펴보면 유독성의 한계치에 대한 개념이 명확하지 않은 것 같다. 그래서 모든 나라의 권고안이 모호하지만 노르웨이처럼 적극적으로 반응하는 나라도 있다. 노르웨이의 보건 당국은 "미용 제품과 기타 제품에 트리클로산을 사용하지 않는 것이 좋다(완제품은 승인된 것이라도 최대 0.3%까지만 사용해야 한다)"고 밝혔다. 그리고 인체 노출을 줄여야 한다고 강조하는 나라들도 있다.

모든 나라에서 더 엄격한 조치를 취해야 한다. 여론에 의해 트리클로산이 배척될 것을 두려워한 일부 업계는 실버솔트, 아연 등 다른 미생물 방지 성분을 사용하지만 이와 같은 대체 성분 역시 문제를 일으킬 수 있다. 특히 나노 입자 형태라면 문제를 일으킬 수 있으니 신중히 사용해야 한다.

건강한 화장품을 고르는 법

• 기본 원칙

합성 방부제가 함유되지 않은 유기농 제품을 선택해야 한다. 합성 방부제가 없기 때문에 유통 기한이 더 짧고(최대 3개월) 미생물의 성장을 막기 위해 개봉한 후 서늘한 곳에 보관해야 하는 불편함이 있지만 그래도 건강을 위해서는 낫다. 또한 환경 호르몬이 없는 제품을 선택해야 한다.

에센셜 오일도 조심해서 사용해야 한다. 일부 합성 에센셜 오일과 천연 에센셜 오일은 피부를 자극할 수 있기 때문에 늘 희석해서 사용하고 의학적 소견을 따르는 것이 좋다. 천연 에센스 오일이라 해도 부작용이나 알레르기가 나타날 수 있기 때문이다. 유기농 제품은 두 가지 장점이 있어 적극 권장한다. 첫째, 합성 화학 성분이 들어 있지 않거나 적게 들어 있다. 합성 화학 성분에 오랫동안 노출되면 건강에 어떤 영향을 미치는지는 아직 제대로 연구되지 않았다. 둘째, 친환경적이다(포장 용기도). 유기농 제품 중에서도 라벨이 있는 제품이 좋다. 아기와 어린이가 쓰는 화장품은 특히 신경 써야 한다. 독일 BDIH[2]의 천연 화장품 인증은 관심을 가질 만한데, 내용을 요약하면 다음과 같다.

• 검사를 거친 유기 재배법과 수확으로 얻은 식물성 원료
• 동물 보호, 동물실험 및 죽은 척추동물에게서 추출한 원료(예를 들면 고래 기름, 거북 기름, 밍크 기름, 동물성 지방 및 콜라겐) 사용 금지
• 합성 염료, 합성 향료, 에톡실기·실리콘·파라핀 같은 원료, 기타 석유 부산물 사용 금지. 천연 향료 성분 승인 기준은 ISO 9235(사용할 수 있는 향에 대한 지침) 기

---

2 독일 인증 기관으로 원료뿐만 아니라 생산 과정, 환경오염 등에 미치는 영향 등 광범위한 영역에 걸쳐 평가 및 인증한다. 동물성 원료와 인공적인 성분은 모두 금지하고 무조건 식물 원료를 사용해야 하며, 식물성 원료라 해도 BDIH에서 인증한 식물에서 추출하거나 유기농으로 재배된 식물에서만 얻는 것을 원칙으로 한다.

준을 준수해야 함
- 보존과 항균을 위해 천연 방부제만 허용하고 라벨에 표시해야 함

• 유기농 제품의 선택

유기농 제품을 꼭 선택한다. 일반 샴푸에는 발진과 알레르기를 일으킬 수 있는 성분(로릴황산나트륨, 로릴황산암모늄 등)이 들어 있다. 특히 추천하는 제품은 금잔화, 마로니에 열매, 담쟁이덩굴 같은 식물 원료가 들어간 것이다. 그러나 식물 원료 성분을 잘 확인해 모조품이 아닌지 주의하기 바란다.

순수 식물 원료로 된 제품은 화학 성분이 들어간 제품에 비해 세정력이 약하고 거품이 거의 나지 않지만 모발이 덜 손상된다. 일반 제품에는 합성 성분이 많이 들어 있는데, 이 때문에 모발이 건조해지는 경우가 많으니 시어버터가 함유된 샴푸를 선택한다. 비듬이 심할 때는 유기농 호호바 오일로 두피를 주기적으로 마사지하면 깨끗해진다. 지성 모발인 경우 일반 제품을 쓰면 안 된다. 이때는 샴푸는 덜 쓰며(샴푸를 써야 한다면 순한 제품을 선택한다) 린스를 사용하지 말고 물로 깨끗하게 헹군다. 마지막 헹구는 물에 레몬즙이나 식초를 넣으면 모발 상태가 좋아지고 비듬이 줄어든다. 머리카락이 많이 빠지는 사람은 쐐기풀을 우려낸 것이나 캡슐 형태로 가을과 봄에 매달 3주씩 복용하면 모발이 생기를 되찾는다고 알려져 있다.

머리에 이가 있는 경우 일반 샴푸는 오히려 안 좋을 수 있다. 간단한 방법으로 올리브 오일(또는 헤이즐넛 오일, 호호바 오일)에 라벤

더 에센션 오일을 몇 방울 떨어뜨려 두피를 마사지하고 수건으로 감싼다. 머릿니는 오일을 싫어하며 라벤더는 머릿니를 유인하는 효과가 있다.

비누도 화학 성분이 많이 들어간 제품이 있는데 그중 일부 성분은 아주 유해하다. '천연', '순수'라는 말이 들어간 비누도 주의할 필요가 있다. 정식 명칭이 아닌 데다 무늬만 천연일 뿐 합성 향, 화학 항균 성분이 함유되었을 수 있다. 합성 색소, 항균 물질, 합성 향이 함유되지 않은 비누를 사용하는 것이 좋다.

샤워젤도 문제 있는 제품이 많으니 가능하면 환경 인증 제품을 고른다. 나이에 관계없이 건성 피부라면 천연 계면활성제가 함유되고 방부제와 인공 향이 들어 있지 않은 세정 제품을 사용하는 것이 좋다.

• 디오더런트

디오더런트가 정말 필요할까? 의심스러운 성분이 들어 있는 디오더런트로 몸을 위생적으로 관리한다니 말도 안 된다. 디오더런트를 사용하면서 유해한 물질을 들이마시게 되고 일부 입자는 피부와 점막을 통해 들어가 혈액 속에 침투한다. 게다가 디오더런트는 환경을 오염하는 주범이기도 하다.

되도록 디오더런트의 사용을 줄이는 것이 좋다. 굳이 써야 한다면 알루미늄염, DEP 같은 프탈레이트, 앞에서 언급한 유해 물질이 함유되지 않은 제품을 선택한다. 환경 호르몬인 염화알루미늄은 에스트로겐 수용기를 자극해 유방암 발병 위험을 높일 수 있다. 〈6,000만 소비자〉(2012년 4월)의 조사에 따르면 브랜드에 따라 알루미늄 함유량에 큰 차이가 있다.

그러나 디오더런트가 이미 우리 일상에 자리 잡은 상황인 터라 굳이 써야겠다면 화학 성분이 가장 적게 들어간 제품을 선택하거나 집에서 직접 오드콜로뉴를 만들어보는 건 어떨까. 그럴 수 없다면 가능한 한 유기농 제품, 성분 정보를 명확히 밝힌 제품을 사용하는 것이 좋다. 일반 제품의 경우에는 염화알루미늄, 황산알루미늄과 같은 유해 물질이 들어 있지 않은 것을 선택한다.

• 보습 제품과 클렌징 제품

시중에 판매하는 제품 중에는 합성 물질, 쓸데없는 금속 물질, 피부의 모공을 막는 해로운 물질이 함유된 것이 많다. 따라서 다음과 같은 천연 제품을 사용하길 권한다(에센셜 오일에 알레르기 반응이 없는 경우).

- 마카다미아 오일: 미끈거림이 가장 덜하지만 가장 비싸다.
- 헤이즐넛 오일: 무난하다.
- 스위트아몬드 오일: 가장 일반적이며 가격이 저렴해 인기가 많다. 간혹 알레르기 반응을 일으킬 수 있다.
- 아르간 오일, 호호바 오일: 이국적인 느낌의 오일로 보습과 클렌징 효과가 있으나 알레르기 반응을 일으킬 수 있다.
- 시어버터
- 이탈리아의 유기농 수분 크림 플랜터스(Planter's) 같은 유기농 크림

• 색조 화장품, 머리 염색약, 헤어스프레이, 매니큐어

색조 화장품 중에서도 특히 마스카라를 주의해야 한다. 파운데이션도 유기농 제품을 선택한다. 유기농 제품은 피부에 곱게 발리지 않을 수도 있으나 피부 건강에는 더 좋다.

머리 염색약을 자주 사용하면 기형아를 낳을 수 있다.[3] 프랑스 국립보건의학연구소의 연구는 경고성 메시지를 내놓았는데, 정부가 정보를 알리고 특별 권고안을 마련하기는커녕 태평하게 있으니 참으로 놀랄 일이다. 청소 용품을 자주 사용하는 주부, 살균제 등의 합성 화학 물질과 접촉하는 간호사도 주의해야 할 문제다. 머리 염색약은 특히 45세 이후 여성이 많이 사용하지만 아이를 가지려 하거나 임신 중인 여성이라면 사용하지 않는 것이 좋다.

합성 화학 물질(P-페닐렌디아민, 암모니아 부산물 등)은 두피를 손상하지만 유기농 제품에 함유된 성분은 두피를 보호해준다. 다만 유기농 제품의 경우 염색이 오래가지 않는다는 단점이 있다.

미용실에서 염색을 할 때는 천연 성분(진짜 헤나, 인디고, 잇꽃, 강황 등)이 들어간 제품을 사용하는지 확인한다. 염색용 원료로 사용되는 식물은 여러 가지이며 천연 염색용 식물과 식물성 기름, 점토(건조한 모발에는 백색 점토, 손상된 모발에는 녹색 점토)를 섞어 사용해도 좋다.

---

3 〈Maternal occupational exposure to solvents and congenital malformations: A prospective study in the general population〉, R. Garlantézec, C. Monfort, F. Rouget, S. Cordier, *Occup Environ Med.*, July 2009; 66(7): 456-463.

헤어스프레이는 분석해보면 합성 화학 성분이 많이 포함되었을 수 있다. 불이 잘 붙고 암을 유발하는 성분이 함유된 제품도 있다. 따라서 추가 연구가 이루어질 때까지 조심하는 것이 좋다. 스프레이 역시 유기농 제품을 추천한다.

매니큐어와 매니큐어 리무버는 아세톤이나 폼알데하이드가 함유된 제품이 많다. 관련 연구가 부족하지만 성분을 잘 읽어보면 건강을 지킬 수 있다.

• **향수**

향수도 대부분 성분이 명확히 밝혀지지 않았기 때문에 조심해야 한다. 유럽 지침 이후 발암성, 돌연변이성, 생식독성(CMR) 물질이 이제는 들어가지 않는다 해도 제조사가 성분을 정확히 기재할 의무가 없다는 것이 문제다. 제조 비법을 알게 된다면 아마 깜짝 놀랄 것이다. 물질대사를 교란하는 화학 성분이 들어 있기 때문이다.

향수 냄새를 맡으면 증상이 심해지는 천식 환자가 많고 피부 발진이 나타날 수도 있다. 알레르기 환자가 아니라면 어쩌다 가끔 아주 적은 양의 향수를 사용하는 경우 건강에 큰 문제를 일으키지 않는다. 하지만 매일 사용하는 것은 자제해야 한다. 면도 후 바르는 로션처럼 꼭 필요한 제품이 아닌데도 사람들은 마케팅에 속아 넘어가 향수를 구입하고 있다.

향수는 화장품, 샤워젤, 디오더런트는 물론이고 청소 용품, 공기청정제 등 우리 일상을 점령하고 있다. 또한 세제(세탁용, 주방용, 목욕용), 연화제, 화장지까지 유해한 물질이 들어간 제품이 수도 없이 많다. 유기체 용매와 합성 성분을 함유한 이런 제품은 사용하지 말아야 한다.

향수에 합성 성분을 넣은 것은 최근의 일이다. 1920년대 이전까지만 해도 천연 제품만 사용했다. 향수를 자주 사용한다면 합성 인공 향, 이소티아졸리논 타입의 방부제(메틸이소티아졸리논), 페녹시에탄올(글리콜에테르 같은 것이 들어간 용매), 파라벤(현재는 덜 사용)이 들어가지 않은 순한 제품을 선택하는 것이 좋다.

• 안티에이징 크림

피부 노화와 주름을 부추기는 것은 두 가지 요인이다. 첫째는 흡연, 둘째는 햇빛 노출이다. 안티에이징 크림과 로션은 나이와 피부 특성에 맞는 제품을 선택해야 하고 가급적이면 유기농 제품을 사용한다.

• 젊은 여성이라면 비타민을 공급해 세포를 보호하는 제품을 선택한다. 특히 비타민 E와 C, 폴리페놀(포도씨, 녹차에서 추출한 폴리페놀) 성분이 좋다.
• 폐경기 여성이라면 피부가 더욱 건조해지기 때문에 보습이 중요하다. 에스트로겐 성분이 포함된 천연 재료(콩)는 피부를 촉촉하게 해준다. 하지만 내분비를 교란할 수 있으므로 유방암에 걸린 적이 있거나 가족 가운데 유방암 환자가 있다면 계속 사용하지 않는 것이 좋다.

• 선크림

앞에서도 언급했지만 합성 화학 물질과 나노 입자를 피하고 유기농 제품을 사용하라고 다시 한 번 강조하고 싶다. 선크림은 석유화학에서 나온 원료(파라핀, 실리콘, PEG), 파라벤, 나노 입자, 합성 미네랄 오일이나 광택제, 유전자 조작 물질이 들어 있지 않은 유기농 제품을 선택한다. 유기농 제품에는 주로 비타민, 글리세린, 식물성 기름, 에센셜 오일이 함유되어 있다(그러나 피부에 알레르기 반응을 일으킬 수도 있음을 알아두자).

그러나 앞서 설명했듯 선크림의 광물 필터가 바닷물에 들어가면 해양 생태계에 문제를 일으킬 수 있다. 유기농 제품이라도 마찬가지다. 강한 햇볕에 노출되는 시간을 줄이고, 햇볕이 내리쬐지 않는 시간에 외출할 때는 선크림을 바르지 않아도 된다. 또 해변에서는 반드시 양산이나 모자를 쓰며, 들이나 산에 갈 때는 목까지 올라오는 헐렁한 옷을 입어 직사광선을 피한다.

아무리 유럽의 규제가 엄격해졌다 해도 화장품을 가능한 한 덜 쓰는 것이 가장 좋은 방법이다. 합성 화학 물질이 첨가되지 않은 천연 비누를 선택하고 샴푸와 보습제도 유기농 제품을 사용한다.

화장품을 사기 전에 정말로 필요한 것인지 따져보고 마케팅에 넘어가지 않도록 한다. 제품을 계속 사용하도록 부추기는 것은 바로 마케팅이다. 아름다워질 수 있다는 마케팅에 현혹되지 말고 기본적인 제품만 사용하자. 또한 식품과 마찬가지로 화장품 포장 용기(플라스틱을 선택할 때도 식품과 마찬가지로 꼼꼼하게 살펴야 한다)에도 관심을 가져야 한다.

의류[4]

심각한 상황인데도 사람들이 관심을 갖지 않는 부분이 있다. 바로 옷이다. 옷에는 각종 화학 성분이 들어 있고 제조 과정 중 오염물질이 들어가기 때문에 문제가 심각하다. 이는 간단히 해결할 수 있는 문제가 아니다.

우리가 지금 입고 있는 옷은 대부분 환경 기준과 노동법이 느슨한 나라에서 만들어진 것이다. 예를 들면 유럽에서는 사용이 금지된 살충제인 엔도설판을 아시아, 남미, 아프리카의 일부 나라에서는 여전히 사용하고 있다. 목화 재배에 쓰이는 농약, 토양을 황폐하게 만드는 고엽제, 섬유를 깨끗하게 다듬는 데 사용하는 용매, 차아염소산염(표백제), 그리고 세탁하는 데 사용하는 각종 산성 화합물, 염색하는 데 사용하는 유독한 아조 화합물, 이 모든 것은 심각한 오염 문제를 일으킨다. 유해한 화학 물질을 지구에 마구 뿌리다니 잔인하지 않은가! 또한 공장에서 일하는 노동자들은 변변한 보호 장비 없이 유해 물질에 고스란히 노출되고 있다. 그런데도 서구 사회는 이러한 사회 및 환경 문제를 남의 일인 양 무관심하게 바라본다.

저가 의류를 여러 벌 갖고 있을 필요가 있을까? 저가 의류는 제조 및 보관 과정(좀과 미생물 퇴치를 위해)에서 화학 물질로 범벅이 된다. 그 정도는 상상 이상이다. 게다가 방화성, 내화성 같은 기능을 갖추도록 처리 과정을 거칠 때 사용하는 물질은 내분비를 교란할

---

4 뒷부분에 실린 가이드에서 옷에 관한 내용을 참고하면 현명한 선택을 하는 데 도움이 될 것이다.

수 있다. 따라서 합성 섬유든 아니든 저가 의류를 매일 입는다면 오염 물질이 피부를 통해 체내로 들어가게 된다(피부는 흡수지처럼 모든 것을 흡수한다). 의류 라벨은 성분에 대한 설명이 불분명하게 되어 있어 우리도 모르는 사이에 몸이 오염될 수 있다. 2012년 그린피스가 여러 의류 브랜드의 화학 물질 남용을 비난하자 의류 회사들은 노닐페놀 같은 환경 호르몬의 사용을 줄이겠다고 약속했다.

천연 섬유

천연 섬유는 동물(양털로 만드는 울, 누에고치로 만드는 실크, 산양의 털로 만드는 캐시미어 등)이나 식물(면, 리넨, 삼베, 케이폭 등)에서 얻는다. 앞으로 사용이 금지되어야 할 모피도 있다. 그런데 섬유는 아무리 천연이라 해도 어마어마한 가공 과정을 거친다. 섬유를 깨끗하게 정리하고 처리하는 과정에서 황산을 필두로 다양한 물질을 사용하게 된다. 문제는 세척제 대부분이 자연적으로는 분해되지 않는다는 것이다. 얼룩 제거, 표백, 염색, 방화와 방수 기능, 의심스러운 성분의 잉크를 사용한 프린트 등에는 상당히 많은 화학 처리가 이루어진다. 또한 다림질할 필요가 없도록 구김 방지 처리를 하거나 청바지처럼 낡은 빈티지 느낌이 나게 더 많은 처리 과정(압축 분사5)을 거치는 천도 있다.

---

5 유럽에서 사용 금지된 압축 분사 기술은 천에 이산화규소 미세 입자를 높은 압력으로 분사해 낡은 듯한 효과를 내는 것이다. 이렇게 분사된 입자는 보호 장비를 제대로 갖추지 않은 작업자들의 몸에 점점 쌓여 규소폐증을 일으키기도 한다.

합성 섬유

합성 섬유는 주로 아크릴, 엘라스테인, 폴리에스테르, 폴리아마이드로 만들어진다. 그런데 섬유 내 안티모니 함유량이 높고(260ppm 미만) 휘발성 유기 화합물과 아산화질소 등이 배출되면 심각한 오염 문제가 발생할 수 있다. 화학 섬유를 다루는 일을 하는 사람은 특히 다환 방향족 탄화수소, 이황화탄소, 황, 아연, 염소 성분, 천에 사용하는 다양한 염료에 노출될 수 있다. 문제는 이러한 사실이 거의 알려지지 않았다는 것이다. 특히 유럽을 벗어난 지역의 제조업체들은 가공 과정을 기록할 의무도, 휘발성 유기 화합물 배출 기준을 따를 의무도 없다. 완제품 단계에서는 천에 들어간 화학 성분 중 일부만 적은 양이 배출된다 하더라도 정보를 충분히 제공해야 하는데, 그렇지 않은 것이 현실이다.

신발

신발의 가죽을 야들야들하게 만드는 데에는 크로뮴이 사용된다. 3가 크로뮴은 민감한 사람에게 알레르기와 피부염을 일으키는 것으로 알려져 있다. 그런데 크로뮴은 저가 신발에만 사용되는 것이 아니다. 오히려 비싼 신발일수록 크로뮴이 많이 함유되어 있다. 연구자들의 분석에 따르면 가죽으로 된 샌들, 부츠 등의 신발 중 95%에 크로뮴이 들어 있는 것으로 나타났다.[6] 신발에 포함된 다른 유

---

6 〈Chromium in leather footwear - risk assessment of chromium allergy and dermatisis〉, J.P. Thyssen et al., *Contact Dermatitis*, 2012, 66: 279-285.

독 물질은 옷의 유독 물질과 마찬가지의 문제를 일으킨다. 특히 환경 호르몬으로 분류된 성분과 내화성 물질이 같이 사용되고 있어 문제다.

윤리 소비의 중요성

가장 중요한 것은 윤리 소비다. 건강을 먼저 생각해야 하는 것 아니냐며 놀라는 독자도 있을 테지만 윤리 소비가 최우선이다. 아이들이 유독 물질에 노출되면서 만드는 옷은 절대 구입하면 안 된다. 생산 방법을 밝히고 제품의 원산지를 표시한 라벨이 있어야 한다. 누가 제품을 만들었는지, 천을 가공하는 과정 중 정확히 어떤 물질이 사용되었는지 알아야 한다. 단순히 '면', '폴리에스테르'라고만 표시된 라벨에 만족하면 안 된다. 판매자가 늘 질문에 답해줄 수는 없으니 라벨을 잘 읽어본다. 라벨을 잘 살펴보면 그 옷이 친환경적인지, 건강에 해롭지 않은지 알 수 있다.

좀 더 친환경적인 옷(생물 분해가 가능한 폴리머, 유기농 면, 재활용 폴리스티렌 등)을 내놓고 낡은 옷은 판매 매장을 통해 수거하는 브랜드도 많다. 특별히 친환경 상품을 시리즈로 내놓는 브랜드도 있다. 마케팅의 일환일 수도 있지만, 어쨌든 물 사용과 온실 가스 배출, 오염 물질과 백해무익한 합성 화학 물질을 줄이겠다는 목표는 지지할 만하다.

7장

우리 몸은 화학물질에
어떻게 반응하는가

우리 몸은 박테리아, 바이러스 등의 미생물로부터 스스로 방어하는 시스템을 갖추고 있는데 이를 가리켜 면역 조직이라 한다. 면역 조직은 항체, 백혈구, 해로운 박테리아를 흡수하는 대식세포로 이루어져 있다. 또한 면역 조직은 많은 화학 물질의 영향력을 약화시킬 수도 있다. 최근 '디톡스'라는 단어가 대중화되고 있는데, 우리 몸 역시 디톡스 시스템을 갖추고 있다. 그렇다면 우리 몸에서는 어떻게 해독 작용이 이루어질까?

지금까지 유독 물질이 일으키는 여러 가지 위험에 대해 살펴보았다. 이 장에서는 여러 유독 물질이 몸속에 들어왔을 때 우리 몸이 자연적으로 어떻게 반응하는지 알아보자. 우리 몸은 고스란히 해를 입을까? 아니면 일부 화학 물질을 약화할까? 후자의 경우라면 어떻게 우리 몸에 힘을 보태야 할까?

몸속의 해독 기관

우리 몸은 박테리아, 바이러스 등의 미생물로부터 스스로 방어하는 시스템을 갖추고 있는데 이를 가리켜 면역 조직이라 한다. 면역 조직은 항체, 백혈구, 해로운 박테리아를 흡수하는 대식세포로 이루어져 있다. 또한 면역 조직은 많은 화학 물질의 영향력을 약화시킬 수도 있다. 면역 조직에 대한 연구가 진행되면서 그 신비가 점점 밝혀지고 있다.

최근 '디톡스'라는 단어가 대중화되고 있는데, 우리 몸 역시 디톡스 시스템을 갖추고 있다. 그렇다면 우리 몸에서는 어떻게 해독 작용이 이루어질까?

　마지막 장(章)인 만큼 해답을 아는 것이 중요하다. 독버섯이나 일부 식물에 들어 있는 유독 물질 등 자연 속에도 인간에게 해로운 것이 있다. 독버섯이나 일부 식물에 들어 있는 유독 물질(일부 알칼로이드, 곤충을 물리치는 피레트로이드 물질)이 그것이다. 자연에 존재하는 독성 물질은 대부분 우리 몸이 감당해낼 수 있다. 물론 독버섯인 알광대버섯의 독처럼 치명적인 유독 물질도 있다. 그러나 우연히 모르고 섭취한 경우를 제외하고 인간은 자연에 존재하는 웬만한 유독 물질을 해독하는 법을 알고 있다. 문제가 되는 것은 합성 화학 물질에서 나오는 독성이다. 특히 내분비를 교란하는 화학 물질에 너무 많이 노출되면 우리 몸은 해독 작용을 감당하지 못해 결국 암, 물질대사 질환, 불임이 생기게 된다.

　우리 몸이 유독한 화학 물질과 싸우기 위해 어떤 과정을 거치는지 알려면 유독 물질이 피, 림프 같은 체내 액체 속에 녹아들어 소변으로 쉽게 배출되는 수용성인지, 지방에 쌓여 잘 배출되지 않는 지용성인지 알아야 한다. 지방은 배, 허벅지, 피부 밑, 뇌를 보호하는 뇌척수막, 태아에게 영양을 공급하는 태반, 여러 장기와 조직(유방, 뇌신경, 간, 콩팥, 심장, 골수 등)에 있다. 이를 통틀어서 '지지(supporting) 지방 조직'이라 한다.

　화학 물질은 수용성이 많기 때문에 여러 과정을 통해 물과 지방에 녹는다. 우선 지질은 체내에서 일정 과정을 거쳐 수분이 많은 조직까지 간다. 따라서 우리 몸은 지용성 물질의 일부를 수용성으로 만든 후 완전히 제거한다. 그러나 이러한 물질이 체내에 머무는 시간이 있기 때문에 수용성 화학 물질(특히 비스페놀 A)에 매일 노출되면 큰 해를 입거나 소변을 통해 배출되는 과정에서 콩팥, 방광, 요관이 상할 수도 있다.[1]

친지방성 합성 화학 물질은 수용성으로 전환되지 않기 때문에 큰 문제다.[2] 친지방성 물질에 들어 있는 유독 물질은 지방이 풍부한 조직에 쌓이기 때문이다. 세포막은 주로 지질로 되어 있어 쉽게 세포로 들어간 친지방성 물질은 수용성 물질이 들어오지 못하게 막는다. 이러한 원리를 이해하면 일부 물질이 어떻게 신경세포를 공격해 신경 독성이 되는지 알 수 있다.

친지방성 물질이 단 한 번만 세포막을 지나도 우리 몸은 방어하고 물질을 약화시키기 위해 여러 가지 반응을 한다. 가장 먼저 일어나는 반응은 문제의 물질을 배출하려는 것으로, 세포막의 운반 시스템이 이 같은 역할을 담당한다. 이것으로 부족하면 물질대사 효소가 작동해 물을 싫어하는 친지방성 입자를 수용성 물질로 바꾸려

---

1 에틸렌글리콜을 예로 들 수 있다. 한때 동결 방지제로 많이 사용된 에틸렌글리콜은 몸속에서 변화를 거치면 최종적으로 2염기산이 배출된다. 2염기산은 옥살산이라고도 한다. 옥살산의 칼슘염은 물에 녹지 않는 불용성 성격이 강해 콩팥에 염증을 유발한다. 젖먹이라면 치명적일 수 있다.

2 지용성 독성 물질 중 염소계 용매(트라이클로로에틸렌, 테트라클로로에틸렌 등)가 잘 알려져 있다. 일상 용품(옷, 플라스틱 제품)에 오르가노브로민이 아주 많이 함유되어 있어 걱정스럽다. 오르가노브로민은 내화성 성질이 있으나 체내에 쌓이는 강력한 환경 호르몬을 배출한다. 여러 식품(지방질이 많은 고기, 다른 물고기를 잡아먹는 큰 물고기)에 들어 있는 다이옥신도 마찬가지다. 체내 지방에서 제거되기까지 오랜 시간이 걸리는 다이옥신은 성인의 경우 반감기가 7년이다. 약 10년 전부터 야금 공장과 소각장의 다이옥신 배출을 줄이기 위한 노력이 꾸준히 이루어진 결과 프랑스인의 다이옥신 오염률이 전반적으로 점점 줄어들고 있다.

한다. 수용성으로 전환되어야 소변으로 잘 빠져나가기 때문이다. 이와 같은 복잡한 기능은 간이 주로 담당한다.

독성을 물리치는 간

세포는 화학 물질을 어느 정도 물리칠 수 있지만 유독 물질의 대부분은 간을 거쳐 간다. 간은 우리 몸에서 독성을 물리치는 중앙센터 역할을 한다. 지용성 유독 물질을 중화하는 작용이 생체 내 변화를 일으키는 효소를 통해 서서히 이루어진다. 유해 물질이 세포를 통해 바로 배출될 수 없기 때문에 이러한 과정을 거치는 것이다.[3]

가장 먼저 활동하는 종류의 효소는 물질대사를 촉진하고 철분과 단백질이 포함된 효소다.[4] 하지만 이 유독 물질은 물에 잘 녹지 않아서(강한 친지방성) 첫 번째 효소 과정으로는 유독 물질을 약화시키기 어렵다. 이때 두 번째 효소, 일명 전달 효소(운반을 담당하는 효소)가 나선다. 전달 효소는 내성력이 있는 작은 입자를 더하는데, 예를 들어 황산 입자가 있다. 유독 물질이 수용성이 되어 소변으로 배출되도록 하기 위해서다.

뿐만 아니라 간에는 해로운 친지방성 생체 이물질을 제거하는 또다른 방법이 있다. 장, 정확히 말해 장에서 나오는 담즙으로 해로운 유독 물질 대부분을 대변으로 배출하는 것이다. 면역 조직이 미생

---

3 어떤 경우에는 최종 대사 산물을 소변에서 측정할 수도 있다. 이는 유해 물질에 노출되었음을 확실히 밝힐 수 있는 방법으로, 의학에서 매우 유용하기도 하다.
4 헤모글로빈(이산소를 운반하는 혈액 색소)과 비슷한 구조로, 지용성 유독 물질을 지방에 덜 녹는 단순한 대사 물질로 산화시킨다.

물과 싸우는 것처럼 간도 화학 물질을 물리친다. 하지만 화학 물질이 너무 많이 들어오면 간도 힘겨워진다. 따라서 되도록 합성 화학 물질과 많이 접촉하지 않도록 해야 한다.

몸을 보호하는 지방 조직

'지방 조직은 친지방성 유독 물질을 저장하는데 어떻게 우리 몸을 보호할 수 있다는 것일까?' 제목을 보고 이런 의문이 떠오를 것이다. 궁금증을 풀려면 지방 조직이 여러 가지 기능을 한다는 것을 알아야 한다. 에너지를 저장하기도 하고 차단하기도 한다. 또한 식습관에 영향을 주고 에너지 공급과 혈관(혈관벽)의 염증 정도에 관여하는 여러 호르몬 물질(렙틴)을 배출하며 샘(내분비 조직) 같은 역할도 한다.

이러한 지방 조직의 기능은 점점 자료로 쌓이고 있는데 여기에서는 오염 물질(다이옥신, PCB, 폴리브로모처럼 체내에 장기적으로 남아 있는 유독 물질)에 대한 지방 조직의 역할을 설명하려 한다. 오염 물질이 많아지면 지방 조직은 이를 흡수하기 때문에 우리 몸을 보호하는 역할을 한다. 다시 말해 일종의 스펀지 같은 역할을 함으로써 급성 중독으로부터 우리를 보호하는 것이다. 그러나 동시에 지방 조직은 오염 물질을 서서히 제거하기 때문에 만성 중독을 일으킬 수 있다. 예를 들어 지방 조직이 지나치게 빨리 줄어들면 오염 물질을 흡착해 녹이는 역할을 하는 지방이 없어진다는 것을 의미한다. 결국 오염 물질이 쉽게 이동해 생식기나 뇌처럼 민감한 기관에 붙어 피해를 입힐 수 있다.

우리 몸에 유독 물질이 들어오면 간 효소의 도움을 받아 유독 물질을 녹여 소변이나 담즙, 대변으로 배출한다. 하지만 새로운 유독 물질이 한꺼번에 많이 몸에 들어오면 배출하는 과정이 더 어려워진다. 유독 물질에 계속 노출되면 암, 신경계통 질환, 비만, 당뇨, 불임 등 만성 중독으로 인한 병에 걸리기 쉽다. 현재의 상황은 매우 걱정스럽다. 하지만 개인적으로 예방할 수 있는 방법이 있다. 첫째, 몸에 해로운 합성 화학 물질에 노출되는 것을 줄이고, 둘째, 독성을 물리치는 중앙 센터인 간이 잘 작동하도록 신경 써야 한다.

유독 물질의 위협에서 벗어나는 법

오랜 옛날부터 인간은 미생물로부터 몸을 지키는 기능을 키우는 방법에 관심을 가졌고, 그 결과 위생에 신경 쓰고 백신을 개발하게 되었다. 화학 물질에 오염된 우리 몸의 디톡스 기능을 강화하려는 노력은 당연한 것이다. 그러나 연구 자료가 아직 많지 않아 디톡스 방법에 관한 정보가 여전히 부족하다. 한편 디톡스가 상업적으로 남용되고 있어 많은 사람이 이에 현혹되기도 한다. 디톡스에 대한 기준, 전통적 방법, 과학적 연구가 있다.

유독 물질의 섭취 제한
최근 연구는 녹황색 채소에 함유된 엽록소를 섭취하면 해독이 된다는 결과를 내놓았다.[5] 실제로 음식에 엽록소를 첨가했더니 암에 걸릴 위험이 절반 이상으로 줄어들었다(간암과 위암에 대한 동물실험). 연구 결과 엽록소는 장속의 오염 물질이 흡수되지 않게 제거하는 것으로 밝혀졌다(킬레이트 현상).

일반적으로 채소의 섬유질은 오염 물질을 가둬두었다가 재빨리 흘려보내 장의 내벽과 접촉하지 못하게 함으로써 오염 물질이 우리 몸에 흡수되는 것을 줄여준다. 건강한 채소(당연히 농약 잔류물이 없는 채소)는 섬유질이 풍부한 녹황색 채소(배추, 완두콩 등)를 말한다.

여러 연구와 논문[6]은 결장의 박테리아에 기대할 수 있는 역할을 설명했다. 결장 안에서 활동하는 유산균이 카드뮴, 비소, 납과 같은 유해 물질이 소화기관의 세포에 흡수되지 못하게 막아주는 역할을 할 수 있다는 것이다. 이 연구들이 검증된다면 박테리아를 적절하게 활용하는 흥미로운 길이 열리게 된다.

백신을 이용하는 방법

미량 금속을 해독하는 또 다른 방법은 케모카인 단백질을 활성화하는 것이다. 면역 조직을 지키는 보조 역할을 하는 것으로 알려진 케모카인 단백질은 수은의 신경 독성으로부터 뇌를 지켜준다. 이러

---

5 〈Cancer chemoprevention by dietary chlorophylls: A 12,000-animal dose-dose matrix biomarker and tumor study〉, T.J. McQuistan, M.T. Simonich, M.M. Pratt et al., *Food Chem. Toxicol.*, November 3, 2011.

6 Marc Alberto Monachese, 〈Sequestrations of lead, cadmium and arsenic by lactobacillus species and detoxication potential〉, Master of Science, University of Western Ontario, juin 2012.

한 케모카인 단백질을 백신처럼 만들어 몸에 주입하면 일부 유해 물질의 독성을 약하게 할 수 있을지도 모른다. 물론 다양한 연구를 해봐야 하지만 미래에 그 가능성이 열려 있다.

아무리 강조해도 지나치지 않은 운동의 중요성

운동 역시 일부 환경 호르몬을 몸속에서 없애는 좋은 방법이다. 잘 움직이지 않는 사람들과 운동을 좋아하는 사람들을 대상으로 소변 검사를 해본 결과, 카드뮴과 기타 유해한 미량 금속을 몸속에서 제거하는 속도가 운동을 좋아하는 사람이 그렇지 않은 사람보다 두배나 더 빠른 것으로 나타났다.[7] 운동을 통한 디톡스 과정은 좀 더 연구가 필요하지만, 운동은 확실한 증거가 나올 때까지 기다릴 것도 없이 정말 쉬운 방법이다.

또 다른 디톡스 방법

• 오메가 3가 풍부한 식품

대기 오염 및 대기에 떠다니는 미세 입자는 심장에 나쁜 영향을 끼친다. 오메가 3가 풍부한 식품을 많이 섭취하면 심혈관을 보호하는 데 간접적인 효과가 있다.

---

7 〈Comparison of urine toxic metals concentrations in athletes and in sedentary subjects living in the same area of Extremadura (Spain)〉, F. Llerena, M. Maynar, G. Barrientos, et al., *Eur. J. Appl. Physiol.*, December 17, 2011.

• 로열젤리

놀랍게도 로열젤리는 유해 물질의 독성을 제거하는 디톡스 효과가 있다. 일본 오카야마대학의 에노모토 교수[8]가 방사능 물질에 노출된 쥐를 가지고 실험한 결과, 로열젤리를 섭취한 쥐의 몸속 유해 물질 함유량이 낮아졌다. 그 과정이 아직 자세히 밝혀지지 않아 더 깊이 연구해야 하지만 로열젤리는 분명 디톡스의 가능성을 보여주는 흥미로운 방법이다.

• 오염되지 않은 물

좋은 물을 마셔 수분을 공급하는 것이 중요하다. 물은 우리 몸을 구성하는 중요한 성분이므로 몸이 잘 작동하려면 어떤 물을 마시는지가 중요하다. 또한 수분이 있는 체내 조직(혈액, 림프, 세포)에서 여러 반응이 일어났다. 유해한 화학 물질이 함유된 물을 마시면 우리 몸의 물질대사가 망가질 수 있으므로 깨끗한 물을 마셔야 한다.

• 약 복용 제한

유독 물질을 걱정하면서 약에 대해서는 신경을 쓰지 않는 것은

---

8 에노모토 교수는 일본식품영양과학회가 2012년 5월 20일 도호쿠대학에서 주최한 세미나에서 로열젤리가 방사능 물질에 노출된 쥐에 미치는 영향을 비교한 실험을 소개했다. 쥐 여덟 마리에게 소량의 스트론튬, 세슘요오드를 주입한 다음 이 중 절반의 쥐에게 로열젤리를 먹였는데, 소변 검사 결과 로열젤리가 유독 물질을 더 빨리 제거해주는 것으로 나타났다. 에노모토 교수는 로열젤리가 물질대사를 활성화해 배뇨 작용을 촉진함으로써 유독 물질이 더 많이 배출되는 것 같다는 의견을 내놓았다. 실험 대상인 쥐의 수가 적기 때문에 추가 연구가 필요하지만 로열젤리는 관심을 갖고 다른 유독 물질에도 적용해 분석해볼 필요가 있다.

어불성설이다. 약의 경우 두 가지 점을 고려해야 한다. 첫째는 약이 가져다주는 이로움과 위험성의 비율로, 모든 의사는 약을 처방하기 전에 이에 대해 평가해야 한다. 둘째로, 연령에 맞춰 약을 처방해야 한다. 이는 하루라도 빨리 해야 하는 일이다. 그리고 약의 부작용을 줄이려면 무엇보다도 약의 남용을 막는 것이 중요하다.

건강한 미래 사회를 위한 제언

검사를 받는 기업과 검사를 하는 기관 모두 각각의 의무와 권리를 잘 알아야 한다. 그리고 기업계와 보건 당국이 일을 수월하게 하고 소비자를 잘 보호할 수 있는 방향으로 법이 이루어져야 한다. 이를 위해 먼저 해야 할 일은 검사를 담당하는 기관이 기업계에 직간접적으로 의존하는 심각한 상황을 개선하는 것이다. 규제도 강화해야 한다. 건강과 환경을 위협하는 물질을 해결하는 일은 기업이 아닌 정부가 앞장서서 결정해야 한다.

오늘날 질병이 증가함에 따라 이에 대한 연구도 활발하게 진행되고 있다. 무엇보다도 중요한 것은 일부 합성 화학 물질이 어떤 질병을 일으키는지 그 상관관계를 알아보는 것이다. 오염 물질은 생명과 터전을 모두 파괴한다. 통계적으로 프랑스인 가운데 45%는 질병이나 만성 질환을 앓고 있다. 인간은 산업 활동을 발전시켰으나 그 대가로 질병을 갖게 된 셈이다.

암이나 당뇨, 심근경색에 걸린 사람은 근무 능력이 떨어져 근무 시간을 조절해야 하고, 사회는 이에 따른 간접적 비용을 감당할 수밖에 없다. 프랑스 국민건강보험기금에 따르면, 사회보장 기관이 지급하는 건강보험 비용 중 83%가 환경으로 인한 만성 질환자들에게 사용되고 있다.

일 자체가 질병을 유발할 수 있다는 것도 문제다. 이러한 사실이 증명되면서 직업병을 연구하는 의학이 생겨났다(1946년부터 마련하기 시작해 1991년 유럽 지침으로 전환되었다). 직업병을 일으키는 요인을 알아내어 예방하자는 것이 본래 취지다. 이후 어느 정도 개선이 이루어졌으나 방식의 한계가 문제로 지적되고 있다. 프랑스 국립보건의학연구소의 연구원인 아니 테보모니는 이렇게 말했다.

"기업계는 근무 환경 때문에 생긴 암 문제를 감추기 위해 막강한 로비를 펼치고 직업병이라는 것을 인정하지 않으려고 어마어마한 전략을 짜고 있다.[1] 석면도 마찬가지인데, 석면에 노출되면 질병이 걸린다는 사실을 부정한 적이 있다. 하지만 농약이나 석유 제품이 질병을 일으키는 건 분명한 사실이다."

테보모니는 한 예를 들었다. 1990년대에 원자력 업체가 외주 일을 주게 되면서 근로자들이 방사능에 노출되는 문제가 이전보다 눈에 띄지 않게 되었고,[2] 이후 유독 물질을 사용하는 다른 분야까지도 외주 일 하청이 확대되었다는 것이다.

"관련 근로자들의 작업 현장을 모니터링해야 하는데 이것이 제대로 이루어지지 않아 직업병 문제가 눈에 잘 보이지 않게 되었다. … 산업재해에 관한 대부분의 연구가 기업계의 지원을 받고 있다는 것이 문제다."

테보모니는 산업 현장에서 유독 물질을 사용해 근로자들의 건강을 악화시키는 것은 범죄임에도 불구하고 처벌 규정이 없고[3] 산업재해 여부를 결정하는 재판도 미비하다고 강조했다. 테보모니는 뛰어난 분석 능력을 인정받아 2012년 6월 레지옹 도뇌르[4] 수상자로

---

1 *Le Monde*, 2012년 8월 8일.

2 *L'industrie nucléaire. Sous-traitance et servitude*, Inserm, 2000.

3 *Le Monde*, 2012년 8월 8일.

4 프랑스 최고 권위의 훈장. 정치, 경제, 문화, 종교, 학술, 체육 등 각 분야에서 공로가 인정되는

선정되었으나 자신은 별로 한 일이 없다며 수상을 거부했다.

유독 물질 연구에 대한 객관성 확보

화학 물질에서 나오는 환경 호르몬은 많이 쌓여야 부작용이 나타나는 것이 아니라 아주 적은 양도 치명적일 수 있음을 앞서 살펴보았다. 이에 따라 우리는 환경 호르몬으로 인해 어떻게 병이 심해지고 후대에도 전해지는지 제대로 이해하기 시작했다. 오염 물질 때문에 생긴 병이 세대에서 세대를 거쳐 유전적으로 전해진다는 것은 새롭게 밝혀진 사실이다(유전 효과). 환경은 유전자에 영향을 미치기 때문에 제때 필요한 행동을 취하지 않으면 인류는 위협을 받게 된다. 이것이 바로 후성설의 개념이다.[5]

프랑스 국립보건의학연구소의 로베르 바루키 소장은 이렇게 강조한 바 있다.

"유독 물질은 특히 태아에게 해로운 영향을 끼친다. 질병을 일으키는 성분이 유전자 구조를 바꾸는 것은 아니다. 다만 유해한 성분은 태아 혹은 훗날 성인이 되었을 때 질병을 일으킬 수 있는데 그 경로가 아직 명확하게 밝혀지지 않았다."[6]

사람에게 대통령이 직접 수여한다.

5 〈건강하게 다이어트 하고 잘 먹어요(Je maigris sains, je mange bien)〉에서 개발시킨 개념이다.

6 〈유해 물질 규제만으로는 부족하다〉, 폴 벤키마운(Paul Benkimoun)의 인터뷰, *Le Monde*, 2012년 5월 18일.

즉 유전자의 발현은 유독 화학 물질의 영향을 받는다 하더라도 유전자 자체, 즉 게놈이 변하는 것은 아니라는 의미다. 바루키의 연구에 동의하는 여러 연구 자료 역시 태내의 태아(태아기는 일생 중 가장 약한 시기다)가 일부 화학 물질에 노출되면 부작용이 나타나 아동기와 성인기에 여러 질병에 걸릴 수 있다고 우려한다. 하지만 기존의 독물학은 현실을 제대로 반영하지 않은 기준을 제시해서 문제다.

이 문제를 대대적으로 다뤄도 시원찮을 판에 유럽 당국은 그저 우려되는 허용치만 정하는 등 낡아빠진 법안만 붙잡고 있다. 또한 경고의 목소리를 내는 과학 연구를 제대로 고려하지 않는 데다 '우려되는 허용치'라는 모호한 개념만 내세우고 있다. 유럽은 업체가 제품을 시장에 출시하기 전에 성분의 무해성을 증명하도록 하고 그 증거는 REACH 프로그램을 통해 알리라는 규제책을 조심스럽게 권하고 있을 뿐이다.

왜 좀 더 빨리 규제가 나오지 않았을까? 규제가 발표되더라도 제대로 지켜지기는 할까? 앙드레 피코는 인터뷰를 통해 유럽, 특히 프랑스에 독물학 전문가가 수천 명이나 부족하기 때문에 REACH 프로그램이 일정대로 진행되지 않을 것이라고 비판하기도 했다. 규제를 뒷받침해줄 만한 정보가 부족해도 한참 부족하다는 것이다.

기업들은 성분이 무해하다는 것을 입증하기 위해 아시아 연구소쪽으로 눈을 놀리고 있다. 피코는 "시중에 나와 있는 성분의 95%는 제대로 테스트를 거친 적이 없습니다"라고 덧붙였다. 그렇다면 이런 느슨한 정부의 대응은 시간만 끌면서 앞으로 몇 십 년 후 일부 기업에 유리한 기반을 마련해주려는 모종의 꿍꿍이인 것일까?

기업의 대표들은 환경법(유럽과 국제 환경법)의 주요 원칙을 거부한다며 로비를 벌이고 예방 원칙 일부 혹은 전체에 대해서도 의문을 제기하고 있다. 기업계 대표들은 특히 오염자 부담 원칙을 마음에 들어 하지 않는다. 기업의 사회적 책임에 관한 법이 정한 환경기준에 대해 기업계는 지속적으로 반발하고 있다. 기업계가 지속가능한 개발에 동참하기를 바라는 취지에서 마련된 기준이지만 기업계는 이러한 기준이 강제적이라고 본다.

물론 이 같은 환경 기준이 유럽 지역 기업에는 적용되고 비유럽지역(특히 아시아)의 기업에는 적용되지 않아 유럽 기업만 경쟁력을잃는다고 투덜대는 그들의 말도 일리는 있기는 하다. 하지만 유럽의 기업이 시간이 오래 걸리고 비용도 많이 든다는 이유로 성분 분석을 꺼리고, 결국에는 필요한 성분의 제조를 단념한 채 어쩔 수 없이 해외에서 더 비싼 가격에 성분을 구입한다는 논리는 궤변에 가깝다.[7] 유럽의 노동법과 환경법을 제대로 지키는 제품만 수입하려는 기업체의 의지는 부족해 보인다.

검사를 받는 기업과 검사를 하는 기관 모두 각각의 의무와 권리를 잘 알아야 한다. 그리고 기업계와 보건 당국이 일을 수월하게 하고 소비자를 잘 보호할 수 있는 방향으로 법이 이루어져야 한다. 이

---

7 이에 대해 토털아케마의 예는 상징적이다. "토털아케마는 의약품을 제조하기 위해 브롬을 함유한 매개 물질을 판매했으나 현재 프랑스 제약업계는 이 의약품을 해외 연구소에 더 비싼 가격으로 팔고 있다."(앙드레 피코)

를 위해 먼저 해야 할 일은 검사를 담당하는 기관이 기업계에 직간접적으로 의존하는 심각한 상황을 개선하는 것이다.

한편 어느 비정부 기구(NGO)가 발간한 보고서[8]는 유럽식품안전청(European Food Safety Authority, EFSA)이 내놓은 권고안이 과연 독립적인지 모르겠다고 밝혀 파장을 불러일으켰다. 이 보고서는 유럽식품안전청이 농약과 식품 첨가물의 영향을 분석할 때 기업계 전문가가 제시한 자료를 참고한다고 지적했다. 보건 당국의 권고안이 믿을 만한지 심각하게 의심이 들 정도다. 유럽기업감시(Corporate Europe Observatory, CEO)의 니나 올랑드 연구원은 "조사 결과 유럽식품안전청이 기업의 로비에 포섭되었다는 사실을 알게 되었다"고 밝혔다.

2012년 말에는 유럽연합 회원국 27개국의 회계감사원이 의심스러운 평가 기준이 있다고 주장했다. 2012년 유럽식품안전청의 이사장이 자리를 내놓은 후 곧바로 국제생명과학연구소에 들어갔는데, 사실 이 연구소는 회원사 400개를 거느린 농식품 산업 로비 단체에 불과했다. 유럽의 소비자 보호에 대해 유럽기업감시가 내린 결론은 분명하다.

"유럽식품안전청의 연구 방법은 전면 재검토해야 한다."

파렴치하게 정보 공개와 연구 자료 배포를 제대로 하지 않는 경

---

8 〈Conflits indigestes〉, Corporate Europe Observatory(CEO), Earth Open Source (EOS), Réseau Environnement Santé(RES), Générations Futures(GF), 2012년 2월 (http://reseau-environnement-sante.fr/wp-content/uploads/2012/02/conflits_indigestes.pdf).

우도 있다. 〈브리티시 메디컬 저널〉은 실험에 관한 기사에서 이에 대해 비판하면서, 연구 자료가 발간되어야 하고 발간된 것이든 아니든 모든 연구 자료를 조회할 수 있어야 한다고 주장했다.[9] 그러나 현실에서 기업들은 애초에 기대했던 것과 다른 불리한 연구 자료가 나오면 은밀히 은폐해버린다.

정부도 주의를 기울여야 한다. 깊이 파고들 필요가 없거나 평가위원회가 거부해 연구 자료가 발간되지 않는 것은 어쩔 수 없지만 이미 시행된 연구의 결과가 모두 공개되지 않는 것은 이해할 수 없다. 어떤 주제에 대한 모든 연구 자료를 집대성한 것을 분석하는 방법, 즉 메타 분석을 통해 방향과 권고안을 정해야 한다. 기업계의 이익을 해친다는 이유로 연구 자료가 제대로 공개되지 않아 부분적인 자료만 갖고 결정된 방향과 권고안은 불완전한 것이다.

> 오늘날 산업 사회는 건강, 미래 세대의 안전, 환경을 모두 해치는 유해한 것을 만들어내고 있다. 이는 정부가 책임 의식을 갖고 친환경적인 혁신 기술을 개발해야만 해결될 수 있다. 시민이 어떤 기술을 받아들일 수 있는지 없는지를 결정하는 요소는 과학 지식이 아니라 해당 연구소를 믿을 수 있느냐 없느냐의 여부다. 정부는 기업의 영업 비밀과 소비자의 알 권리, 건강한 환경을 만들 권리 사이에서 명확한 입장을 취해야 한다. 과학, 기업, 정부가 서로 노력한다면 긍정적인 변화를 이끌 수 있다.
>
> 출처: 전략분석센터, 〈신기술을 어떻게 논의할 것인가〉, 2011년 11월 8일.

---

9 〈Effect of reporting bias on meta-analyses of drug trials: reanalysis of meta-analyses〉, B. Hart. et al., *BMJ* 2011; 344; d 7202 doi: 10.1136/bmj.d7202.

친환경 사회를 위한 공동의 노력

대표 민주주의가 단점이 있다며 참여 민주주의가 무조건 옳다고 해서는 안 된다. 참여 민주주의가 적용된 단체에서는 관계자들이 정책 방향을 수정하고 기관과 정치인들에게 영향력을 행사할 수도 있지만, 그렇다고 순진하게 이러한 단체를 무조건 믿어서도 곤란하다. 은밀한 이익을 추구하는 협회도 있고 기업, 압력 단체, 정치계의 조종을 받아 자료를 만들거나 조작하는 협회도 있다는 것을 알아야 한다. 예를 들면 전략분석센터의 뱅상 크리키 센터장은 한 세미나[10]에서 이렇게 밝혔다.

"투명하고 민주적으로 이루어져야 합니다. 일부의 반대라고 해서 묵살하고 일방적으로 결정하는 것이 아니라 각자 의견을 낼 수 있게 시간적 여유를 둔 다음 결정하자는 뜻입니다."

1960년대부터 정치권에서 환경 보호와 산업 발전으로 인한 부작용을 우려했다면 오늘날 인류가 안고 있는 재앙을 비켜 갔을 것이고 천연자원도 더 잘 관리되었을지도 모른다. 환경오염으로 인한 현대 문명의 병(당뇨, 비만, 심혈관 질환, 암 등)도 예방할 수 있었을 것이다. 지금도 일부 정치권에서는 문제의 심각성을 잘 알지 못한 채 안일하게 대응하고 있다. 게다가 정치권은 협회, 의원, 언론의 압력을 받아 행동할 때가 더 많지 않은가.

과학계도 오염 물질을 줄일 수 있는 방법을 사용하고 건강과 환

---

10 〈Comment débattre des nouvelles technologies〉, 2011년 11월 8일.

경을 보호하는 정책이 마련되도록 조금씩 노력하고 있다. 이를 위해 과학계는 자체 내의 회의적인 분위기와 맞서야 한다. 실제로 과학계는 일반 사람들이 경각심을 갖지 않는 지금의 상황에 체념하고 있다. 그래도 상황의 심각성을 지속적으로 알리는 과학자와 다양한 연구소의 연구원들이 있다. 예를 들어 2006년부터 시작된 유럽호흡기질환협회의 회의에서 일부 의사와 연구원들은 유럽 당국에 현재 지침으로 정해진 공기 중 미세 입자와 초미세 입자의 허용치가 너무 낮고, 이 같은 오염 물질은 주로 자동차와 공장에서 배출되며 장기적으로 노출되면 폐암, 천식, 심혈관 질환을 일으킨다는 사실이 증명되었음을 강조하면서 진지하게 나서줄 것을 요구했다. 마찬가지로 프랑스공공위생 최고 회의도 미세 먼지 농도 기준으로는 국민의 건강을 제대로 보호할 수 없다고 하면서 다음과 같은 결론을 내렸다.

"도입된 법안을 수정하지 않는 것은 국민 건강을 신경 쓰지 않겠다는 퇴행적인 태도다."

여러 분야의 인사들도 나름 최선을 다하고 있다. 일부 경제학자, 정치인, 협회는 오염 물질을 가장 많이 배출하는 기업들을 도와주는 지금의 상황을 전면 재고해 개혁해야 한다고 생각하며 노력하고 있다. 오염을 방지하기 위해 정부는 매년 수십억 유로의 세제 혜택을 마련하고 있다. 하지만 경제학자이자 에콜폴리테크니크[11]의 부교수인 기욤 생트니는 여기에서 만족해서는 안 된다고 말한다.

---

11   프랑스 파리 남쪽 외곽 팔레조에 있는 주정부 소속의 공업대학이다.

"지금까지 프랑스는 생물 다양성과 기후 보호를 위해 조세 혜택 제도를 활용한 적이 거의 없다. 그보다 프랑스의 조세 정책과 이를 통해 확보한 공공 재원은 생물 다양성과 기후를 지속적으로 관리하기는커녕 오히려 이를 망치는 데 사용되고 있다."

환경 부문에서의 생물 다양성 문제, 그리고 건강 부문에서 오염 물질이 건강에 미치는 영향을 동시에 생각해야 한다. 환경과 건강은 서로 떼려야 뗄 수 없는 관계다. 친환경적이고 혁신적인 방법으로 지속 가능한 발전을 이룰 수 있는 기술을 구상하는 데 여러 연구원이 참여하고 있다. 그중 프랑스 사클레연구소 물리화학 부서의 화학자 스테판 사라드가 대표적이다. 기업이 마인드를 바꾸면 충분히 친환경적이 될 수 있다고 보는 사라드는 저서에 이렇게 썼다.[12]

"미래를 발전시킬 에너지는 다양하게 생각할 수 있을 것이다. 그리고 될 수 있으면 미래의 에너지는 재생이 가능하고 온실가스를 배출하지 말아야 한다."

그리고 이런 주장도 했다.

"새로운 에너지는 친환경적이고 지속 가능해야 한다."

여기에 한 가지 덧붙인다면 이러한 미래 에너지는 인간, 사회, 환경에 도움이 되어야 한다.

석유를 이용한 유기화학 제품은 가능한 한 빨리 과거의 유물로 사라지길 바란다. 앞으로 펼쳐질 미래는 수소, 바이오매스 가스 연료, 마이크로 해조류 양식의 시대다. 마이크로 해조류에는 에너지나

---

12 Stéphane Sarrade, *La chimie d'une planète durable*, Le Pommier Essais, 2011.

화장품 용도로 사용되는 지방질 물질이 최대 60%까지 들어 있을 수 있다. 이렇게 유망한 에너지원인데 전 세계는 셰일가스에만 관심을 두고 있다. 셰일가스 때문에 마이크로 해조류의 개발이 소홀해지는 일이 없기를 바란다.

유기체 용매가 필요 없는 시대가 열릴 수도 있다. 여러 상황에서 이를 실현해줄 수 있는 기술이 존재하기 때문이다. 디카페인 커피를 예로 살펴보자. 오랫동안 사용된 다이클로로메테인 등의 유기체 용매는 잔류물이 유해해(신경계 질환을 일으킨다) 발암 물질 2B군에 속한다. 그러나 매우 간단한 기술이 발명되었다. 압착 기술(일명 이산화탄소 추출법인 초임계 추출법)로 커피에서 카페인 입자를 분리하는 것이다.

물을 이루는 주요 성분이자 로켓 발사의 연료로도 사용되는 수소를 혁신적인 기술과 융합해 자동차에 활용할 생각을 하지 않는 이유는 무엇일까? 물론 폭발의 위험이 있기는 하지만 폭발을 예방하는 조치를 마련하면 된다. 수소는 유기물의 분해를 통해 나오는 메탄에 함유되어 있다. 메탄화법 기술로 수소를 적극 활용할 수 있다. 메탄은 열을 받으면 수소와 이산화탄소로 분리된다. 이산화탄소 생산을 줄일 수 있는 기술도 있고 박테리아와 마이크로 해조류를 활용해 수소를 생산할 수도 있다.

여러 가지 예가 있다. 우주선 화장실에서 나오는 소변을 정화해 물을 추출할 수도 있고, 자연에 존재하는 에너지원도 있다. 수소, 태양, 바람 등이 대표적이다. 누가 뭐라 해도 이러한 재생 에너지는 필요하면 언제든 무한정 사용할 수 있다. 이 같은 예를 든 것은 국공립 연구소에서 일하는 연구원들의 창의력과 재능을 활용하면 엄청나게 많은 기술이 개발될 수 있다는 점을 강조하기 위해서다. 유기체 용매(트라이클로로에틸렌 등)를 없애는 것은 큰 문제가 아니다. 압력 추출을 통해 물 같은 용매로 대체하면 간단하기 때문이다.

새로운 에너지 발견 못지않게 중요한 것이 폐기물 문제다. 폐기물을 어떻게 활용할 수 있을지 앞으로 새로운 각도에서 생각해야 한다. 폐기물을 잘 활용하면 친환경 경제 성장을 이룰 수 있다.

규제도 강화해야 한다. 건강과 환경을 위협하는 물질을 해결하는 일은 기업이 아닌 정부가 앞장서서 결정해야 한다. 유럽화학물질청(European Chemicals Agency, ECHA)은 공개적으로 컨설팅을 해주고 새로운 유해한 물질을 분석하는데, 그들이 밝힌 새로운 유해 물질은 다음과 같다.

• 발암성, 돌연변이성, 생식독성
• 분해되지 않고 생물 축적 현상을 일으키는 유독 물질
• 건강과 환경에 심각한 피해를 준다고 과학적으로 밝혀진 물질

이윤 추구를 우선으로 생각하는 기업이 제대로 책임을 질 리 없다. 지자체와 정부가 오염으로 인한 비용을 지원해주지만 오염 물질 배출에 직접적인 책임이 있는 기업도 있다. 요즘 모든 경제 활동이 성장을 추구해야 한다는 논리가 대세를 이루고 있다. 그러나 중요하게 논의해야 할 문제는 '정말로 필요한 것은 무엇인가'이다. 쓸

데없는 공급으로 덩달아 수요도 증가하고 있다. 소비자는 마케팅과 광고에 현혹되어 구매 욕구를 느끼지만 끝없는 물욕은 절대 만족되지 않는다. 낭비가 당연하게 여겨지는 시대가 된 것이다.

아직은 쓰레기 재활용이 완벽하게 이루어지지 않기 때문에 여러 업체가 재활용을 통해 새로운 수익을 얻고 있다. 폐기물의 80%는 지방세 등 납세자들이 내는 세금으로 처리(수집, 분리수거 등)되고 있다. 잊지 말아야 할 점은 오염 물질에 대한 세금이 오르면 이것이 소비재에 반영되어 소비자 물가 또한 오르게 된다는 것이다.

포장을 줄이고, 재활용할 수 없는 것은 만들어내지 말아야 한다. 소각도 재활용이라고 생각하는 사람들이 있는데 정말로 잘못된 생각이다. 현재의 상황을 비판적인 시각으로 다시 바라봐야 한다. 친환경 사회를 만들려는 정치권의 움직임이 있어야 한다. 쓰레기 제로를 목표로 적절하고 책임 의식이 있는 개발을 위해 개인적·사회적으로 전략을 세워야 할 때다. 역사적으로 기술의 발전은 거스를 수 없는 대세이지만 과학을 좋은 방향으로 활용해 더욱 안전한 기술을 추구하는 건 이 시대를 살고 있는 우리의 의무다.

부록

—

유독 물질 가이드

유독 화학 물질을 피하는 10가지 방법

1. 시중에서 파는 제품이 충분한 검사를 받았다고 믿지 않는다. 이 책에 실린 정보를 통해 속임수에 넘어가지 않는다.

2. 정크푸드에서 벗어난다. 가공 식품 섭취를 최대한 줄이고 자연산 식품, 신선 식품, 고급 냉동식품을 섭취한다. 가공 식품에서 완전히 벗어날 수 없다면 첨가물이 세 종류 이상 함유된 것은 선택하지 말자.

3. 유기농은 화학제품과 농약 잔류물에 노출되는 것을 막아준다. 100% 유기농을 섭취할 수는 없더라도 가급적 유기농을 섭취한다.

4. 다양한 주방용품과 포장지에 현혹되지 않는다. 가급적 유리, 스테인리스, 도자기(진짜 도자기), 주철로 된 제품을 사용한다.

5. 집에서는 세제, 물 이외의 용매가 함유된 제품의 사용을 최대한 자제한다. 색소와 기타 합성 향을 멀리한다.

6. 인증된 화장품을 사용한다. 에코서트(Écocert)나 에코라벨(Écolabel)이 붙은 제품을 선택한다.

7. 옷을 구매할 때 라벨을 꼼꼼히 읽고 비오 에키타블(Bio Équitable), 에코라벨(Écolabel), 막스 하벨라르(Max Havelaar)가 붙은 제품을 선택한다.

8. 물의 성분을 확인하고 마신다.

9. 몸을 해독해주는 간을 잘 챙긴다.

10. 담배는 영원히 멀리한다. 담배야말로 오염의 최대 주범이다.

간을 보호하는 방법

1. 독성 물질이 혈액을 타고 간에 쌓이지 않도록 화학 성분이 많이 들어 간 가공 식품과 가정용품을 피한다.
2. 간을 오염하는 동물성 지방의 섭취를 줄인다.
3. 당분을 많이 섭취하지 않는다. 당분은 간에서 지방으로 변할 수 있다. 특히 주스 등의 가공 식품에는 당분이 지나치게 첨가되어 있다.
4. 알코올 섭취를 줄인다. 알코올 섭취량에 따라 간의 상태가 달라진다.
5. 간을 보호하는 차를 마신다.

- 간을 보호하는 효과가 있는 식물: 아티초크(잎), 볼도나무(잎), 블랙커런트(잎), 린덴 나무 변재(나무껍질), 우엉(뿌리), 흰꽃조팝나무(꽃이 피는 몸통 부분), 매자나무(뿌리의 껍질), 민들레(뿌리), 멜리사(잎)
- 차로 우려 마시는 법: 아티초크 60g, 흰꽃조팝나무 40g, 블랙커런트 30g, 버베나 25g(맛 내기용). 재료를 그릇에 담아 잘 섞은 다음 10분 동안 우려내고 거른다. 매달 10~20일 동안 저녁마다 마신다. 간에 상처가 있거나 간을 보호하고 싶을 때 마시는 차로 의학적으로도 인정받았다.
- 간 기능을 높이기 위해 균형 잡힌 식사를 한다. 저지방식을 하고 지나친 당분 섭취와 음주를 자제한다. 또한 비타민, 특히 프로비타민 A(붉은색 과일)를 충분히 섭취하며, 간 보호 기능이 탁월한 검은 무(흑무)를 규칙적으로 섭취한다.
- 운동은 환경오염 물질로 인한 체내 독소를 배출하는 데 효과적이다.
- 약을 남용하지 않는 것도 중요하다. 약은 효능도 있지만 부작용도 있기 때문에 남용하면 간이나 콩팥에 부담을 주게 된다.

첨가물에 대한 기본 정보

현재 알려진 무해한 첨가물은 이탤릭체로 표시하고, 다양한 문제를 일으키는 것으로 밝혀지거나 나노 공법 또는 유전자 조작 기술로 만들어진 첨가물, 철저한 기준에 따라 검사나 재검사가 이루어지지 않은 듯한 첨가물은 두꺼운 정체로 표시했다. 섭취했을 때 유해성이 그리 심하지 않은 첨가물이라도 영양학적으로 무익한 첨가물이 많기 때문에 주의해야 한다. 기본적으로 가공되지 않은 신선한 식품을 섭취하고 첨가물의 섭취를 줄이는 것이 좋다. 다음은 나노 공법으로 만들어졌을 수도 있기 때문에 특히 피해야 할 첨가물을 정리한 것이다.

E100 쿠쿠민(*Curcumin*)
E101 리보플래빈(Riboflavin, 비타민 B₂), 리보플래빈 5-인산(Riboflavin-5'-phosphate)
E102 **식용 색소 황색 제4호, 타르트라진(Tartrazine)**
E104 **퀴놀린 옐로(Quinoline Yellow)**
E110 **식용 색소 황색 제5호, 선셋 옐로 FCF(Sunset Yellow FCF), 오렌지 옐로(Orange Yellow S)**
E120 **코치닐(Cochineal), 카민산(Carminic acid), 카민(Carmine)**
E122 **아조루빈(Azorubine), 카르모이신(Carmoisine)**
E123 **식용 색소 적색 제2호, 아마란스(Amaranth)**
E124 **식용 색소 적색 제102호, 폰케아우 4R(Ponceau 4R), 코치닐 레드 A(Cochineal Red A)**
E127 **식용 색소 적색 제3호, 에리트로신(Erythrosine)**
E128 **적색 색소, 레드 2G(Red 2G)**
E129 **식용 색소 적색 제40호, 알루라 레드 AC(Allura Red AC)**
E131 **페이턴트 블루 V(Patent Blue V)**
E132 **식용 색소 청색 제2호, 인디고틴(Indigotine), 인디고카민(Indigo carmine)**
E133 **식용 색소 청색 제1호, 브릴리언트 블루 FCF(Brilliant Blue FCF)**
E140 클로로필(*Chlorophyll*), 클로로필린(*Chlorophyllin*)
E141 클로로필 구리 복합체(*Copper complexes of chlorophyll*, 동클로로필), 클로로필린 구리 복합체(*Copper complexes of and chlorophyllins*, 동클로로필린)
E142 **녹색 색소, 그린 S(Greens S)**
E150a **캐러멜 색소 Ⅰ형(Plain caramel)**
E150b **캐러멜 색소 Ⅱ형(Caustic sulphite caramel)**
E150c **캐러멜 색소 Ⅲ형(Ammonia caramel)**
E150d **캐러멜 색소 Ⅳ형(Sulphite ammonia caramel)**
E151 **브릴리언트 블랙 BN(Brilliant Black BN), 블랙 PN(Black PN)**
E153 식물성 활성탄(*Vegetable carbon*)
E154 **갈색 색소, 브라운 FK(Brown FK)**
E155 **갈색 색소, 브라운 HT(Brown HT)**
E160a 복합카로티노이드(*Mixed Carotenoids*), 베타카로틴(*Beta-carotene*)
E160b **아나토(Annatto), 빅신(Bixin), 노르빅신(Norbixin)**

E160c	파프리카 추출물(Paprika extract), 캡산틴(Capsanthin), 캡소루빈 (Capsorubin)	E227	아황산수소칼슘(Calcium hydrogensulphite)
E160d	라이코펜(Lycopene)	E228	아황산칼륨(Potassium sulphite)
E160e	베타-아포-8ᴸ-카로테날(Beta-apo-8ᴸ-carotenal)(C 30)	E234	니신(Nisin)
		E235	나타마이신(Natamycin)
E160f	베타-아포-8ᴸ-카로테닉산에틸에스테르 (Ethyl ester of beta-apo-8ᴸ-carotenic acid) (C 30)	E239	헥사메틸렌테트라민 (Hexamethylenetetramine)
		E242	디메틸바이카보디네이트(Dimethyl bicarbonate)
E161b	루테인(Lutein)	E249	아질산칼륨(Potassium nitrite)
E161g	칸타크산틴(Canthaxanthin)	E250	아질산나트륨(Sodium nitrite)
E162	비트레드(Beetroot Red), 베타닌 (Betanin)	E251	질산나트륨(Sodium nitrate)
		E252	질산칼륨(Potassium nitrate)
E163	안토시안(Anthocyan)	E260	아세트산(Acetic acid)
E170	탄산칼슘(Calcium carbonate)	E261	아세트산칼륨(Potassium acetate)
E171	이산화타이타늄(Titanium dioxide)	E262	아세트산나트륨(Sodium acetate, 초산 나트륨)
E172	산화철과 수산화물(Iron oxides and Hydroxides)		
		E263	아세트산칼슘(Calcium acetate, 초산칼 슘)
E173	알루미늄(Aluminium)		
E174	은(Silver)	E270	락트산(Lactic acid, 젖산)
E175	금(Gold)	E280	프로피온산(Propionic acid, 프로판산)
E180	리톨루빈 BK(Lithol Rubine BK)	E281	프로피온산나트륨(Sodium propionate)
E200	소브산(Sorbic acid)	E282	프로피온산칼슘(Calcium propionate)
E202	소브산칼륨(Potassium sorbate)	E283	프로피온산칼륨(Potassium propionate)
E203	소브산칼슘(Calcium sorbate)	E284	붕산(Boric acid)
E210	벤조산(Benzoic acid)	E285	사붕산나트륨(Sodium tetraborate)[붕사 (Borax)]
E211	벤조산나트륨(Sodium benzoate)		
E212	벤조산칼륨(Potassium benzoate)	E290	이산화탄소(Carbon dioxide)
E213	벤조산칼슘(Calcium benzoate)	E296	말산(Malic acid)
E214	p-하이드록시벤조산에틸(Ethyl p-hydroxybenzoate, 에틸파라벤)	E297	퓨마산(Fumaric acid, 푸마르산)
		E300	아스코르브산(Ascorbic acid, 비타민 C)
E215	p-하이드록시벤조산에틸나트륨 (Sodium ethyl p-hydroxybenzoate)	E301	아스코르브산나트륨(Sodium ascorbate)
		E302	아스코르브산칼슘(Calcium ascorbate)
E216	p-하이드록시벤조산프로필(Propyl p-hydroxybenzoate)	E304	아스코르브산지방산에스테르(Fatty acid esters of ascorbic acid)[팔미트산 아스코빌(Ascorbyl palmitate), 스테아 린산아스코빌(Ascorbyl stearate)]
E217	나트륨프로필p-하이드록시벤조산 (Sodium Propyl p-hydroxybenzoate)		
E218	p-하이드록시벤조산메틸(Methyl p-hydroxybenzoate, 메틸파라벤)		
		E306	토코페롤 고함유 추출물(Tocopherol-rich extract, 비타민 E)
E219	나트륨메틸p-하이드록시벤조산 (Sodium Methyl p-hydroxybenzoate)		
		E307	알파토코페롤(Alpha-tocopherol)
E220	이산화황(Sulphur dioxide)	E308	감마토코페롤(Gamma-tocopherol)
E221	아황산나트륨(Sodium sulphite)	E309	델타토코페롤(Delta-tocopherol)
E222	아황산수소나트륨(Sodium hydrogensulphite)	E310	갈산프로필(Propyl gallate)
		E311	갈산옥틸(Octyl gallate)
E223	메타중아황산나트륨(Sodium metabisulphite)	E312	갈산도데실(Dodecyl gallate)
		E315	에리소르빈산(Erythorbic acid)
E224	메타중아황산칼륨(Potassium metabisulphite)	E316	에리소르빈산나트륨(Sodium erythorbate)
		E320	부틸하이드록시아니솔(Butyl hydroxyanisole, BHA)
E226	아황산칼슘(Calcium sulphite)		

E321	부틸레이트하이드록시톨루엔 (Butylated hydroxytoluene, BHT)
E322	레시틴(Lecithin)
E325	락트산나트륨(Sodium lactate)
E326	락트산칼륨(Potassium lactate)
E327	락트산칼슘(Calcium lactate)
E330	시트르산(Citric acid, 구연산)
E331	시트르산나트륨(Sodium citrate)
E332	시트르산칼륨(Potassium citrate)
E333	시트르산칼슘(Calcium citrate)
E334	타타르산(Tartaric acid, 타르타르산)
E335	타타르산나트륨(Sodium tartrate)
E336	타타르산칼륨(Potassium tartrate)
E337	타타르산칼륨나트륨(Sodium potassium tartrate, 로셸염)
E338	인산(Phosphoric acid)
E339	인산나트륨(Sodium phosphate)
E340	인산칼륨(Potassium phosphate)
E341	인산칼슘(Calcium phosphate)
E343	인산마그네슘(Magnesium phosphate)
E350	말산나트륨(Sodium malate)
E351	말산칼륨(Potassium malate)
E352	말산칼슘(Calcium malate)
E353	메타타타르산(Metatartaric acid)
E354	타타르산칼슘(Calcium tartrate)
E355	아디프산(Adipic acid)
E356	아디프산나트륨(Sodium adipate)
E357	아디프산칼륨(Potassium adipate)
E363	석신산(Succinic acid, 숙신산)
E380	트리암모늄시트르산(Triammonium citrate)
E385	EDTA(에틸렌다이아민테트라아세트산)칼슘2나트륨(Calcium disodium ethylene-diamine-tetra-acetate)
E400	알긴산(Alginic acid)
E401	알긴산나트륨(Sodium alginate)
E402	알긴산칼륨(Potassium alginate)
E403	알긴산암모늄(Ammonium alginate)
E404	알긴산칼슘(Calcium alginate)
E405	알긴산프로판-1,2-디올(Propan-1,2-diol alginate), 알긴산프로필렌글리콜 (Propylene glycol alginate)
E406	우뭇가사리(Agar, 한천)
E407	카라기난(Carrageenan)
E407a	가공 홍조류 해초(Processed eucheuma seaweed)
E410	캐롭콩 가루(Carob bean flour)
E412	구아검(Guar gum)
E413	트래거갠스고무(Tragacanth gum)
E414	아라비아고무(Acacia gum)
E415	잔탄검(Xanthan gum)
E416	카라야검(Karaya gum)
E417	타라검(Tara gum)
E418	젤란검(Gellan gum)
E420	소비톨(Sorbitol), 소비톨 시럽(Sorbitol syrup)
E421	만니톨(Mannitol)
E422	글리세린[Glycerin, 글리세롤(Glycerol)]
E425	곤약(Konjac), 곤약검(Konjac gum), 곤약글루코만난(Konjac glucomannan)
E431	폴리옥시에틸렌스테아레이트 (Polyoxyethylene (40) stearate)
E432	폴리옥시에틸렌소르비탄모노라우레이트(Polyoxyethylene (20) sorbitan monolaurate), 폴리소르베이트20 (Polysorbate 20)
E433	폴리옥시에틸렌소르비탄모노올리에이트(Polyoxyethylene sorbitan monooleate), 폴리소르베이트80 (Polysorbate 80)
E434	폴리옥시에틸렌소르비탄팔미트산 (Polyoxyethylene sorbitan monopalmitate), 폴리소르베이트40 (Polysorbate 40)
E435	폴리옥시에틸렌소르비탄모노스테아레이트(Polyoxyethylene sorbitan monostearate), 폴리소르베이트60 (Polysorbate 60)
E436	폴리옥시에틸렌소르비탄트리스테아레이트(Polyoxyethylene sorbitan tristearate), 폴리소르베이트65 (Polysorbate 65)
E440	펙틴(Pectins)[펙틴-아마이드화펙틴 (pectin-amidated pectin)]
E442	암모늄포스파타이드(Ammonium phosphatides)
E444	수크로스아세테이트이소부티레이트 (Sucrose acetate isobutyrate)
E445	나무 송진의 글리세롤에스테르 (Glycerol esters of wood resins)
E450	파이로인산(Diphosphates, 이인산) (i) 디소듐디포스페이트(Disodium diphosphate) (ii) 트리소듐디포스페이트 (Trisodium diphosphate) (iii) 테트라소듐디포스페이트(Tetrasodium diphosphate) (iv) 디포타슘디포스페이트(Dipotassium diphosphate) (v) 테트라포타슘디포스페이트(Tetrapotassium diphosphate) (vi) 디칼슘디포스페이트(Dicalcium diphosphate) (vii) 제1인산칼슘(Calcium

dihydrogen diphosphate)

E450a 인산수소2나트륨(Disodium phosphate)

E451 삼인산염(Triphosphates) (i) 칼슘 흡착제 (Pentasodium triphosphate) (ii) 펜타포 타슘 트리포스페이트(Pentapotassium triphosphate)

E452 다중인산(Polyphosphates) (i) 다중인산 나트륨(Sodium polyphosphates) (ii) 다중 인산칼륨(Potassium polyphosphates) (iii) 다중인산칼슘나트륨(Sodium calcium polyphosphates) (iv) 다중인산칼 슘(Calcium polyphophates)

E459 베타사이클로덱스트린(Beta-cyclodextrine)

E460 셀룰로오스(Cellulose) (i) 미정질 셀룰 로오스(Microcrystalline cellulose) (ii) 분말 셀룰로오스(Powdered cellulose)

E461 메틸셀룰로오스(Methyl cellulose)

E463 히드록시프로필셀룰로오스 (Hydroxypropyl cellulose)

E464 히드록시프로필메틸셀룰로오스 (Hydroxypropyl methyl cellulose)

E465 메틸에틸셀룰로오스 (methylethylcellulose)

E466 카르복시메틸셀룰로오스 (Carboxymethyl cellulose), 카르복시 메틸셀룰로오스나트륨(Sodium carboxymethyl cellulose), 셀룰로오스검 (Cellulose gum)

E468 가교 카복시메틸셀룰로오스나트륨 (Crosslinked sodium carboxymethyl cellulose)

E469 효소 가수분해 카복시메틸셀룰로오스 (Enzymically hydrolysed carboxymethyl cellulose), 하이드롤라이즈드 셀룰로 오스검(hydrolysed cellulose gum)

E470a 지방산 나트륨염, 칼륨염, 칼슘염 (Sodium, potassium and calcium salts of fatty acids)

E470b 지방산 마그네슘염(Magnesium salts of fatty acids)

E471 지방산 모노 & 디글리세라이드 (Mono- and di- glycerides of fatty acids)

E472a 지방산 모노 & 디글리세라이드의 아세트산에스터(Acetic acid esters of mono- and di- glycerides of fatty acids)

E472b 지방산 모노 & 디글리세라이드의 락트산에스테르(Lactic acid esters of mono- and di- glycerides of fatty acids)

E472c 지방산 모노 & 디글리세라이드의 시 트르산에스테르(Citric acid esters of mono- and di- glycerides of fatty acids)

E472d 지방산 모노 & 디글리세라이드의 타 타르산에스테르(Tartaric acid esters of mono- and di- glycerides of fatty acids)

E472e 지방산 모노 & 디글리세라이드의 모 노 & 디아세틸 타타르산에스테르 (Mono- and di- acetyl tartaric acid esters of mono- and di- glycerides of fatty acids)

E472f 지방산 모노 & 디글리세라이드의 합성 아세트산과 타타르산에스테르(Mixed acetic and tartaric acid esters of mono- and di- glycerides of fatty acids)

E473 자당지방산에스터(Sucrose esters of fatty acids)

E474 수크로글리세라이드(Sucroglycerides)

E475 폴리글리세롤지방산(Polyglycerol esters of fatty acids)

E476 폴리글리세롤폴리리시놀리에이트 (Polyglycerol polyricinoleate)

E479b 지방산 모노 & 디글리세라이드와 상 호작용하는 열산화 콩기름(Thermally oxidized soya bean oil interacted with mono- and di- glycerides of fatty acids)

E481 2ˡ-소듐스테아로일-락틸레이트 (Sodium stearoyl-2-lactylate)

E482 2ˡ-칼슘스테아로일-락틸레이트 (Calcium stearoyl-2-lactylate)

E483 스테아릴타타르산염(Stearyl tartrate)

E491 소르비탄모노스테아레이트(Sorbitan monostearate)

E492 소르비탄트리스테아레이트(Sorbitan tristearate)

E493 소르비탄모노라우레이트(Sorbitan monolaurate)

E494 소르비탄모노올리에이트(Sorbitan monooleate)

E495 소르비탄모노팔미테이트(Sorbitan monopalmitate)

E496 폴리에틸렌글리콜6000 (Polyethyleneglycol 6000)

E500 탄산나트륨(Sodium carbonates) (i) 탄산나트륨(Sodium carbonate) (ii) 탄산수소나트륨(Sodium hydrogen carbonate) (iii) 세스퀴탄산나트륨 (Sodium sesquicarbonate)

E501 탄산칼륨(Potassium carbonates) (i) 탄산칼륨(Potassium carbonate) (ii) 탄산수소칼륨(Potassium hydrogen carbonate)

E503	탄산암모늄(Ammonium carbonates)
	(i) 탄산암모늄(Ammonium carbonate)
	(ii) 탄산수소암모늄(Ammonium hydrogen carbonate)
E504	탄산마그네슘(Magnesium carbonates)
	(i) 탄산마그네슘(Magnesium carbonate)
	(ii) 탄산수소마그네슘(Magnesium hydroxide carbonate)
E507	염산(Hydrochloric acid, 염화수소산)
E508	염화칼륨(Potassium chloride)
E509	염화칼슘(Calcium chloride)
E511	염화마그네슘(Magnesium chloride)
E512	이염화주석(Stannous chloride, 염화제1주석)
E513	황산(Sulphuric acid)
E514	황산나트륨(Sodium sulphate) (i) 황산나트륨(Sodium sulphate) (ii) 황산수소나트륨(Sodium hydrogen sulphate)
E515	황산칼륨(Potassium sulphate) (i) 황산칼륨(Potassium sulphate) (ii) 황산수소칼륨(Potassium hydrogen sulphate)
E516	황산칼슘(Calcium sulphate)
E517	황산암모늄(Ammonium sulphate)
E520	황산알루미늄(Aluminium sulphate)
E521	황산알루미늄나트륨(Aluminium sodium sulphate)
E522	황산알루미늄칼륨(Aluminium potassium sulphate)
E523	황산알루미늄암모늄(Aluminium ammonium sulphate)
E524	수산화나트륨(Sodium hydroxide)
E525	수산화칼륨(Potassium hydroxide)
E526	수산화칼슘(Calcium hydroxide)
E527	수산화암모늄(Ammonium hydroxide)
E528	수산화마그네슘(Magnesium hydroxide)
E529	산화칼슘(Calcium oxide)
E530	산화마그네슘(Magnesium oxide)
E535	페로사이안화나트륨(Sodium ferrocyanide)
E536	페로사이안화칼륨(Potassium ferrocyanide)
E538	페로사이안화칼슘(Calcium ferrocyanide)
E541	산성알루미늄인산나트륨(Sodium aluminium phosphate, acidic)
E551	이산화규소(Silicon dioxide)
E552	메타규산칼슘(Calcium silicate)
E553a	(i) 규산마그네슘(Magnesium silicate) (ii) 삼규산마그네슘(Magnesium trisilicate)(석면 미포함)
E553b	탤크(Talc, 활석)(석면 미포함)
E554	규산알루미늄나트륨(Sodium aluminium silicate)
E555	규산알루미늄칼륨(Potassium aluminium silicate)
E556	규산알루미늄칼슘(Calcium aluminium silicate)
E558	벤토나이트(Bentonite)
E559	규산알루미늄(Aluminium silicate)[카올린(kaolin, 고령토)]
E570	지방산(Fatty acids)
E574	글루콘산(Gluconic acid)
E575	글루코노델타락톤(Glucono-delta-lactone)
E576	글루콘산나트륨(Sodium gluconate)
E577	글루콘산칼륨(Potassium gluconate)
E578	글루콘산칼슘(Calcium gluconate)
E579	글루콘산철(Ferrous gluconate, 글루콘산제1철)
E585	젖산철(Ferrous lactate, 락트산철)
E620	글루탐산(Glutamic acid)
E621	모노소듐글루타메이트(Monosodium glutamate, 글루탐산나트륨)
E622	모노포타슘글루타메이트(Monopotassium glutamate)
E623	칼슘디글루타메이트(Calcium diglutamate)
E624	모노암모늄글루타메이트(Monoammonium glutamate)
E625	마그네슘다이글루타메이트(Magnesium diglutamate)
E626	구아닐산(Guanylic acid)
E627	구아닐산이나트륨(Disodium guanylate)
E628	구아닐산이칼륨(Dipotassium guanylate)
E629	구아닐산칼슘(Calcium guanylate)
E630	이노신산(Inosinic acid)
E631	이노신산이나트륨(Disodium inosinate)
E632	이노신산이칼륨(Dipotassium inosinate)
E633	이노신산칼슘(Calcium inosinate)
E634	5'-리보뉴클레오티드칼슘(Calcium 5'-ribonucleotide)
E635	5'-리보뉴클레오티드이나트륨(Disodium 5'-ribonucleotide)
E640	글라이신과 글라이신나트륨염(Glycine and its sodium salt)
E650	아세트산염아연(Zinc acetate)
E900	디메틸폴리실록산(Dimethyl

우리는 어떻게 화학물질에 중독되는가

polysiloxane)
E901 백랍, 황랍(Beeswax, white and yellow)
E902 칸데릴라왁스(Candelillla wax)
E903 카바나우바납(Carnauba wax)
E904 셀락(Shellac)
E905 마이크로크리스탈린 왁스
(Microcrystalline wax)
E907 1ᴸ-하이드로제네이티드폴리데센
(Hydrogenated poly-1-decene)
E912 몬탄산에스테르(Montanic acid esters)
E914 산화폴리에틸렌왁스(Oxidized
polyethylene wax)
E920 엘시스테인(L-Cysteine)
E927b 카바마이드(Carbamide)
E938 아르곤(Argon)
E939 헬륨(Helium)
E941 질소(Nitrogen)
E942 일산화이질소(Nitrous oxide, 아산화질소)
E943a 부탄(Butane, 뷰테인)
E943b 아이소뷰테인(Isobutane, 이소부탄)
E944 프로판(Propane, 프로페인)
E948 산소(Oxygen)
E949 수소(Hydrogen)
E950 아세설팜칼륨(Acesulfame K)
E951 아스파탐(Aspartame)
E952 사이클라민산(Cyclamic acid), 사이클
라민산나트륨(Sodium cyclamate), 사이
클라민산칼슘(Calcium cyclamate)
E953 이소말트(Isomalt)
E954 사카린(Saccharin), 사카린나트륨염
(Sodium salts of Saccharin), 사카린칼
륨염(potassium salts of Saccharin), 사
카린칼슘염(calcium salts of Saccharin)
E955 수크랄로스(Sucralose)
E957 토마틴(Thaumatin)
E959 네오헤스페리딘 DC(Neohesperidine
DC)
E962 아스파탐염-아세설팜(Salt of
aspartame-acesulfame)
E965 말티톨(Maltitol) (i) 말티톨(Maltitol)

(ii) 말티톨시럽(Maltitol syrup)
E966 락티톨(Lactitol)
E967 자일리톨(Xylitol)
E999 퀼라야 추출물(Quillaia extract)
E1103 인버테이스(Invertase, 인베르타아제)
E1105 라이소자임(Lysozyme)
E1200 폴리덱스트로스(Polydextrose)
E1201 폴리비닐피롤리돈
(Polyvinylpyrrolidone)
E1202 폴리비닐폴리피롤리돈
(Polyvinylpolypyrrolidone)
E1404 산화전분(Oxidized starch)
E1410 인산일전분(Monostarch phosphate)
E1412 인산이전분(Distarch phosphate)
E1413 인산화인산이전분(Phosphated
distarch phosphate)
E1414 아세틸인산이전분(Acetylated distarch
phosphate)
E1420 아세틸전분(Acetylated starch)
E1422 아세틸아디핀산이전분(Acetylated
distarch adipate)
E1440 하이드록시프로필전분(Hydroxypropyl
starch)
E1442 하이드록시프로필산이전분
(Hydroxypropyl distarch phosphate)
E1450 옥테닐석신산나트륨전분(Starch
sodium octenyl succinate)
E1451 아세틸산화전분(Acetylated oxidised
starch)
E1452 옥테닐석신산알루미늄전분(Starch
aluminium octenyl succinate)
E1505 트리에틸시트레이트(Triethyl citrate)
E1517 글리세릴디아세테이트(Glyceryl
diacetate)
E1518 글리세릴트리아세테이트(Glyceryl
triacetate)[트리아세틴(triacetin)]
E1519 벤질알코올(Benzyl alcohol)
E1520 1,2-프로판디올(1,2-propanediol), 프로
필렌글리콜(Propylene glycol)

식탁의 유전자 조작 물질

식품 첨가물에서 허용된 유전자 조작 물질의 공식 목록

콩을 이용한 물질

E322 레시틴(Lecithin)	E479b 산화 대두 오일(Oxidized soybean oil)

옥수수를 이용한 물질

E1404 산화전분(Oxidized starch) E1410, E1412~E1414 인산전분(starch phosphates) E1420, E1422 아세틸전분(Acetylated starch) E1440, E1442 하이드록시프로필전분(Hydroxypropyl starch) E1450 석신산전분(Starch succinate) E1451 아세틸산화전분(Acetylated oxidised starch)	E150a~E150d 캐러멜(Caramels) E420 소비톨(Sorbitol) E421 만니톨(Mannitol) E953 이소말트(Isomalt) E965 말티톨(Maltitol) E966 락티톨(Lactitol) E967 자일리톨(Xylitol) E575 글루코노델타락톤(Glucono-delta-lactone) E315, E316 에리소르빈산염(Erythorbate)

유전자 조작 물질은 첨가물을 비롯해 향료에도 사용될 수 있다. 또한 유전자 조작 물질은 전분, 말토덱스트린, 베타사이클로덱스트린과 같은 옥수수 부산물에도 들어 있을 수 있다.

식품 속에 첨가된 유전자 조작 물질 중 허용된 목록 식품*

식품

- 옥수수 사용: 밀가루와 옥수숫가루, 옥수수유, 옥수수 칩, 아침 식사용 옥수수 꽃잎
- 콩 사용: 콩기름, 두유, 두부, 콩으로 만든 디저트 크림, 간장
- 유채 사용: 종유
- 사탕무 사용: 설탕

재료

- 빵, 아침 식사용 시리얼, 식전 비스킷에 사용되는 옥수숫가루 등
- 시리얼 바에 함유된 콘플레이크
- 요리, 소스, 햄류, 디저트 크림, 건조한 디저트 식품, 포타주, 이유식, 제과에 함유된 옥수수 전분과 녹말가루
- 옥수수 전분 부산물(포도당 시럽, 덱스트로스, 말토덱스트린 등), 소스, 작은 비스킷, 시리얼 바, 맥주, 포타주, 식전 비스킷, 요구르트, 다양한 디저트, 아이스크림에 섞인 과일 절임
- 빵, 식빵, 제과류에 함유된 콩가루
- 시리얼 바, 식빵, 식전 비스킷, 제과류에 함유된 식물성 지방(옥수수, 콩, 유채), 버터의 지방, 포타주
- 튀김 요리에 사용되는 면실유

*출처: 프랑스 농업부

포장재와 주방 도구

구분	사용 지침
포장재	• 삼각형 마크(재활용 가능)의 숫자가 3~7인 플라스틱 용기는 사용하지 않는다. 프탈레이트와 비스페놀 A가 함유되었을 수 있다. 현재 알려진 것 중 가장 안전한 플라스틱 용기는 삼각형 마크에 2, 4, 5가 적힌 것이다. • 지방질 음식을 전자레인지에 데울 때 사용하는 랩을 조심한다. 프탈레이트가 음식에 들어갈 수 있다. • 실리콘으로 된 틀과 냄비는 피한다. 어떤 물질로 구성되었는지, 특히 구성 물질이 음식에 어느 정도 들어갈 수 있는지에 관한 정보가 부족하다.
주방 도구	• 눌음 방지 코팅은 퍼플루오로옥타노익엑시드(PFOA)가 함유되었을 수 있으니 사용하지 않는다. 스테인리스나 도자기로 된 냄비를 사용한다. • 음식을 데울 때는 유리 용기를 이용한다. 70도부터 유독 물질이 나올 수 있으니 플라스틱으로 된 주방 도구는 조심한다. • 믹서를 데우지 않는다. 비스페놀 A와 폴리브롬화가 전파될 수 있다. • 유독 물질이 거의 전파되지 않아 안전한 소재는 스테인리스(철), 유리, 도자기다.

향료

향료는 밋밋한 맛의 가공 식품을 더 맛있게 하기 위해 첨가하는 물질이다. 천연이든 합성이든 향료의 성질을 자세히 설명한 표기는 거의 이해하기 어렵다. 다음 표는 향료에 관한 표기를 이해하는 데 도움이 될 것이다.

라벨의 표기	의미
향료	합성 향료
천연 향료	향료 화합물을 구성하는 박테리아를 이용한 가공법으로 만들어진 향료로, 다양한 유기 성분도 향료의 재료로 사용될 수 있다.
자연 추출 천연 향료	천연 성분의 자연 향료

유기농 제품의 선택

• 과일과 채소

미국 비영리 환경시민단체(Environmental Working Group)는 분석을 통해 미국인이 자주 섭취하는 과일과 채소 중 농약에 가장 많이 오염된 것은 다음과 같다고 밝혔다.

1. 복숭아   2. 사과   3. 피망

4. 셀러리   5. 천도복숭아   6. 딸기

7. 체리   8. 상추   9. 포도

10. 배   11. 시금치   12. 감자

- 사과, 배, 복숭아, 딸기, 포도는 유기농을 선택한다. 유기농 사과를 구입할 수 없다면 껍질을 벗겨 먹어야 한다. 농약은 대부분 조직적으로 식물 전체에 퍼지기 때문에 이렇게 먹어도 농약을 완전히 제거하는 데에는 한계가 있다.
- 상추와 샐러드용 채소는 재래식 농법으로 재배하기 어렵다. 농약 사용 규정이 엄격하지만 그것이 실제로 지켜지는지 어떻게 알 수 있겠는가? 또한 상대적으로 덜 섭취되기는 하지만 피망과 셀러리도 농약을 피할 수 없다. 감자는 미세 균류(곰팡이)가 어느 정도 침투했느냐에 따라 농약 사용 기간이 다르다. 특히 껍질을 벗길 수 없는 채소는 유기농을 섭취하는 것이 좋다.

• 유제품

유기농 제품은 영양가가 더 풍부하다. 우유, 요거트, 치즈에는 오메가 3 지방산이 풍부하게 들어 있다.

• 육류와 달걀

가금을 비롯해 유기농 육류는 영양소가 더욱 균형 있게 함유되어 있고 유전자 조작 물질이 함유되어 있지 않다.

• 시리얼

지역과 계절에 따라 농약 잔류 정도가 다를 수 있기 때문에 주의가 필요하다. 따라서 유기농 제품을 선택해야 한다.

• 가공 식품

유기농이라는 이름을 달고 나오면 가격이 훨씬 비싸지만 진짜 유기농인지는 증명되지 않았다. 그래도 비가공 식품이든 가공 식품이든 유기농을 선택하는 것이 낫다.

• 양식장 생선

유기농 생선은 더 좋은 사료를 먹고 더 나은 조건에서 양식되며 화학 처리를 덜 거친다. 그래도 바다 오염을 피할 수는 없다. 친환경 양식장에서 양식된 연어와 새우를 선택한다(가격이 훨씬 비싸다). 지역마다 차이가 있기 때문에 가장 오염이 덜 된 생선의 목록을 작성하기는 어렵다. 육식성 어류는 너무 자주 섭취하지 않도록 한다. 오메가 3가 풍부하고 오염이 가장 덜 된 생선은 멸치, 대서양 고등어, 알래스카 야생 연어 등이다.

환경 호르몬(내분비계 교란 물질)

• 비스페놀 A

제품 선택	설명
음료: 캔보다 병이 낫다.	캔의 내부 코팅에 사용되는 에폭시 수지에 비스페놀 A가 들어 있을 수 있다.
통조림: 캔보다 병이 낫다.	통조림의 내부 코팅 물질에 비스페놀 A가 들어 있을 수 있다. 그래서 병조림이 더 낫지만 병조림도 뚜껑 부분에 프탈레이트 같은 다양한 화학 물질이 함유되어 있을 수 있다.
레토르트 식품의 플라스틱 포장: 삼각형 마크(재활용 가능)의 숫자를 본다. 기억해야 할 점: 숫자가 7이면 조심하고 3과 6은 피한다.	비스페놀 A가 숫자 7의 폴리카보네이트 제조 과정에서 들어갈 수 있다. 산지를 알 수 없는 플라스틱에 3이나 6이라고 표시된 경우 비스페놀 A가 포함되었을 수도 있고 간접적으로 포함되었을 수도 있다.
비스페놀 A가 없는 전자레인지	뜨겁게 데우면 비스페놀 A가 음식에 더 빠르게 퍼질 수 있다. 문제가 없는지 매장에 물어보고 의심스럽다면 제품을 구입하지 않는다.
충치를 치료하는 레진 일부에 비스페놀 A가 포함되었을 수 있다.	치과 의사에게 자세히 물어본다.

위 표에 제시한 내용을 기억한다면 비스페놀 A에 노출되는 것을 줄일 수 있다. 또한 비스페놀 A가 함유되어 있을지도 모르는 감열지를 만지지 않도록 주의한다. 그러나 CD, 자전거 헬멧, 범퍼 등에 포함된 비스페놀 A는 혀로 핥지만 않는다면 걱정할 필요가 없다.

- 다이옥신과 폴리염화바이페닐(PCB)

제품 선택	설명
동물성 지방, 특히 기름기가 많은 고기와 햄의 섭취를 피한다. 기름기가 많은 생선도 너무 많이 섭취하지 않도록 한다.	유기물과 합성물을 연소할 때 나오는 다이옥신과 PCB, 그리고 금지되었으나 예전에 절연체로 사용된 인화성 물질 PCB는 내구성 때문에 여전히 자연에 존재한다. 이 같은 제품은 지방 속에 저장되는 것이 특징이며, 현재 소방 물질로 사용되는 폴리브롬화 제품과 마찬가지로 친지방성이다.

영양학적으로 우리 몸에 지방이 필요하지만 오염된 동물성 지방을 섭취하지 않는다(포화 지방산이 포함된 것은 되도록 피한다). 특히 정원에서 다양한 폐기물을 태울 때 다이옥신이 많이 배출될 수 있으니 피해야 한다.

- 퍼플루오로옥타노익엑시드(PFOA) 유형의 눌음 방지 코팅, 얼룩 방지제, 방수제

제품 선택	설명
프라이팬의 눌음 방지 코팅(PFOA 종류의 퍼플루오로로 만들어졌을 수 있다)은 피하고 스테인리스로 된 프라이팬과 냄비(음식이 눌어붙지 않게 하려면 기름을 조금 넣는다), 진짜 도자기로 된 프라이팬(프랑스 표준을 뜻하는 NF 로고), 유약을 입힌 주철로 된 프라이팬을 사용한다.	도자기로 만들었다는 프라이팬이라도 도자기 가루나 불가피하게 합성수지가 섞여 있을 수 있으니 조심한다.
다양한 얼룩 방지 및 방수 제품(섬유, 양탄자, 매트 등)을 조심한다.	PFOA가 함유된 제품은 의외로 많다.

- 폴리브롬화 유형의 내화성 물질(내화제)

조언과 제품 선택	설명
전자 기기의 겉면은 너무 뜨거운 상태로 놔두지 않는 것이 좋다.	폴리브롬화 유형의 내화성 물질은 매우 광범위하지만 최근의 분석 결과 다행히 집 안 실내 공기 속의 농도가 낮은 것으로 밝혀졌다.
가급적 화학 처리가 되지 않고 보증서가 있는 의류와 천을 선택한다. 새 자동차의 천, 가죽, 플라스틱, 핸들, 팔걸이, 쿠션에는 내연제가 들어 있다.	폴리브롬화 유형의 내화성 물질은 제조 과정 마지막 단계에 첨가되거나 물질이 서로 섞이지 않도록 어느 정도 막아주는 효과를 위해 사용될 수도 있다. 그러나 제조법에 관한 정보는 구하기가 어렵다.

현재 폴리브롬화 유형의 내화성 물질을 피하기란 불가능하지만 이 물질(특히 브롬화 내화제로 분류된 물질)은 감시 대상이다. 내화성 물질에 간접적으로 오염되는 경로 중 하나는 동물성 지방을 섭취할 때이기도 하다. 환경 속에 존재하는 내화성 물질은 동물의 지방에 쌓이기 때문이다. 그나마 요즘은 폴리브롬화 대신 인 화학물이 사용되는 경우가 많아 상황이 나아졌다. 폴리브롬화는 섬유에 직접 섞이면 유독 물질을 덜 배출하지만, 유독성에 관한 정보는 여전히 부족하다.

- 프탈레이트

플라스틱을 유연하게 만드는 데 널리 사용되는 플라스틱 가공제는 무조건 같은 것으로 취급하면 안 된다. 현재 알려진 과학 정보에 따르면 유독 물질의 이동률이 꽤 높은 것도 있고 그렇지 않은 것도 있다. 전반적으로 정보가 완전히 알려지지 않았기 때문에 신중해야 한다.

제품 선택	설명
어린이용 장난감, 놀이용 매트, 바닥재, 그리고 만지거나 입속에 넣을 수 있는 것은 프탈레이트가 없다고 되어 있는 제품만 구입한다.	제품의 구성 성분을 자세히 확인하고 조금이라도 의심이 들면 구입하지 않는다. 3세 미만 유아에게 금지된 가장 위험한 프탈레이트는 DEHP, DBP, BBP, DINP, DIDP, DNOP다. 입에 넣으면 위험한 것도 있지만 승인된 것이라도 좀 더 엄격한 평가가 필요하다.
플라스틱 가공제가 포함된 프린트가 있는 옷, 특히 티셔츠와 잠옷은 어린이에게 입히지 말아야 한다.	다양한 프탈레이트가 이동하여 퍼질 수 있다.
PVC, 일반적으로 플렉서블 플라스틱은 피한다.	특히 식품을 포장하는 플라스틱은 데우면 안 된다.
프탈레이트가 함유된 화장품은 구입하지 않는다.	특히 임신한 여성은 조심해야 한다. 라벨을 읽어본다.

이와 같은 간단한 방법으로도 프탈레이트에 노출되는 것을 줄일 수 있다. 프탈레이트 중에서 DEHP와 DBP 등은 '매우 주의해야 할 대상'으로 분류되어 있다.

- **식품 첨가물**(일부 화장품과 약에도 함유)

방부제나 산화 방지제 등으로 식품 첨가물이 사용되고 있지만 무해한 것은 아니다.

구분	설명
BHA의 경우 E320, BHT의 경우 E321	식품과 화장품의 라벨에서 쉽게 볼 수 있는 산화 방지제로, 가끔 노출되면 문제가 없으나 연구가 더 필요하다.
E310 갈산프로필	지방 식품과 화장품의 방부제로 사용되는 산화 방지제다.
파라벤 함유를 나타내는 E214~E219	식품, 화장품, 약에 방부제로 사용된다. 특히 화장품과 같은 공산품을 통해 자주 다량에 노출되면(피부에 바르는 경우) 좋지 않으니 사용을 줄이는 것이 좋다.

- 농약

농약 중에서 유기인 화합물이 들어간 일부 제품은 환경 호르몬을 배출하는 것으로 알려져 있지만 다행히 강력하게 작용하지는 않는다.

제품 선택	설명
노출 위험을 줄이려면 유기농을 선택한다.	유기인 화합물이 들어간 농약은 환경 호르몬을 배출하는 것으로 알려졌다.

폴리에틸렌의 노출을 줄이는 가장 쉬운 방법 중 하나는 유기농을 구입하는 것이다.

- 알킬페놀류, 노닐페놀에톡실레이트(NPE), 글리콜에테르, 레조신

첨가제(보조제, 세제 등)의 성분으로 다양한 제품에 들어 있다.

제품 선택	설명
알킬페놀이 없는 친환경 청소 제품과 페인트를 선택한다. 또한 옷(NPE가 없는 것)과 화장품을 구매할 때도 주의한다.	라벨을 잘 읽고 매장 직원에게 물어보아 알킬페놀이 들어간 제품을 피한다. 알킬페놀이 함유되었을 수 있는 일부 화장품과 샴푸도 조심한다. 2012년 그린피스는 여러 의류에 NPE 형태로 알킬페놀이 들어 있다고 밝혔다. NPE는 NP(노닐페놀)로 변질될 수 있는데, NP는 '특히 위험한 것'으로 분류된 물질이며 강력한 환경 호르몬이다 (유럽에서는 제품에 NP가 0.1% 이상 함유되면 안 된다).
페녹시에탄올과 부톡시에탄올이 없는 화장품 및 피부에 접촉하는 제품을 선택한다.	글리콜에테르는 가전제품, 페인트, 접착체, 광택제 등과 다양한 화장품에 함유되어 있으며 제품에 따라 독성이 다르다.
레조신은 제한해야 한다.	레조신은 두발 제품(염색제)에 들어 있을 수 있다. 레조신은 고무 산업과 접착제 제조에도 사용되는데 다행히 독성이 그리 강하지 않다.

• 트리클로산

살충제와 살균제에 포함되어 미생물의 성장을 억제하는 역할을 하지만 다양한 부작용이 있다.

제품 선택	설명
트리클로산이 함유된 치약과 화장품(특히 액체 비누, 디오더런트)을 피한다.	라벨을 잘 읽어 환경 호르몬으로 분류된 살충제에 지속적으로 노출되지 않도록 한다.

• 금속

조언	설명
알루미늄, 카드뮴, 안티모니, TBT(유기 주석 화합물)에 노출되지 않도록 한다. 카드뮴은 매우 강력한 발암 물질이자 환경 호르몬이고, 알루미늄은 카드뮴보다는 덜하지만 유해성이 의심된다.	PVC로 된 바닥재와 PVC로 된 다양한 금속에는 염화주석이 여전히 들어 있다. 염화주석은 예전에 일부 페인트에 고정제로 사용되었다.

• 선크림 필터

조언	설명
특히 4-MBC, 벤조페논이 명시되어 있거나 단순히 'UV 차단 필터'라고 명시된 라벨은 환경 호르몬 물질이 함유되었을 수도 있다는 뜻이다.	선크림에는 다양한 종류의 필터가 사용되는데 PE가 함유되어 있을 수 있는 것은 UV 차단 필터다. 그러나 시간이 지날수록 바르는 양이 줄기 때문에 다행히 건강에 큰 문제를 일으키지는 않는다. 라벨을 잘 읽어보고 고른다. 또한 선크림이 생태계에 끼치는 영향도 무시할 수 없다.

주요 미량 금속과 기타 혼합 물질

만성적인 카드뮴 노출을 피하는 법

카드뮴에 만성적으로 노출되지 않으려면 유기농 식품을 섭취한다. 시중 판매 제품의 농업 방식을 알아보고 카드뮴을 배출할지도 모르는 공장 근처에서 재배된 식품은 되도록 섭취하지 않는다. 그러나 재배지에 대한 정확한 정보를 얻기란 쉽지 않다. 무엇보다도 중요한 것은 담배를 피우지 않는 것이다. 흡연자라면 당장 금연 전략을 세우기 바란다.

만성적인 수은 노출을 피하는 법

아말감에 대한 규칙

입안에 들어가는 아말감의 금속 종류는 여러 가지이므로 주의가 필요하다. 기존의 아말감 대신 비스페놀 A가 없는 아말감을 사용해야 하는데 특히 유리 시멘트가 좋다. 유럽연합 집행위원회는 다음과 같이 발표하고 있다. "최근 수은이 없는 금속은 지속적으로 기술 발전을 이루고 있고 이 같은 경향은 계속될 것이다." 또한 "치과에서 수은을 사용하지 않도록 즉각 조치해야 한다"고 권고하고 있다. 치과에서 진료를 받을 때 어떤 아말감을 사용하는지 확인한다.

임신 중 피해야 할 생선

국가 분석 결과에 따르면 줄어 구역이나 양식 지역에 따라 피해야 할 생선이 다르다. 아직 정보가 완전하게 정리되지는 않았지만 피해야 할 생선은 다음과 같다.

- 뼈 있는 생선
- 쏨뱅이(태평양)
- 황새치(수입산)
- 상어
- 철갑상어(자연산)
- 쑥감펭
- 농어
- 붉은 참치

납 노출을 줄이는 법

- 새로 집을 얻을 때 납이 들어간 페인트를 사용했는지 확인한다. 만일 납이 들어간 페인트가 사용되었다면 전문가에게 평가를 의뢰하고 의심되는 부분을 긁어낸다.
- 공장 같은 일터에서는 직업의학 기준에 맞는 보호 방법을 따른다.

안티모니 노출을 줄이는 법

- 플라스틱병을 재사용하지 않으며, 특히 플라스틱병에 과일 주스를 담지 않는다.
- 환경을 생각해서 유리병을 선택한다. 플라스틱은 완벽하게 재활용되지 않으며 바닷속 깊이 매장된다.

알루미늄이 함유된 첨가물

코드	명칭	관련 식품	의심되는 결과
E173	은회색 색소	여러 식품	알루미늄으로 된 화합물은 알츠하이머병, 파킨슨병과 다양한 소화기 질환을 일으킬 위험이 있다. 그런데 체내에 흡수되는 정도는 매우 다양하다. 예를 들어 규산알루미늄의 경우 나노 입자 형태가 아닌 기존의 형태라면 체내에 가장 적게 흡수된다.
E520~E523	황산알루미늄	소금물, 과일 및 채소 조림	
E541	인산알루미늄	합성 발효 분말	
E554~E559	규산알루미늄	다양한 제품에 들어가는 교착 방지제	
E1452	옥테닐석신산 알루미늄전분	유화제	

수돗물과 생수

구분	수돗물	병에 담긴 생수
염소 맛	염소 맛이 날 수 있다.	염소 맛이 나지 않는다.
석회질	간혹 있지만 건강에 영향을 주지 않는다.	칼슘 함유량이 그때그때 다르다.
질산염	프랑스는 지역에 따라 함유량이 다양하다.	비중은 다양하지만 낮은 경우가 많다.
알루미늄	프랑스에서는 1600만 명이 예전의 물 처리 방식 때문에 알루미늄에 노출되었다.	전반적인 오염을 고려할 때 화학 물질의 대사 물질이 함유되었을 수 있다.
약품 잔류물	수면과 지하수에서 추출된 견본의 75%는 약품의 잔류물이 없는 것으로 나타났다.	
환경 호르몬	일부 물에서는 농약 잔류물이 검출될 수 있다. 상수도관 외피 물질(비스페놀 등)이 유출되었는지 제대로 평가되지 않았다.	플라스틱병 때문에 환경 호르몬이 있을 수도 있다. 상수도관 외피, 운송 수단, 병에 담는 과정에서 나오는 물질(비스페놀 등)이 분리되었는지 제대로 평가되지 않았다.
자연에 퍼져 있는 공업용 나노 입자	정보가 없다.	정보가 없다.
미생물에 의한 위험	약하다.	약하다.
가격	생수보다 300배까지 저렴하다.	브랜드에 따라 다르지만, 대부분 생수 가격 중 30%는 마케팅 비용이다.
소비자에게 제공되는 정보	자신이 사는 도시의 수질을 조회할 수 있어서 정보를 얻기가 훨씬 쉬워졌다(하지만 여전히 정보가 부족하다).	함유되었을 수 있는 화학 물질(환경 호르몬, 나노 입자)과 박테리아 관련 내용을 기재해야 할 의무는 없기 때문에 얻을 수 있는 정보가 제한적이다. 물론 제조업체와 공공 부서가 모니터링을 하고 있으나 한계가 있다. 라벨에 명시된 내용이 여전히 불충분하다.

간혹 물의 부유물을 알리는 혼탁도가 기재되기도 한다. 부유물은 탁도를 측정하는 NFU 단위로 측정된다. 수질이 좋은 물은 0.5NFU 이하이고 마실 만한 물(기본 기준)은 1NFU까지다. 혼탁도가 높으면 물이 깨끗하지 않고 수질 처리, 특히 소독(염소, UV) 효과가 좋지 않다는 뜻이므로 마셨을 때 박테리아에 감염될 위험이 높아진다.

집 안의 작은 불청객

구분	천연 퇴치법	시중에 파는 천연 제품
개미	소금, 커피 찌꺼기, 고추를 개미가 있는 곳에 놓아둔다.	아시아에 서식하는 나무를 포함해 식물 추출액으로 만든 유탁액이 있다.
좀	라벤더 향주머니, 서양 삼나무 오일	끈끈한 페로몬(성호르몬) 덫을 이용하면 좀 무리를 유인해 가둘 수 있다. 다양한 에센션 오일로 만든 퇴치제도 있다.
모기	병에 물과 설탕, 베이킹파우더를 담아 덫을 만든다.	레몬유칼립투스와 같은 식물 추출물로 된 퇴치제를 이용한다.
거미	밤나무 에센스 오일	규조토와 미세 조류 가루를 섞은 제품, 식물성 살충제를 사용한다.
바퀴벌레	상자에 옥수수 전분과 물을 넣어 덫을 만든다.	시중에 파는 제품(표면이 아주 끈적거리고 미끼 음식이 있는 덫)을 사용한다.
벼룩, 진드기	위생에 신경을 쓴다.	여러 종류의 에센션 오일을 섞어서 사용하면 효과적이다
이	저녁마다 라벤더 에센션 오일을 두피에 바른다.	유기농 제품을 사용한다(옷깃에 뿌릴 때는 그냥 사용해도 되지만 귀 뒤에 뿌릴 때는 오일에 섞어서 사용한다).
진드기류	퍼메트린으로 만들어진 제품과 살충제는 피한다. 특히 에센션 오일(제라니올, 님나무)로 된 천연 제품도 알레르기를 일으킬 수 있으니 주의한다. 천연이든 아니든 진드기를 퇴치하는 데 화학 처리를 한 제품을 사용해서는 안 된다. 먼지가 많이 쌓이지 않도록 최대한 노력하며, 카펫을 깔지 않는 것이 좋다.	베이킹소다를 추천한다. 베이킹소다를 매트에 뿌리고 2시간 후 진공청소기로 빨아들인다.
빈대	빈대가 있는 기구의 주변에 바셀린을 바른다. 침구는 늘 깨끗이 청소한다.	거미를 퇴치할 때와 동일한 방법을 사용한다.

실내 공기의 오염

실내 오염의 원인	오염을 줄이는 방법
부적절한 조리법	• 음식을 고온에서 익히기보다 약한 불로 익히며, 되도록 튀김 요리를 자주 해 먹지 않는다. 또한 조리 도구로 스테인리스, 가공하지 않은 나무로 된 제품을 사용한다. • 육류와 생선 조리법 　– 오븐에서 굽기 　– 약한 불로 삶기 　– 냄비로 익히기(기름은 조금 넣는다). 단, PFOA로 만들어진 눌음 방지 냄비를 피하고 스테인리스나 주철로 된 냄비를 사용한다. 　– 압력솥으로 익히기 • 채소, 전분질 재료 조리법 　– 삶기, 찌기 　– 오븐에서 굽기 　– 물에 데치기 　– 압력솥으로 익히기
압축 목재로 만든 가구	• 압축 목재는 가급적 사용을 줄인다. 압축 목재는 수년 동안 폼알데하이드 같은 물질을 배출할 수도 있으므로 아예 구입하지 않는 것이 좋다. 어떤 처리를 거친 가구인지 매장 직원에 물어보고 되도록 묵직한 목재로 된 것을 구입한다. 천연 목재 가구를 구입해 친환경 페인트와 바니시를 칠하는 것도 좋다. • 중고 가구를 선택하는 것도 한 방법이다. 이 또한 압축 목재로 만들어지지 않은 것을 고른다. • 새 가구를 구입한 후 몇 주 동안 창고 같은 곳에 두고 환기를 시켜서 유기 화합물이 날아가도록 하면 좋다. • 유리로 된 테이블과 선반을 선택한다. • 목재 가구에 광을 내는 데에는 천연 밀랍을 사용한다.
가정용 청소 용품과 세제	• 가급적 덜 사용한다. • NF Environnement, Écolabel 제품을 선택한다. • 냄새가 없고 인공 색소를 넣지 않은 제품을 선택한다. • 청소 용품 　– 양잿물은 가능한 한 덜 사용하고(곰팡이에만 사용) 사용 후에는 반드시 환기를 한다. 화학 물질에 아주 민감하다면 사용하지 않는 것이 좋다. 　– 젖은 천으로 닦으면 먼지는 충분히 제거할 수 있다. 바닥을 닦을 때 친환경 제품을 사용하거나 액체 비누 혹은 식초를 조금 사용한다. 　– 항균과 얼룩 방지를 위해서는 식초, 베이킹소다나 유기농 비누를 사용하면 좋다. 　– 식물성 비누, 탄산수소염으로 만들어진 제품이 점점 더 많이 출시되고 있다. • 식기: 식초나 친환경 제품을 사용한다. • 세탁 세제: 액체 세제에는 화합물이 더 많이 들어 있으므로 가루 세제를 사용하는 것이 좋다. 화학 물질에 아주 민감한 경우 섬유 유연제를 절대 사용하지 말고 식초를 조금 넣어 헹군다.

실내 오염의 원인	오염을 줄이는 방법
공기 청정기	• 기계식 조절 환기로 통풍하고 환기를 잘한다. • 악취를 제거하는 데 향이 있는 스프레이를 사용하지 않는다. 이런 스프레이는 많이 사용하면 집 안 공기가 더 오염될 수 있다. • 라벤더를 담은 봉지를 놔두면 좀을 쫓는 데에도 효과적이다. • 화장실에는 액체나 젤 형태의 친환경 탄산수소나트륨, 친환경 라벤더 향초를 사용한다. 단, 아무리 친환경이라도 에센션 오일은 열을 받으면 기화성 유기 화합물을 배출한다(시중에 나온 제품은 합성 제품일 수 있다). '천연'이라고 표기되어 있어도 규정을 엄격히 준수하지 않을 수도 있으므로 주의가 필요하다.
수리 공구 제품	• 수리 공구 제품은 집 안이 아니라 바깥이나 창고에 보관한다. • 친환경 라벨이 있는 제품을 선택한다. • 수리가 끝난 후에는 항상 진공청소기로 주변을 치우고 젖은 걸레로 입자를 닦아낸다. 특히 유리나 암석 위에 모직물을 덮어놓았을 때는 먼지 터는 청소를 철저히 한다.
배관 뚫기	베이킹소다 100g, 소금 약간, 식초 50cL을 섞어 막힌 배관에 흘려 넣고 30분 후 뜨거운 물을 충분히 붓는다.

오염물을 없애는 간단한 방법

제품	사용할 수 있는 분야
식초	• 세탁 세제, 주방 세제(유리컵, 물병, 냄비, 대리석, 은식기), 살균제(바닥 청소를 할 때는 양동이 물에 섞는다), 물때 제거제(주전자를 닦는 경우, 주전자에 식초 1/2컵을 넣고 데운 후 잠시 식혔다가 쏟아낸다), 연화제, 빨래 유연제(세탁할 때 세탁기에 식초 1/2컵)
레몬	악취 제거제, 가죽 청소용, 연마제
베이킹소다	• 청소용(타일 바닥, 유리창, 욕실: 베이킹소다 1큰술에 물 5L), 설거지용(베이킹소다 1/2큰술에 식기 세척제를 더한다), 연마제(전기레인지, 오븐: 적당히 희석한 베이킹소다를 발라 밤새 그대로 두었다가 헹군다), 세탁물 연화제와 미백제(베이킹소다 약 2큰술을 세탁물에 뿌린다), 제초제(베이킹소다를 살짝 뿌린다) • 베이킹소다로 거미와 곰팡이도 퇴치할 수 있다.

오염 물질을 막아주는 식물

식물	완화 효과	주의할 점
진달래	기존 청소 제품에 포함된 암모니아	일부 진달래 품종의 잎사귀는 먹으면 식중독을 일으킬 수 있다.
국화	페인트와 용매제에 있는 트라이클로로에틸렌	
무화과나무	특히 접착제(양탄자, 가구 등)에 있는 발암 물질인 폼알데하이드	생잎을 먹으면 설사를 할 수 있다.
백합	일산화탄소와 폼알데하이드	
담쟁이덩굴	페인트, 잉크, 플라스틱 소재 혹은 세제에 주로 사용되는 벤젠 용매	담쟁이덩굴의 잎사귀, 특히 열매는 많이 먹으면 식중독을 일으킬 수 있다.

* 출처: 프랑스환경건강협회의 심화 연구

페인트와 벽지

페인트

페인트에는 지용성 용매나 수용성 용매가 들어 있다. 합성수지로 만들어진 광물 복합체뿐만 아니라 식물성 오일, 송진, 밀(밀랍), 카세인으로 만들어진 광물 복합체가 함유된 페인트, 미량 금속이 함유된 페인트도 있으며, 시에나 흙, 산화철, 차, 기타 식물 성분이 함유된 천연 페인트도 있다 (이런 제품을 선택하는 것이 좋다).

- 지용성 페인트는 다양한 용매(탄화수소 함유, 크실렌·톨루렌 같은 벤젠 성분이 든 탄화수소, 지방족 탄화수소, 케톤 종류의 산화 용매)가 들어 있는 글리세롤프탈산 페인트다.
- 수용성 페인트에는 탄화수소, 알코올 혹은 글리콜에테르 종류의 용매제가 들어 있을 수 있다. 가장 위험한 것으로 분류된 수용성 페인트 종류는 이제 더 이상 사용되지는 않는다(하지만 의심스러운 제품이 여전히 있다). 냄새가 없다고 해서 유해한 휘발성 화합물이 함유되지 않았다는 의미는 아니다.

- **페인트를 고르는 데 도움이 되는 팁**
- 석회 유형의 페인트가 좋다.
- '천연', NF Environnement, 친환경 라벨이 붙은 페인트는 적어도 안심할 수 있지만 용매가 소량 들어 있을 수 있다.
- 점토로 만들어져 쉽게 발리는 종류도 있다. 냄새를 흡수하고 간접적으로 알레르기 방지 효과가 있어 합성 용매로 만든 제품보다 낫다.
- 합성 화학 성분을 제대로 밝혔는지 확인한다.
- '밀폐된 장소에서 사용하지 마시오', '들이마시지 마시오'라고 적힌 페인트는 일단 의심한다.

- 페인트를 살 때 유독 물질을 어느 정도 배출하는지, 화합물은 아닌지 확인해본다. 매장 직원은 이러한 정보를 알고 소비자에게 제공할 수 있어야 한다. 일반적으로 라벨을 통해 제품의 성격을 알 수 있다. 유독 물질을 덜 배출하는 제품을 선택한다. 예를 들면 페인트칠을 한 후 약 15일 동안 휘발성 유기 화합물을 최대한 적게 배출하는 페인트를 선택한다.
- 페인트칠을 한 방에서 바로 취침하지 않는다. 최소한 15일이 지난 후 방을 이용한다.

벽지

종이로만 만들어진 벽지는 드물다. 벽지에는 일반적으로 비닐이 포함되어 있는데, 이 비닐에는 PVC가 함유된 플라스틱 가공제로 사용되는 프탈레이트가 들어 있다. 다양한 첨가물이 들어 있을 수도 있다. 잉크는 유기 화합물을 비롯해 폼알데하이드도 배출할 수 있다. 가급적 프탈레이트, PVC가 함유되지 않은 벽지를 구입한다.

집 안의 섬유

화학 처리를 가장 덜하는 섬유 소재는 양털과 비단이다.

라벨	특징
EU Écolabel	가장 안전한 인증서에 속한다.
Oeko-Tex(신뢰할 수 있는 섬유)	민간 인증서로 감광 색소, 유럽에서 금지된 색소가 없다는 뜻이므로 추천한다.
기타 인증서('천연' 혹은 이와 비슷한 의미의 인증서가 많다)	천연이라 해도 간혹 오염 물질을 배출하는 화학 처리를 거쳤을지도 모르는 제품이 많다. 남용하지 않는 것이 좋다.

집 안의 바닥

• 양탄자

양탄자는 일부 접착제 때문에 문제가 많다. 접착제가 천연섬유나 합성 섬유를 통해 휘발성 유기 화합물 용매를 배출하기 때문이다. 뒷면이 펠트로 되어 있어 벨크로(일명 찍찍이)로 붙일 수 있는 양탄자를 선택한다.

'Gut'라는 라벨도 화합물을 적게 배출한다는 의미다. 화합물을 가장 적게 배출하는 접착제 중 'Emicode'라는 라벨이 붙은 제품이 있다.

• 바닥재

냄새가 남지 않고 빨리 바르는 바닥재도 확인해보면 글리콜에테르를 비롯해 다양한 화합물을 배출한다. 특별히 주의를 기울이지 않으면 모른 채 지나칠 수 있지만 아이와 임산부는 이러한 제품을 피해야 한다. PVC로 된 바닥재는 집 안에 먼지가 있을 때 프탈레이트와 결합해 유독할 수 있다.

어린이 장난감

구분	주의 사항
플라스틱 장난감	식품과 마찬가지로 장난감도 삼각형 마크의 숫자가 7인 것은 주의해야 한다. 삼각형 마크의 숫자가 3과 6인 것은 비스페놀 A가 함유되었을 수 있기 때문에 주의가 필요하다. 플라스틱 연화제에 사용되는 프탈레이트도 위험하다고 알려져 있다. DEHP, DBP, BBP는 장난감과 어린이 용품에 모두 사용이 금지되었고 DIDP, DINP, DNOP는 어린이가 입에 대는 장난감에 사용이 금지되었다. 그 외 프탈레이트도 향후 사용이 금지될 것이므로 주의를 요한다.
천으로 된 장난감	의심스러운 다양한 물질, 색소, 합성 향, 방화 물질 등이 함유되었을 수 있으니 조심해야 한다. 내화성 물질에서는 환경 호르몬이 나오는 경우가 많다. 최근 유럽연합 집행위원회는 장난감에 내화제 TCEP(트리스-2-클로로에틸) 사용을 금지했다.
나무로 된 장난감	흔히 사람들은 나무로 된 장난감이 괜찮다고 생각한다. 하지만 나무로 된 장난감은 화학 처리를 거쳤으며 폼알데하이드와 발진 및 알레르기를 유발할 수 있는 물질을 배출한다. 화학 처리를 하지 않고 바니시와 유독한 안료를 칠하지 않은 제품을 선택한다. 문제는 정보가 거의 없어서 확인하기가 쉽지 않다는 것이다.
금속 장난감	많이 의심스러운 물질, 즉 카드뮴, 니켈, 납도 발견할 수 있다.

우리가 직접 안전한 소재로 장난감을 만들지 않아도 될 만큼 장난감을 잘 선택할 수 있는 다음과 같은 규칙이 있다.

- 무향
- 어린이가 입에 가져갈 수 있는 장난감은 비스페놀 무함유(삼각형 마크의 숫자 7, 또한 3과 6도 주의해야 한다)
- 프탈레이트 무함유
- 내화성 물질 무함유(하지만 요즘에는 이런 제품을 찾기 힘들다)
- CE(유럽 인증) 마크가 있는 것. 이론적으로 제조업체가 책임을 진다는 의미다.
- 유기농 인증서가 있는 것(EU Écolabel은 아직 없다)

프탈레이트를 함유한 플라스틱 연화제로 된 장난감과 아동 용품에 관한 지침

유럽연합 집행위원회는 어린이용 장난감에 프탈레이트 사용을 금하고 있다. 장난감에 사용이 금지된 프탈레이트의 종류는 다이이소노닐프탈레이트(DINP), 다이에틸헥실프탈레이트(DEHP), 디부틸프탈레이트(DBP 혹은 DNBP), 디이소데실프탈레이트(DIDP), 다이-n-옥틸프탈레이트(DNOP), 부틸벤질프탈레이트(BBP)다.

2005년 EU 지침(2005/84/EC)은 위 물질의 사용을 영구 금지했다. EU 지침은 어린이가 입에 가져갈 수 있는 아동 용품까지 사용 금지 범위를 확대했다. 아동 용품이란 어린이가 쉽게 잠이 들고 휴식을 취하게 해주며, 위생을 지키고 먹고 입으로 빨 수 있는 모든 제품을 뜻한다.

출처: http://europa.eu/legislation_summaries/internal_market/single_market_for_goods/technical_harmonisation/l32033_fr.htm

화장품

규제 기준이 더욱 엄격해지고 있어도 되도록 친환경 제품을 이용해야
한다. 화장품도 마찬가지다.

• 선택해야 하는 화장품 인증
- Cosmebio(재료 95%가 천연)
- Cosmos, Comos Organic 'cosmebio 계열'(향, 색소, 합성 방부제, 유전자 조작
  물질 무함유). 유럽에서 사용되는 인증서다.
- EU Écolabel(유럽연합 회원국이 공통적으로 인증하는 것 중 하나)
- BDIH(원료가 석유 화학이나 동물성이 아니라는 것을 인증하는 독일의 라벨)
- Nature et Progrès(100% 유기농 재료로 만들어진 최고의 제품 중 하나)
- Ballot-Flurinè과 같은 브랜드, Biocoop과 같은 유기농 매장에서 판매되는 제
  품은 품질 기준을 만족한다.
- 제품 인증 기관도 살펴봐야 한다. 오래전부터 가장 신뢰할 수 있는 기관 중 하나
  는 Écocert다(라벨에 기재되어 있다). 유기농 제품 중 상당수는 아직 개선할 점이
  있지만 어느 정도는 소비자가 안심하고 선택할 수 있다.

• 아기와 아동용 화장품
화장품과 일회용 기저귀는 논란이 되는 물질이나 알코올이 함유되었을
수 있기 때문에 되도록 사용하지 않는 것이 좋다. 방부제가 없는 도포제, 마
르세유 비누(건조해지므로 피부 종류에 따라 매일 사용하면 안 되는 경우
도 있다) 혹은 민감성이나 아토피 피부를 위한 지방 성분이 풍부하게 함유
된 비누, 그 외 기저귀 발진 크림, 피부 보호 및 보습 크림은 앞서 명시된 라

벨이 있는 제품을 우선적으로 선택한다. 비누 없이 씻는 제품도 고려한다.

물도 깨끗해야 한다. 아기를 돌보는 사람은 손 위생에 특히 신경 써야 한다는 사실을 잊으면 안 된다. 샴푸는 사용할 필요 없고 목욕용 젤(유기농)로 머리를 감겨도 된다. 활석, 페녹시에탄올, 파라벤, EDTA(에틸렌디아민테트라아세트산), 이산화타이타늄, 수산화알루미늄, 메틸이소티아졸리논, 합성 향이 함유된 제품은 피해야 한다.

의류

유기농 라벨이라고 해서 모두 유기농으로 재배한 원료로 만들어진 것이라고 할 수는 없다는 점을 명심하자.

얼룩 방지, 정전기 방지, 방화 수축 방지, 냄새 방지, 항균, 구김 방지, 방수 처리가 되거나 플라스틱 가공 프린트로 된 천은 반드시 피해야 하는 것이 우선 원칙이다. 이러한 천에는 다양한 유독 화학 물질이 함유되어 PFC, 알킬페놀(노닐페놀 포함), 일부 프탈레이트, 환경 호르몬, 아조 화합물 색소에 노출될 위험이 있다. 또한 새로 산 옷은 빨고 나서 입어야 화학 물질을 어느 정도 제거할 수 있다.

임신한 여성을 위한 가이드

구분	조언
식품	• 유기농, 유리 용기에 담겨 있는 것, 플라스틱 용기는 삼각형 마크의 숫자가 2, 4, 5인 것, 유독한 첨가물이 들어 있지 않은 식품을 선택한다. • 일부 생선은 피한다.
보디케어 제품 (비누, 로션, 샴푸 등)	• 유기농, 무향, 합성 색소 무함유, 트리클로산(살균제) 무함유를 선택한다. • 목욕용 거품제를 피한다(발진을 일으킬 수 있다).
의류와 침구류	• 얼룩 방지, 정전기 방지, 방화, 수축 방지, 냄새 방지, 항균, 구김 방지, 방수 가공, 플라스틱 가공 프린트, 폴리에스테르와 같은 처리 과정을 거친 직물은 모두 유독 화학 물질을 많이 함유하고 있으므로 선택하지 않는다. 이러한 직물을 피해야 PFC, 알킬페놀(노닐페놀 포함), 일부 프탈레이트, 기타 환경 호르몬, 일부 아조화합물 색소에 노출될 위험을 줄일 수 있다. • 새로 산 옷은 세탁한 다음 입어야 화학 물질을 최대한 피할 수 있다. • 면, 양모, 아마, 삼과 처리 과정을 거치지 않은 실크를 선택한다.
가구	• 압축 과정을 거친 지 얼마 안 된 가구는 피한다.
수리 공구	• 페인트, 바니시 등의 수리 공구를 이용하지 않는다.

　살충제 계란에 이어 발암 물질 생리대까지··· 식품과 일상용품에 대해 국민의 불신이 커지면서 일명 '케미포비아(화학 성분에 대한 공포)'가 확산되고 있다. 이제는 정부의 인증도 믿기 힘들고 그야말로 소비자 개개인이 식품과 일상용품에 어떤 유해한 물질이 들어 있는지 스스로 알아봐야 안심할 수 있는 시대가 된 듯하다. 실제로 요즘 장을 볼 때 원산지나 첨가물을 꼼꼼하게 확인하거나 화장품이나 보디케어 제품의 성분을 알아보는 소비자가 점점 늘고 있다. 나 역시 이러한 소비자 가운데 한 명이 되었다. 여기에는 커다란 계기가 있다. 최근에 건강 이상으로 태어나서 처음으로 전신 마취를 하고 수술을 받은 것이다. 조기에 발견해 다행히 생명에는 이상이 없었으나 퇴원 후 집에 돌아와 처음으로 한 일은 번역을 마친 《우리는 어떻게 화학물질에 중독되는가》 원고를 다시 읽은 것이었다.

　번역을 시작했을 때 이 책은 평범한 건강 관련 도서로 다가왔으나 퇴원을 하고 원고를 다시 읽어보니 이 책은 나뿐만 아니라 누구나 반드시 정독해서 읽어야 하는 중요한 책이었다. 왜 내 몸에 이상이 생겼을까? 이유는 복합적이지만 돌이켜 생각해보면 과중한 업무로 인한 스트레스를 풀겠다는 핑계로 즐겨 먹던 각종 인스턴트식품과 조미료 덩어리의 자극적인 간식, 가격이 저렴하다는 이유로 아무 생각 없이 사다가 사용한 화장품, 세제 및 청소 용품에 다량 포함된 유해 물질도 큰 원인이 아니었을까?《우리는 어떻게 화학물질에 중독되는가》가 이러한 의문을 상세하게 풀어주고 있다.

이후 내 생활 습관은 매일 달라지고 있다. 화장품, 식품, 소비재 등을 구입할 때 라벨을 오랫동안 보면서 합성 향료인지 천연 향료인지, 방부제로는 어떤 성분이 사용되었는지 등을 살피는 소비자가 된 것이다. 아마 독자들도 이 책을 읽으면서 유독 물질이 이렇게나 다양하게 일상용품에서 사용되고 있다는 것을 알게 되면 놀랄 것이다. 유해 물질은 지금 당장 해를 일으키기보다는 지속적으로 면역력을 약화해 병을 만들기에 무섭다고 할 수 있다.

각종 유해한 화학 물질이 암이나 만성 질환을 일으키는 주범으로 지목된 지는 이미 오래다. 그러나 일상에서 먹거나 사용하는 제품에 함유되어 있는 다양한 화학 첨가물에 대해 일반인이 알아보려면 인터넷을 검색하거나 정보를 공유해야 하는데, 생각보다 보통 번거로운 일이 아니다. 그렇다면 이러한 내용을 일목요연하게 정리해주는 가이드북은 없을까?

이 같은 독자들의 수요를 반영한 책이《우리는 어떻게 화학물질에 중독되는가》라고 할 수 있다. 최근에 국내에서 해독 주스, 해독 요리, 해독 스프 등 '해독'을 주제로 한 도서가 다양하게 출간되고 있어, 해독에 대한 관심이 점차 커지고 있음을 알 수 있다. 해독의 기본 원칙은 유해한 화학물질에의 노출을 가급적 줄이는 것이다.

《우리는 어떻게 화학물질에 중독되는가》는 프랑스에서 영양학 전문 의사로 유명하고 건강에 관한 다양한 기사와 도서를 발표하는 로랑 슈발리에 박사가 집필한 책답게 식품, 식품 포장, 청소 용품, 화장품, 장난감, 섬유 등 우리가 일상에서 얼마나 많은 유해 물질의 바닷속에 살고 있는지를 섬뜩할 정도로 상세히 묘사하면서 어떤 유독한 성분이 어떤 문제를 발생시키는지 누구나 알기 쉽게 설명한다. 무엇보다 이 책에 제시되는 '유독 물질 가이드'는 장을 보거나 물건을 살 때 제품에 함유된 물질을 제대로 알 수 있게 해주기에 우리를 '똑똑한 소비자'로 만들어준다.

현대 소비 사회에서는 화학 물질로부터 완벽하게 벗어나기 힘든 것이 현실이다. 그렇다고 체념해서도 안 되고 화학 분야는 전문가의 영역이라며 무관심하게 있어서도 안 된다. 일반 소비자도 적어도 자신이 사용하거나 섭취하는 제품에 어떤 첨가물이 들어가는지 공부하고 알아야 기업의 '호구'가 되지 않는다.

우리의 건강은 스스로 챙겨야지 그 누구도 대신 챙겨주지 않는다. 심심치 않게 터지는 식품이나 제품 안전 스캔들 기사를 보면 기업이나 정부가 안전하다고 하면 무조건 믿을 수 있는 것도 아닌 듯하다. 소비자들이 성분에 관한 객관적인 정보 위주로 알아보고 일상에서 꼼꼼하게 제품이나 식품을 확인하며 더 나은 재료를 사용하는 것을 선택하는 습관이 자리 잡힐 때 기업도 성분 사용에 신경을 쓰고 정부도 더욱 철저하게 감시하게 된다. 이런 면에서 이 책은 시의적절하게 출간되었다고 할 수 있다.

흔히 암이나 만성 질환을 앓는 사람들에게 '본인이 건강관리를 안 했다'라고 쉽게 이야기하지만 꼭 100% 개인의 탓일까? 물론 건강관리는 개인이 조심하고 절제해야 할 부분도 많지만 이미 우리가 살고 있는 소비 환경 자체가 유해 물질로 범벅되어 있다. 건강에 좋지 않은 성분이 들어간 제품이나 식품도 현란한 마케팅이 동원되어 소비자의 눈을 가린다. 분야별로 일목요연하게 내용을 다루며 실용적이고 객관적인 정보와 가이드를 제공하는 이 책을 일상의 가이드북으로 삼아 읽는다면 마케팅의 호구가 되거나 괴담에 흔들리지 않는 지혜로운 소비자가 될 수 있으리라고 본다.

건강은 남의 일이 아니라 나의 일이다. 그저 편하다는 이유로, 저렴하다는 이유로, 소중한 우리 몸에 유해 물질을 꾸역꾸역 넣다가 세월이 지나 병이 들었을 때 후회해봐야 소용없다. 병은 면역력이 떨어지는 순간 나타나는데, 면역력을 떨어뜨리는 요인 중 하나가 유해 화학 물질이다. 나중에 후회하기 전에 이 책이 들려주는 경고를 가볍게 생각하지 말자. 적어도 우리가 먹고 쓰는 제품에 어떤 물질이 사용되고 있는지를 알고 어떤 제품을 선택해야 하는지를 스스로 선택할 수 있어야 하지 않을까? 《우리는 어떻게 화학물질에 중독되는가》는 우리가 주체적인 소비자로 거듭날 수 있도록 좋은 동반자가 되어줄 것이다.

이주영

의식주와 일상을 뒤덮은 독성물질의 모든 것

우리는 어떻게 화학물질에 중독되는가

초판 1쇄 인쇄 2017년 10월 18일
초판 5쇄 발행 2023년 5월 10일

지은이 로랑 슈발리에
옮긴이 이주영
펴낸이 유정연

이사 김귀분
책임편집 조현주 **기획편집** 신성식 유리슬아 서옥수 황서연 **디자인** 안수진 기경란
마케팅 이승헌 반지영 박중혁 하유정 **제작** 임정호 **경영지원** 박소영

펴낸곳 흐름출판(주) **출판등록** 제313-2003-199호(2003년 5월 28일)
주소 서울시 마포구 월드컵북로5길 48-9(서교동)
전화 (02)325-4944 **팩스** (02)325-4945 **이메일** book@hbooks.co.kr
홈페이지 http://www.hbooks.co.kr **블로그** blog.naver.com/nextwave7
출력·인쇄·제본 (주)상지사 **용지** 월드페이퍼(주) **후가공** (주)이지앤비(특허 제10-1081185호)

ISBN 978-89-6596-237-3 03330